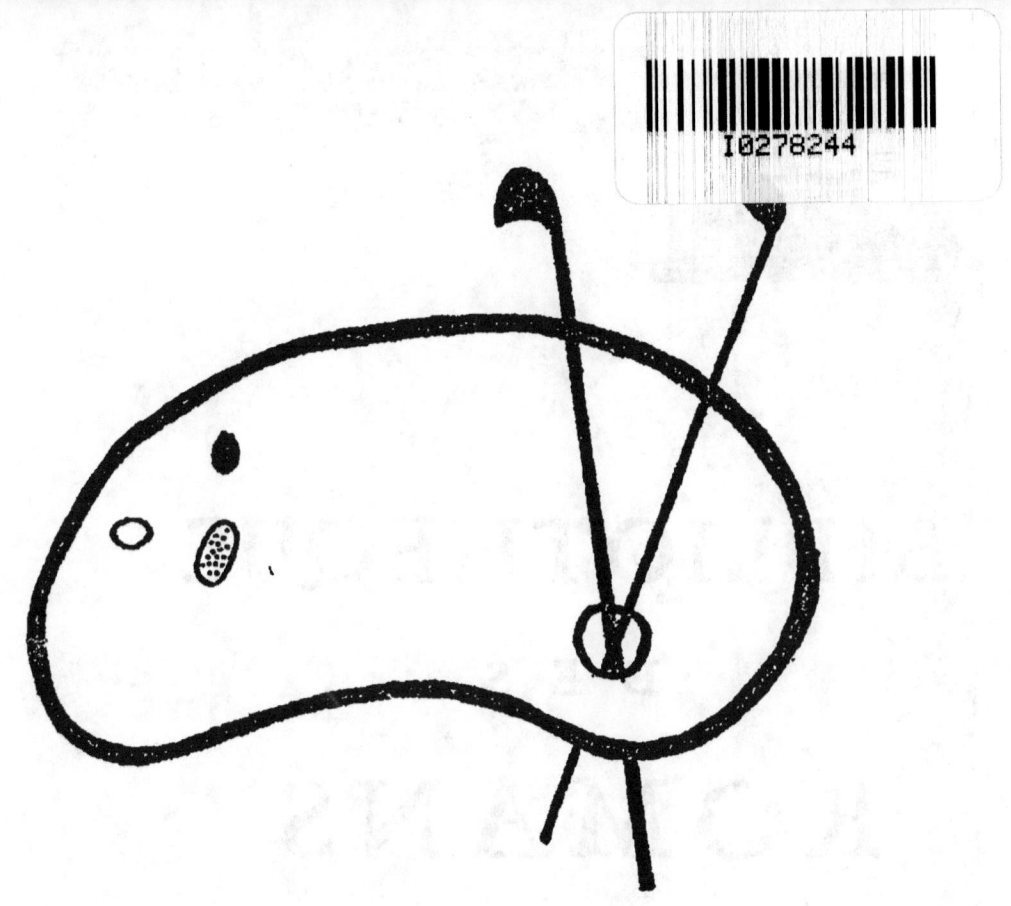

COUVERTURE SUPERIEURE ET INFERIEURE
EN COULEUR

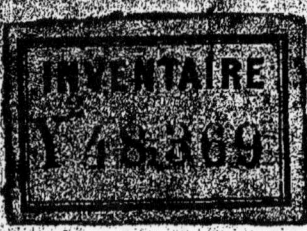

BIBLIOTHEQUE
DES
ROMANS.

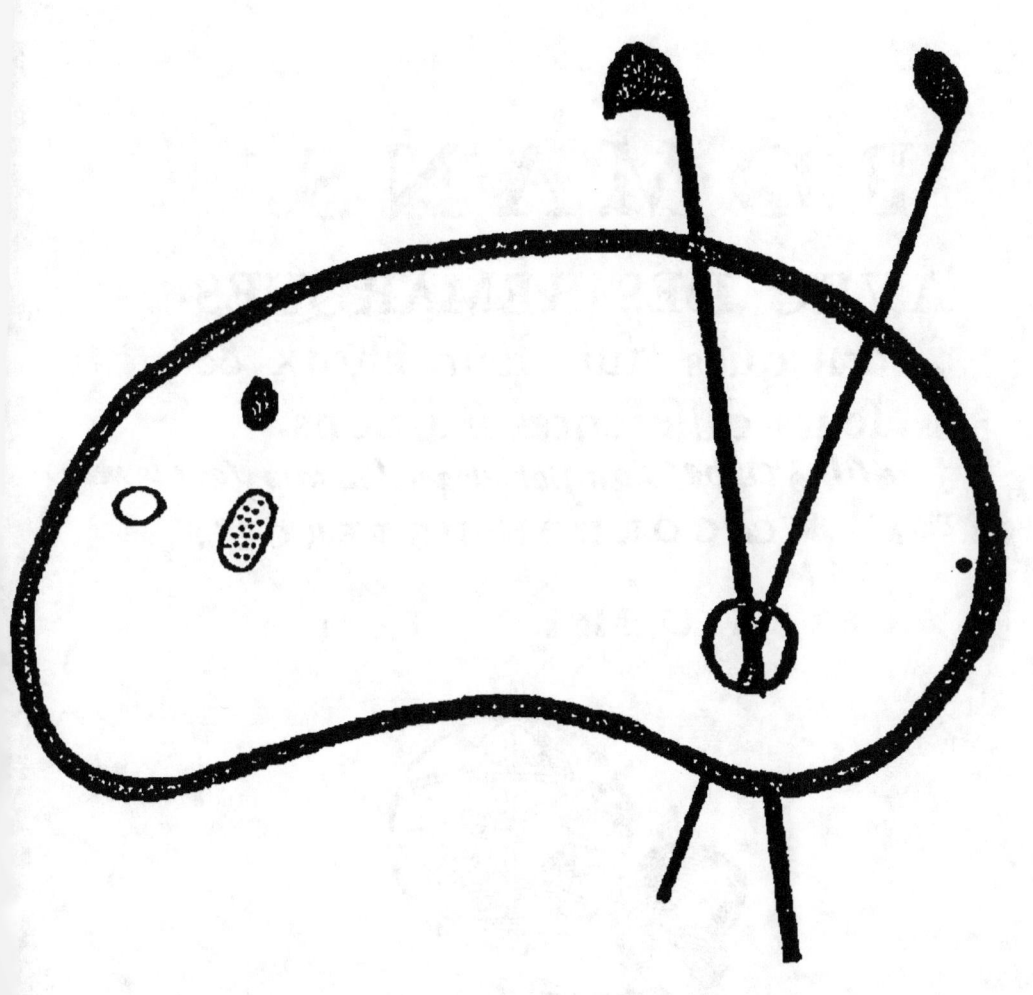

ORIGINAL EN COULEUR
NF Z 43-120-8

BIBLIOTHEQUE DES ROMANS,

AVEC DES REMARQUES
critiques sur leur choix &
leurs differentes Editions.

M. L'abbé Langlet et qui a mis sous le nom &
Par M. le C. GORDON DE PERCEL.

TOME II.

A AMSTERDAM,
Chez la Veuve DE POILRAS,
à la Vérité sans fard.

─────────────

MDCCXXXIV.

AVERTISSEMENT

Sur le Tome II.

DE L'USAGE
DES ROMANS.

LE Catalogue ou *Bibliotheque des Romans*, qui fait le second Volume de cet Ouvrage, est le fruit de beaucoup de recherches. Le travail en a été d'autant plus grand, que personne ne m'avoit devancé dans ce dessein. Et je doute que l'on me veuille imiter. Il suffit que ces sortes de choses soient faites une fois pour n'y plus revenir.

Je sçai ce qu'on dira de cette seconde Partie, que c'est un amas de Livres inutiles, dont quelques-uns mêmes sont pernicieux. Je ne l'ignore pas; mais je les donne pour tels : tout ce que je puis dire de plus moderé en leur faveur, est que ce sont des Livres d'amusemens, & souvent il est bon de s'amuser. Cependant qui les

* sçau-

AVERTISSEMENT.

sçauroit bien prendre ne les trouveroit pas tout-à-fait inutiles.

Les Romans sont une partie essentielle de la Litterature de toutes les Nations studieuses & policées : ainsi leurs differens caracteres font connoître celui de chaque peuple & de chaque siécle, où ils ont été composés. On voit par les Romans de Chevalerie que les talens militaires faisoient en certains tems le goût & l'occupation des François, des Espagnols & des Anglois. Ce sont les peuples qui ont le plus donné dans ce genre de composition. Mais les Espagnols, qui ont surpassé les autres dans les Livres de Chevalerie, n'ont été cependant que les Imitateurs des François & des Anglois. Car les plus anciens de leurs Romans ne sont que du x vme siécle, au-lieu que nous en avons eu dès le x i i^{me}.

Les nôtres ont bien des utilités particulieres, quand on sçait s'en servir. Ils font connoître les mœurs du Siecle où ils ont été faits : on y voit dans la maniere de penser & d'agir de leurs Auteurs, à quel point la Nation Françoise avoit porté la simplicité : on y remarque bien des usages

par-

AVERTISSEMENT.

particuliers, des emplois & des dignités, dont à peine on a connoissance aujourd'hui : enfin on y retrouve le premier âge, c'est-à-dire, l'enfance de notre Langue, qui d'abord étoit un mélange confus de l'Idiome Latin qui régnoit alors, & qui se trouvoit joint aux termes & aux manieres de parler dures & barbares, qui faisoient le fond de l'ancien langage des premiers François. On voit ce stile se perfectionner à mesure que les Auteurs aprochent de notre Siecle. C'est ce que le Président Fauchet & M. du Cange ont bien senti. Leurs Ouvrages sont remplis des fragmens qu'ils ont tirés de ces anciens Livres qu'ils ont fait connoître aux Sçavans : car la plûpart étoient ensevelis dans la poussiere & l'obscurité des Bibliotheques.

De la Chevallerie on a passé aux Romans d'Amours ; mais quelques-uns représentent un amour si fade & si languissant, qu'un homme sage craindroit de s'en voir attaqué. D'autres se sont jettés dans un excès entierement opposé ; c'est ce qui rend leur lecture dangereuse à beaucoup de personnes. J'ai eu soin dans les

AVERTISSEMENT.

Notes dont j'ai accompagné les Titres de ces Livres, de faire sentir la difference des uns & des autres : mais depuis plus de 80 ans on s'est fixé aux Romans sages & vertueux. Les longs Romans ont eu leur cours, on en est aux historiettes & aux histoires secrettes. Il faut esperer qu'à force de penser & d'écrire, on trouvera des genres de compositions qui nous sont encore inconnus. Mais je répons de leur succès pourvû qu'il y soit parlé d'amours, & qu'il y soit traité avec autant de réserve que de gentillesse. Les crudités ne plaisent qu'aux débauchés, qui même en sont bien-tôt revenus.

Je n'ai pas tout dit, je n'ai pas tout recueilli : je crois néanmoins qu'on sera content de ce que j'ai rassemblé sur les differens Chefs, qui font la division de cette Bibliotheque. J'aurois pû la partager autrement, en y ajoutant même un titre des Romans allégoriques. Mais comme l'Allégorie se raporte à quelqu'une des Classes de cet Ouvrage, c'est à ceux qui voudront en pénetrer le sens à les rechercher dans les quatorze Articles qui divisent cette

Bi-

AVERTISSEMENT.

Bibliotheque des Romans.

On voit paroître dans cette Bibliotheque très-peu de Romans Anglois, & l'on n'en trouve aucun en Hollandois. Mais hormis les Romans originaux de la Table ronde, de Merlin & du Roy Artus, les Anglois n'ont produit anciennement que très-peu de Livres d'amusemens. Cependant ils traduisent en leur Langue tout ce qui se fait de bon parmi nous; mais ils veulent être sûrs de la réüssite. Ils ne nous ressemblent point; ils ne donnent rien au hazard littéraire.

Les Hollandois sont Copistes, ils n'inventent pas; mais ils traduisent. Et quoiqu'ils ayent du bon sens, ils mettent indifferemment en leur Langue ce qui se fait de bon & de médiocre parmi les autres Nations.

Je n'ai point parlé des Romans originairement Allemans. La connoissance que j'en ai euë est venuë trop tard, pour être inférée dans cette Bibliotheque. Cependant comme il ne faut pas qu'on y perde, voici ce que j'en ai apris d'un Sçavant de mes amis. Il avouë que de plus de soixante dont il m'envoye la Liste, il n'y en a pas plus de quinze qui soient

AVERTISSEMENT.

raisonnablement écrits, les autres se jettent dans des ordures insoutenables, ou dans une simplicité dégoûtante. Il est étonnant qu'une Nation, qui excelle en tant d'autres choses, n'ait pas porté son goût jusqu'à ce genre de composition, qui est agréable & amusant. Ils ont assez de modeles à suivre dans ce que la France, l'Espagne & l'Italie ont produit à ce sujet.

Voici donc les plus raisonnables de leurs Romans ; peut-être prendra-t-il envie à quelqu'un de nous en traduire quelques-uns en François.

ROMANS ALLEMANS.

Octavia Romaine, in 8..... 1711. 6 volumes. *On trouve que cet Ouvrage est plus historique que romanesque.*

Aramena, ou l'illustre Syrienne, in 8..... 1678. 5 volumes. *D'un stile un peu trop affecté.*

L'Asiatique bannie, par le Sieur ZIEGLER, in 8..... 1733. 2 volumes. *Bon ; mais le premier volume beaucoup meilleur que le second.*

Arminius, par le Sieur de LOBENSTEIN, in 4. *Leipsic* 1731. 4 volumes.

AVERTISSEMENT.

lumes. On sçait la figure qu'Armenius a fait dans l'ancienne Germanie. Jamais sujet ne fut propre à faire un Roman, sur-tout un Roman de Chevalerie. Celui-ci est estimé des Connoisseurs.

Hercules & Herculiscus, in 4. Roman curieux & fort estimé.

L'Esclave Doris, par TALANDER, in 8..... 1699. Livre estimé. Le nom de Talander est suposé, l'Auteur se nommoit Augustus Bose.

Les Cours de l'Europe, par MENANTES, in 8..... Le champ est vaste, il y a bien occasion de debiter de l'Histoire, de la Politique & de l'Amour. Le vrai nom de Menantes étoit HUNOLD.

Menantes, le Monde amoureux & galant, in 8.... 1730. Un peu moins estimé que le précedent, quoiqu'il vienne du même Auteur.

—— Du même, Adalie, in 8..... 1731. Bon.

—— Du même, Clelie, in 12..... 1672. Roman estimé.

Venda Reine de Pologne, in 12.... 1702. Il paroît que c'est ici une Traduction du François.

Smyrna Reine des Amazones, in 8......1700. Bon.

L'Infor-

AVERTISSEMENT.

L'Infortunée Princesse Arsinoè, in 8..... 1718. *Assez estimé.*

Il y a encore plusieurs autres Romans Allemans, qui ne sont pas également estimés. Les beaux Esprits de la Nation se sont autrefois moins apliqués à composer de ces sortes d'Ouvrages qu'à en traduire. C'est pourquoi on trouve en leur Langue les Amadis, l'Arcadie de Sydney, le Gusman d'Alfarache, l'Ariane de Desmarets, même jusqu'au Rabelais; quelquefois ils ont gâté & rarement ils ont amelioré leurs Originaux.

TABLE

TABLE
DES ARTICLES
contenus dans la Bibliotheque des Romans.

ARTICLE I. *Anciens Romans Grecs & Latins,* p. 1
ARTICLE II. *Romans d'Amours; Espagnols,* 19
Romans d'Amours Italiens, 28
Romans d'Amours François, 35
ARTICLE III. *Romans heroïques,* 62
ARTICLE IV. *Romans historiques & Histoires secretes; pour l'ancienne Histoire,* 68
Pour la France, 74
Romans historiques pour l'Espane, 104

Ro-

Romans historiques pour l'Italie, 108
Romans historiques pour l'Angleterre, 113
Romans historiques pour l'Allemagne & Païs du Nord, 118
Romans historiques pour les Païs Orientaux, 123
ARTICLE V. *Nouvelles Espgnoles*, 129
Nouvelles Françoises, 137
ARTICLE VI. *Romans de spiritualité & de morale*, 155
ARTICLE VII. *Romans de Chevalerie*, 172
§. 1. Romans de Chevalerie de la Table Ronde, 174
§. 2. Romans de Chevalerie de Charlemagne & des douze Pairs de France, 181
§. 3. Romans de Chevalerie d'Amadis & la suite. Espagnols, 195
Amadis Italiens, 204
Amadis François, 206

§. 4. *Autres Romans de Cheva-
lerie mélangés, Espagnols &
Italiens,* 212
*Autres Romans de Chevalerie
mélangés, François,* 218
ARTICLE VIII. *Romans antiques en Vers François imprimés ou Manuscrits, dont les dates sont connuës,* 226
Autres anciens Romans Manuscrits en vers & en prose, depuis l'an 1250. jusqu'en 1450. par ordre alphabétique, 239
ARTICLE IX. *Romans Satiriques,* 253
ARTICLE X. *Romans de Politique,* 270
ARTICLE XI. *Contes des Fées & autres Contes merveilleux,* 278
ARTICLE XII. *Contes & Nouvelles amoureuses, satiriques & tragiques,* 286
Italiens, ibid.
Contes

Contes en François, 309
ARTICLE XIII. *Romans Comiques*, 322
ARTICLE XIV. *Romans divers qui ne se raportent à aucune des Classes précédentes*, 330
Italiens, ibid.
Espagnols, 332
François, 335
ADDITION *à la Bibliotheque des Romans*, 343

Fin de la Table.

BIBLIOTHEQUE DES ROMANS.

ARTICLE I.

ANCIENS ROMANS Grecs & Latins.

DE l'Origine des Romans par M. Pierre Daniel Huet, in 8. Paris 1670. à la tête de l'Histoire de Zayde de M. de Segrais, à la priere duquel M. Huet fit ce petit Ouvrage, où il y a du curieux & du bon. On le met toujours à la tête de toutes les Editions de la Zayde, ce que M. Bayle aparement n'avoit pas sçu : sans quoi il ne l'auroit pas toujours cité en latin dans son Dictionnaire; cette version, qui n'est pas de M. Huet, ne conserve pas la clarté & la beauté de l'original. D'ailleurs l'Ouvrage est sensément écrit, & le savoir qu'on y a sagement ménagé n'en interrompt pas la lecture, comme il n'arrive que trop souvent en matiere de recherche. L'Auteur cependant n'a pas tout dit, & nous avons fait ensorte d'y supléer dans quelques endroits de cet Ouvrage; il n'a pas laissé d'être imprimé séparément dans les Editions suivantes.

———— De l'origine des Romans par M. Pierre Daniel HUET in 12. *Paris* 1678. ———— 1682.

———— Idem in 12. *Paris* (c'est-à-dire *Amsterdam*) 1693. ce sont des Editions séparées qu'on a fait de ce petit Ouvrage, indépendamment de celles que l'on trouve jointes à la Zayde de M. de Segrais.

Petrus Daniel HUETIUS de Fabulis Romanensibus in 8. *Hagæ Comitum* 1683. Il est joint dans cette version au Traité latin de M. Huet De interpretatione & Claris interpretibus. Mais l'Original, qui est sagement écrit, vaut beaucoup mieux que cette version.

Gio. Battista GIRALDI Cintio, del modo di comporre Romanzi, Comedie & Tragedie, in 4. *in Venetia* 1554.

I. Ro-

I Romanzi di Gio. Battista PIGNA, ove si tratta della poesia dell' Ariosto. in *Venetia* 1554.

Le Tombeau des Romans, où il est discouru contre les Romans pour les Romans. In 8. *Paris* 1626. C'est je crois, le même Livre que le suivant.

FANCAN, Discours pour & contre les Romans, in 8. *Paris* 1626. Ce Traité est extrêmement rare. J'ai lû quelque part que l'Auteur étoit mort à la Bastille ; sans doute ce n'étoit pas pour son Livre.

Sentimens sur les Lettres & les Histoires galantes, par le Sieur DU PLAISIR, in 12. *Paris* 1683. Ce n'est pas un Livre bien recherché. Le Sieur du Plaisir, si ce nom est vrai ou suposé, a publié encore quelques autres Ouvrages médiocres.

PARTHENIUS de Amatoriis affectibus ex interpretatione Janii Cornarii. Græcè & Latinè, in 8. *Basileæ* 1531.

——— Idem in 8. *Basileæ* 1555.
——— Idem in 8. *Heidelbergæ* 1601. se trouve encore à la fin de l'Edition d'Achilles-Tatius de 1606 chez Commelin. Ce Parthenius étoit un Grec qui vivoit à la Cour d'Auguste, & qui, pour égayer

les Poëtes Latins de son tems, recuëillit en trente-six Chapitres assez courts, autant d'Histoires amoureuses, qui peuvent servir de sujet à des Nouvelles historiques.

Les Affections d'amour de PARTHENIUS de Nicée, ancien Auteur Grec ; plus, les Narrations d'amour de Plutarque, traduites en François par Jean FORNIER, in 8. *Paris* 15...

——— Idem in 8. *Lyon* 1555. *Je m'étonne que cet Auteur n'ait pas été traduit de nouveau, ou du moins que l'on n'ait pas inseré ses Histoires dans quelques-uns de nos Romans ; en les accommodant néanmoins à nos mœurs & à notre façon de penser.*

LONGI Pastoralia de Daphnidis & Chloës amoribus, Græcè. *Florentiæ* 1599. ——— & 1602. in 4. *cum notis latinis ad calcem adjectis.*

——— Idem græcè & latinè ex versione Gothofredi Jungermanni in 8. *Hanoviæ* 1605. ——— & *Heidelbergæ* 1606.

——— Idem cum Paraphrasi poeticâ Laurentii Gambaræ in 8. græcè & latinè..... *Cette Paraphrase en vers est peu estimée des Connoisseurs.*

——— Idem ex interpretatione Petri Moll, græcè & latinè, in 4. *Franecke-*

en 1660. *assez belle Edition, & même peu commune.*

Gli amori innocenti di Dafni & della Chloé, favola græca tradotta da Gio. Batt. Manzini in 4. *Bologna* 1647. *Je ne connois que cette version Italienne des amours de Daphnis & de Chloé faite par le sieur Manzini, qui n'étoit pas un des plus grands Auteurs d'Italie, quoiqu'il ait travaillé sur plusieurs autres sujets.*

Les Amours de Daphnis & Chloé traduites du Grec de LONGUS par Jacques AMIOT in 8. *Paris* 1559.

—— Idem in 12. *Paris* 1717. avec six figures.

—— Idem in 12. *Paris* 1722.

—— Idem in 12 *Paris* 1731. avec les mêmes figures. *Cette derniere Edition est joliment imprimée; & c'est, aussi-bien que les autres, la version de Jacques Amiot.*

Les Amours de Daphnis & Chloé de la traduction de Jacques Amiot in 12. *Paris* 1718. *avec environ trente figures dessinées autrefois par feu M. le Duc d'Orleans Regent du Royaume, & gravées par le celebre Benoît Audran. Il est marqué à chaque figure* Philippus invenit. B. Audran sculpsit. *Cette édition est magnifique & très-rare. On n'en a tiré que 250 exemplaires, & ne s'est pas venduë, M. le*

A 3   Duc

Duc d'Orleans s'étant reservé le plaisir d'en faire des presens.

Les Amours de Daphnis & Chloé traduites du Grec de LONGUS par Pierre MARCASSUS in 8. *Paris 1626.* Ce M. Marcassus étoit un mediocre personnage. Il a fait une chétive histoire grecque pleine de fautes, & dont je n'ai pu lire quatre pages de suite. Et cette version de Longus, quoique plus nouvelle, n'est pas si estimée que celle d'Amiot ; mais il a traduit l'Ouvrage en entier, ce qu'Amiot n'avoit pas toujours osé faire, à cause de quelques libertés, qui ne devoient pas néanmoins étonner un Abbé de la Cour d'Henry II. & de Charles IX. Nous avons déja parlé de ce Roman, qui s'est rendu celebre dans ces dernieres années par les beaux desseins que M. le Duc d'Orleans en avoit faits dans sa jeunesse ; mais je crois pouvoir avertir que les Editions de 1716. 1718. & de 1731. sont plus parfaites que les précedentes, parce qu'on y a rétabli les endroits qu'Amiot n'avoit osé traduire.

Achilles TATIUS de Clitophontis & Leucippes amoribus libri octo græcè & latinè in 8. *Heidelbergæ Commelin 1601. & 1606.* Ce Roman qui est ancien a été imité en quelques endroits sur celui d'Hed'*Heliodore, ce dernier néanmoins est beaucoup plus parfait. On sent bien qu'il vient d'un Rheteur qui a voulu quelquefois faire parade d'éloquence. Il manque aussi dans le principe des mœurs, n'étant pas aussi modeste & aussi retenu qu'Heliodore.*

Narrationis amatoriæ fragmentum è græco in latinum conversum à L. Annibale Cruceio (id est Achillis Tatii amores Leucippæ & Clitophontis) in 8. *Lugduni* 1544.

Achillis Tatii de Clitophontis & Leucippes amoribus libri VIII. gr. lat. ex recens. Salmasii, *Lugd. Bat.* 1640. in 12. *belle & magnifique Edition.*

Amorosi Ragionamenti, dialogo nel quale si racconta un compassionevole amore di due Amanti (Clitophonte & Leucippe) trad. per Lod. Dolce da i fragmenti d'uno antico scritto greco (Achille Tatio) in 8. *Vinegia* 1546.

Achille Tazio dell'amore di Clitofonte & Leucippe tradott. di Lingua greca in Toscana da Fr. Angelo Coccio, in 8. *in Venetia* 1560. — 1563. — 1568. — & in 8. *in Fiorenza* 1598. & 1599.

Les Amours de Clitophon & de Leucippe, traduites du grec d'Achilles

TATIUS par B. Comingeois, in 8. *Paris* 1568. — & 1575. *On dit que cette version est de François Belleforest, l'un des plus féconds Ecrivains de ce tems-là; mais cela n'est ni bien sûr, ni bien important.*

——— Le même traduit nouvellement en François, in 8. *Paris* 1635.

HELIODORI Historia Æthiopica de amoribus Theogenis & Cariclæ, gr. lat. cum notis Commelini, in 8. *Heidelbergæ Commelin* 1596. — & in 8. *Lugduni* 1611.

——— HELIODORI Æthiopicorum libri X. cum emendationibus & animadversionibus Jo. Bourdelotii gr. lat. *Paris* 1619. in 8. *C'est ici la meilleure Edition du texte de ce Roman.*

——— Idem cum notis Parœi, in 8. *Francofurti* 1631.

——— Idem in 12. *Lugduni Batavorum* 1637.

——— Idem in 8. græcè & latinè *Amstelodami* 1701. *belle Edition, & celle de* 1637. *fort jolie. Ce Roman passe pour le meilleur de ceux de l'antiquité, que le tems nous a conservé.*

Historia di HELIODORO delle cose Ethiopiche, trad. di greco in Toscana lingua da Leon GLINCI in 8.

in *Venet.* 1588. — & 1623.

HELIODORO Historia Etiopica de los amores de Teagenes y Cariclea, in 8. *in Alcala* 1587. — in 8. *en Madrid* 1615.

———— Historia de los dos Leales amantes Theagenes y Cariclea, transladada por Fernando de MENA, vista y corregida por Cesar OUDIN, in 12. *Paris* 1616.

Histoire Ethiopique de HELIODORUS, contenant dix Livres, traitant des loyales Amours de Theagenes & Cariclée, trad. du grec en françois par Jacques AMIOT, in folio, *Paris* 1549. — & 1559.

———— Idem in 8. *Paris* 1549. — 1623. — 1626. — 1633. *Ces trois dernieres Editions sont avec figures.*

———— Idem in 16. *Paris* 1570. — 1616. — *Lyon* 1575. — & 1584. *Il y a encore d'autres Editions de la version d'Amiot. Il étoit bien juste que ce fût un homme d'Eglise qui traduisît ce Roman, fait, dit-on, par un homme qui depuis est arrivé à l'Episcopat. C'est par cette version qu'Amiot s'est enrôlé dans la Confrerie des Auteurs, & il en eut pour récompense l'Abbaye de Bellozane; à peine aujourd hui lui diroit-on je vous remercie. Ce Roman, malgré*

quel-

quelques défauts, est regardé comme l'Homere des Romanciers.

Les Amours de Theagenes & de Chariclée, traduites du grec d'Heliodore par Jean de Montlyard, corrigées par Henry d'Audiguier, in 8. Paris 1620. — & 1622. avec figures. Ces Editions ne laissent pas d'être estimées des Libraires, qui les vendent plus cher que les autres de ce Roman; c'est, dit-on, à cause des figures legerement ou gaillardement dessinées; mais elles sont pesantes & sans beaucoup de goût.

Les Amours de Theagenes & de Chariclée par M. Malnoury de la Bastille, in 12. Amsterdam 1716. Cette version n'a pas fait beaucoup de bruit dans le monde.

Les Amours de Theagenes & de Chariclée, traduite du grec d'Heliodore, in 12. Amsterdam 1727. 2 volum. Cette derniere version est assez bonne & assez recherchée.

Les Amours de Theagenes & de Chariclée, réduites du grec d'Heliodore en huit Poëmes dramatiques par Alexandre Hardi in 8. Paris 1628. Poëme peu connu, assez rare, & qui cependant n'a pas été fort recherché. Hardi a fait plus de bruit par ses

des Romans.

Pieces de Theatre que par cette Piece de Poësie.

Du vrai & parfait Amour, écrit en grec par ATHENAGORAS, contenant les Amours de Theogenes & de Charide, de Pherecides & de Melangenie, in 12. *Paris* 1599.

———— Idem in 12. *Paris* 1612. *M.* Huet, après bien des réflexions, croit que cet Ouvrage n'est point d'Athenagoras, mais de Philander, le texte grec n'en ayant jamais été connu d'aucun Ecrivain. Philander le fit, dit-on, pour le Cardinal d'Armagnac, grand amateur d'architecture, dont il y a beaucoup de descriptions dans ce Livre, qui d'ailleurs n'est pas commun, quoique peu intéressant. On reconnoit cependant qu'il y a de grandes beautés, & quelques endroits qui sentent l'antiquité.

LUCIEN, l'Histoire véritable dans la version françoise de cet Auteur par Nicolas Perrot d'ABLANCOURT, se trouve aussi dans les Editions grecques de cet habile Litterateur. Lucien qui avoit donné un excellent Traité de la maniere d'écrire l'Histoire, a publié ce Roman sous le titre d'Histoire véritable, pour montrer une idée des préceptes qu'il avoit établis.

Vitæ res geſtæ SS. Barlaam Eremitæ & Joſaphat Indiæ Regis. Auctore S. Joanne DAMASCENO, ex interpretatione Jacobi BILLII, in 16. *Antuerpiæ* 1602. *Ce Roman eſt vrai-ſemblablement de S. Jean Damaſcene. Il a plutôt la forme d'Hiſtoire que celle de Poëme épique. C'eſt un Roman de ſpiritualité qui traite de l'amour, mais de l'amour de Dieu: c'eſt ce qui a porté des perſonnes très-pieuſes à le publier en françois.*

Hiſtoria de Barlaam y Joſaphat, in 8. *en Madrid* 1608.

Hiſtoire de Barlaam & de Joſaphat Roy des Indes, traduite du grec de S. Jean DAMASCENE par Jean de BILLY Chartreux, in 8. *Paris* 1574. — & 1578.

Hiſtoire de Barlaam & de Joſaphat, traduite du grec de S. Jean DAMASCENE par le Pere Antoine GIRARD de la Compagnie de Jeſus, in 12. *Paris* 16...

Euſtathius de Iſmeniæ & Iſmenes amoribus, gr. lat. à Gilberto GAULMIN, in 8. *Paris* 1617. — 1618. *Belle & bonne Edition d'un Roman aſſez médiocre. Quoiqu'elle ſoit marquée ſous la date de deux années differentes, je crois néan-*

néanmoins que c'est la même Edition.

Eustathius de Ismeniæ & Ismenes amoribus gr. lat. in 12. *Lugd. Batavorum Elzevir* 1634. — Idem in 12. *Lugduni Batavorum* 1644. Jolies Editions, & qui peuvent entrer dans le Recueil des Editions des Elzevirs. Je n'ai pas bien examiné si c'étoient deux Editions differentes, ou une seule sous diverses dates.

Gli amori d'Ismenio, per EUSTATHIO, & di greco tradotti per Lelio CARANI in 8. *Venet*. 1550. — & 1560.

Les Amours d'Ismenie, traduites du grec du Philosophe EUSTATHIUS par Jean LOUVEAU, in 8. *Lyon* 1559. Traduction assez bonne pour le tems où elle a été faite.

Les Amours d'Ismene & de la chaste Ismine, écrites en grec par EUSTATHIUS, traduites en italien par Lelio CARANI, & d'italien en françois par Jerôme d'AVOST, in 16. *Paris* 1582. L'Auteur de cette version, homme habile, étoit au service de la Reine Marguerite de Navarre sœur de Charles IX. & de Henry III.

Les Avantures amoureuses d'Ismene & d'Ismenie, Histoire grecque d'EUSTATHIUS, traduite par Guillaume COLLETET, in 8. *Paris* 1625.

Traduction assez bonne, mais heureusement nous en avons une meilleure & plus moderne; car quoique Colletet fut habile, il écrivit cependant assez pesanment.

Les Amours d'Ismene & d'Ismenie, traduites par M. DE BEAUCHAMPS, in 12. Paris 1729. Version & imitation fort jolie, où l'Auteur a exprimé peut-être un peu trop tendrement des endroits assez délicats : bien des Lecteurs ne s'en offenseront pas dans le particulier ; mais ils seroient peut-être obligez, pour satisfaire aux bien-séances d'en rougir en public.

THEODORI PRODROMI Rhodantes & Dosiclis amorum libri IX. gr. lat. interprete Gilb. GAULMINO, in 8. Paris 1625.

Titi PETRONII Arbitri satyricon, cum Fragmentis Albæ Græciæ recuperatis & editis à Francisco NODOTIO, in 12. Paris. 1693. Il y a beaucoup d'autres Editions de Petrone ; mais je crois qu'à titre de Roman il suffit d'indiquer celle-ci. M. Nodot, homme d'esprit & de mérite, nous en a donné une Version françoise, aussi-bien que l'Edition latine de 1693. Il s'est imaginé sans doute que le Public avoit beaucoup moins d'esprit que lui. Il a feint qu'on avoit
trouvé

trouvé à Belgrade un *Manuscrit entier de Petrone*, & l'a publié dans les deux Langues, avec les Suplemens qu'il a cousus lui-même. La supercherie ne fût pas long-tems à être connuë. M. Nodot ne laissa pas de tenir ferme contre les Critiques, & de faire paroître plus d'une fois son Ouvrage. Tout le bien que cela peut faire est de donner une sorte de liaison à un Ouvrage qui est extrêmement imparfait dans l'Original. C'a peut-être été la seule vuë de M. Nodot, en ce cas il est loüable, autrement non.

PETRONE en latin & françois, suivant le Manuscrit trouvé à Belgrade, traduit & enrichi de remarques & de figures par François NODOT, in 8. Paris (c'est-à-dire *Amsterdam*) 1694. 2 volum. — & *Cologne* (*Amsterdam*) 1698. 2 volum.

PETRONE latin & franç. Traduction entiere, avec plusieurs remarques, augmentée de la Contre-critique, in 12. 1709. 2 volumes.

Lucii APULEII Asinus aureus editus per Poggium, in folio, *circa annum* 1476.

Lucii APULEII Metamorphosis cum notis Joannis Pricæi, in 8. *Gouda* 1650.

— Idem

——— Idem cum aliis operibus Apuleii, in 8. *Basileæ* 1560. 3 volumes.

——— Idem cum aliis operibus Apuleii cum notis & interpretatione Juliani FLEURI ad usum Serenissimi Delphini, in 4. *Parisiis* 1688. 2 vol. *Cette Métamorphose est ce que nous apellons l'Asne d'or d'Apulée. Il y en a une autre de Machiavel, dont nous parlerons ailleurs.*

APULEO l'Asino d'oro volgare tradotto per Matteo Maria BOYARDO, in 8. *in Venegia* 1537. ——— & 1549.

APULEIO, l'Asino d'oro tradotto per Agnolo FIRENZUOLA, in 8. *in Firenze* 1549. ——— 1598. ——— 1603. ——— & in 12. *in Venetia Gelioto* 1550. ——— 1567. ——— 1591. *C'est ici un celebre Traducteur, & l'un des Puristes de la Langue italienne, & malgré toutes ces Editions ce Livre ne laisse pas d'être rare. Les Editions de 1549. 1550. & 1567. sont les plus estimées.*

Libro de l'Asino de oro de Lucio APULEIO, in 8. *en Madrid* 1601. *Traducteur anonyme, mais assez bon.*

Les onze livres de l'Asne doré, autrement dit, de la Couronne de Cerés, Auteur Lucius APULEJUS, contenant maintes belles Histoires, Fables

&

& subtiles inventions ; à la fin desquels Livres est ajoûtée l'exposition spirituelle du contenu en iceux par Guillaume MICHEL, in 4. *Paris* 1522. *gothique.*

L'Asne d'or d'APULE'E, traduit en françois par George de la BOUTHIERE, in 8. *Lyon* 1553. — & 1556.

—— Idem, traduit en françois par Jean LOUVEAU, in 8. *Paris* 1558. — 1584. in 16. *Paris* 1586.

—— Idem in 16. *Lyon* 1558.

—— Idem, traduit en françois par Jean de MONTLYART in 8. *Paris* 1612. — 1623. — & 1631. *Ces Editions, sur-tout celle de* 1612. *sont assez recherchées, peut-être à cause des figures ; car c'est le régal de tous les Livres joyeux d'en être décoré.*

—— Idem, Traduction nouvelle in 12. *Paris* 1696. 2 volumes.

—— Idem in 12. *Paris* 1707. 2 vol. avec figures. *M. l'Abbé Compain de S. Martin, Auteur de cette nouvelle Traduction, a passé quelques endroits un peu chatouilleux. Hé ! les pecores de Traducteurs, qui ne sont pas capables de nous faire entendre sagement & agréablement les choses les plus joyeuses.*

Hercole Udine, la Psiche con una breve

breve Allegoria d'Angelo GRILLO, in 12. *in Venetia* 1599. *Les Amours de Psiché & de Cupidon sont un des beaux endroits d'Apulée, & la Fontaine en l'imitant en a fait un chef-d'œuvre.*

L'Amour de Cupidon & de Psyché, mere de volupté, prise des cinq & sixiéme Livres de la Métamorphose de Lucius Apulejus, éxposée en vers françois par Jean MAUGIN, correspondant aux Vers italiens mis de l'autre côté, in 8. *Paris* 1546. — & 1557.

Les Amours de Cupidon & de Psiché, Traduction nouvelle, avec des Remarques, in 12. *Paris* 1695. par le Sieur Ignace de BRUGIERE, *de qui, outre cette version d'Apulée, nous avons encore d'autres Ouvrages en matiere romanesque, aussi-bien qu'un Recueil d'Epigrammes françoises, tirées de nos meilleurs Poëtes. Il y a joint une Traduction du Traité latin de la Beauté poëtique que M. Nicole avoit mis à la tête du Delectus Epigrammatum. Mais je soupçonne que le fond de cette Traduction vient de M. de la Faille, qui l'avoit fait imprimer à Toulouse quelques années auparavant.*

SENOFONTE Efesio, degli amori di Abrocome & d'Anthia libri V. tradotti da Antonio Maria SALVINI,

in

in 12. *in Londra* 1723. *L'Original grec de cet Ouvrage n'a jamais été connu, non plus qu'aucune autre verſion. Ainſi il paroît que c'eſt-là une ſupercherie aſſez ordinaire aux Romanciers, qui veulent faire paroitre leurs productions ſous des noms reſpectables.*

ARTICLE II.
ROMANS D'AMOUR Eſpagnols.

EL Cavallero Conde Partinuples, in 8. *Tarrazona* 1488. — in 4. *Alcala* 1513. *La premiere édition de ce Roman eſt en vieil langage Catalan.*

La Hiſtoria del Cavallero Clamades hijo de Mercadilas Rey di Caſtilla y de la Linda Claramonde hija del Rey de Toſcana, in 4.

Carcel de Amor del Señor Diego HERNANDEZ DE SANT PEDRO, in 4. *en Burgos* 1496. — in 4. *en Zaragoça* 1516. *On verra par les Editions ſuivantes que ce Livre aſſez bon a été réimprimé pluſieurs fois.*

Carcel de Amor por Diego de SANT PEDRO, in 4. *en Sevilla* 1525.

La Prison d'Amour, laquelle traité de l'Amour de Leriano & de Laureole, à la loüange des Dames, traduite de l'Espagnol par Gilles CORROZET, in 8. *Paris* 1526. — Idem Espagnol & François, in 16. *Paris* 1560. — & 1567. *On donne quelquefois à ce Livre son titre Espagnol de* Carcel d'amor.

——— Carcel de amor : La Prison d'amour en Espagnol & en François, in 16. *Paris* 1616.

Question de amor y Carcel de amor, in 12. *en Emberes* 1556. *Le fond de cette petite Histoire est véritable, & s'est passée, dit-on, à Naples sous les Règnes des Rois Catholiques Ferdinand & Isabelle.*

La Prigione d'amor tradotta dal Spagnuolo, da Lebro MANFREDI, di Ferrara, in 8. *in Venetia* 1546.

Arnalte y Lucenda por Diego de SAN PEDRO, in 4. *en Sevilla* 1525.

Arnalte & Lucenda, Histoire de l'Amant maltraité de sa Mie, traduit de l'Espagnol par Nicolas de HERBERAY, Sieur des Essars, in 8. *Paris* 1539. — & in 8. *Lyon* 1540. — *Paris* 1541. — Idem in 16. *Lyon* 1551. *Je n'ai pû avoir connoissance de l'Original Espagnol de cet Ouvrage, dont la Version françoise est assez estimée. Elle vient d'un*

des

des plus polis Ecrivains des règnes de François I. & d'Henry II. à qui nous sommes redevables de la Version des premiers volumes des Amadis.

Flores y Blancaflor, in 4. *en Alcala* 1512. Roman assez simple, mais où il y a du singulier.

Histoire amoureuse de Flores & de Blanchefleur, traduite de l'Espagnol par Jacques VINCENT, in 8. *Paris* 1554. — & *Lyon* 1571. Traduction passable.

Historia Nuevamente hecha de los honestos amores del Cavallero Peregrino, y de Doña Hinebra, in folio, *en Sevilla.* Sans date, mais très-ancien, & vers l'an 1520.

Florimont & Passeroze, traduit de l'Espagnol en Prose françoise, in 8. *Lyon* 15....

Joannis Maldonadi Hispaniola quæ Plautinâ festivitate, Terentianâ que facundiâ redundans, varios amantium casus, jucundosque successus non sine venustate elegantiâque complectitur, in 4. *Pinciæ* 1525. L'Auteur, qui étoit Vicaire General de l'Evêque de Burgos, a fait, outre ce Roman, une Vie des Saints assez estimée en Espagne. C'est toûjours le même genre.

La

La déplorable fin de Flammette, traduit de l'Espagnol de Jean de FLORE'S, par Maurice SCEVE Lyonnois, in 8. *Lyon* 1535. *Roman fort joli & fort estimé. Maurice Sceve fut un des beaux esprits du régne de François I. & d'Henri II. connu encore par d'autres Ouvrages.*

Historia de Grisel y Mirabella con la Disputa de Torrellas y Brazaida por Juan de FLORE'S, in 4. *en Sevilla* 15...

Historia exemplar de las dos constantes Mugueres Españolas por Don Luys PACHECO de NARVAEZ, in 4. *en Madrid* 1635.
Tragicomedia de Lysandro y Roseha, in 8. *en Madrid* 1542.

Tragedia Policiana, en la qual se tratan los amores de Policiano y Filomena, in 8. *Toledo* 1547.

Alfonso Nuñez de REINOSO, Historia de los amores de Clareo y Florisea, y de los Trabajos de Isea, en verso, in 8. *in Venetia, Giolito* 1552.

La piteuse Histoire des amours de Clareo & Florisea, & de la peu fortunée Isea, traduite de l'Espagnol par Jacques VINCENT, in 8. *Paris* 1554.

La Dama Beata, por Joseph CAMERINO

MERINO Procurador de los reales Confejos, in 4. *en Madrid* 1655.

Diana de George de MONTE-MAJOR con l'Hiftoria de Alcida y Silvano, in 12. *en Amberes* 1580. — & in 8. *en Madrid* 1585. 2 vol. — & in 12. *en Valentia* 1602. *Livre paffable.*

Alfonfo PEREZ la Diana enamorada, in 8. *en Amberes* 1564. *Livre très-mauvais, qui fait la fuite du Tome II. de la Diane de Monte-Major, Auteur Portugais, qui n'eft ni bon, ni mauvais; mais il y a une fuite excellente de Gil-Polo en cinq Livres fous le titre fuivant.*

La Diana Enamorada que profigue la Diana de Jorge de Monte-Major, por Gafpar GIL-POLO, in 8. *en Valentia* 1564. — in 8. *en Amberes* 1567. — & in 12. *en Amberes* 1574. — in 12. *Paris* 1611. — & in 12. *Bruffel.* 1613. — in 8. *Madrid* 1621. *Ouvrage excellent en fon genre, & que le celebre* BARTHIUS *a traduit en latin dans fon* Erodidafcalus feu nemoralia, in 8. *Hanovia* 1625.

La Diane de Monte-Major, où fous les noms de Bergers & de Bergeres font compris les Amours des plus fignalez d'Efpagne, traduite de l'Efpagnol en François par Nicole COLIN, in 12. *Reims* 1578. tom. 1.

—— Idem tom. 2. & 3. traduit par Gabriel CHAPUYS, in 16. *Lyon* 1582. 2 vol.

—— Idem in 12. *Paris* 1587. 3 tomes en un volume.

—— La même, traduite par S. G. PAVILLON, avec l'Espagnol à côté, in 12. *Paris* 1603. —— 1613.

—— La même, traduite par Abr. REMY, in 8. *Paris* 1624.

—— La même, Traduction nouvelle, par Antoine VITRE', in 8. *Paris*....
Antoine Vitré fut le celebre Imprimeur, dont les impressions sont si estimées & dont la probité a été si connuë.

La Diane de Monte-Major mise en nouveau langage, avec une Idile sur le Mariage de Madame la Duchesse de Lorraine & des Lettres en vers burlesques par Madame Gillot de SAINTONGE, in 12. *Paris* 1696. —— & 1699.

Casparis BARTHII Erodidascalus sive nemoralium Libri V. ad Hispanicum Gasparis GILLI-POLI, cum figuris, in 8. *Hanoviæ* 1625.

Andrés de Roxas ALARÇON, los graciosos successos de Tirsis y Tirseo, in 8. *en Madrid* 1581.

Selva de Aventuras, la qual trata de los Amores de Luzman y Arbolea, por Geron.

Geron. de CONTRERAS, in 8. *en Alcala* 1590. — & in 8. *Saragoça* 1615. *Livre très-agréablement écrit & traduit en François par Gabriel Chapuys, l'un des plus féconds Auteurs du XVI siècle.*

Les étranges Adventures des Amours de Luzman Chevalier de Seville & Arbolea, traduites de l'Espagnol de Jerôme de CONTRERAS par Gabriel CHAPUYS, in 12. *Lyon* 1580. — *Paris* 1587. — & in 12. *Roüen* 1598.

Bernardo Perez de BOBADILLA, Nimfas y Pastores de Henarés, in 8. . . . . . . 1587.

Hier. de COVARRUVIAS, Elisea Enamorada, in 8. *en Valladolid* 1594. *Prose & vers.*

Bernardo de la VEGA, la Bella Cotalda, y Cerco de Paris, in 8. *En Mexico* 1601. *Ouvrage d'un Chanoine de Mexico dans l'Amerique. Nicolas Antonio le croit encore Auteur du Roman qui suit* :

El Pastor de Iberia, in 8. 1591.

Giurnalda de Venus y amor Enamorado prosas y versos por Hieron. de HERIDA, in 8. *Barcelona* 1603.

El Amor enamorado, in . . . . *Estimé pour l'esprit. L'Ouvrage est de*

Tome II. B Don

Don Jacinto de VILLALPANDO, *Marquis* de OSSERA, *Chevalier de l'Ordre de* Calatrava, *selon Nicolas Antonio. J'ignore si c'est le même Roman que le précedent.*

Los Escarmientos de Jacinto, in 8. *en* Zaragoça 1645. *Vient aussi du Marquis de* OSSERA.

Christoforo Soarez de FIQUEROA. La constante Amaryllis, in 8. *en Valencia* 1609. *Roman prose & vers par un celebre Jurisconsulte qui a donné des Ouvrages plus sérieux.*

Poema Tragico del Español Gerardo, y Desengaño del amor lascivo por Gonzalo de CESPEDES Y MENEZE'S, in 8. *en Madrid* 1615. — 1617. — & in 4. *Madrid* 1654. — & 1666. — in 8. *en* Barcelona 1618. — in 4. *Lisboa* 1625. *Le même Auteur a fait aussi l'Histoire de Philippe IV. Roy d'Espagne.*

Lo Spagnuolo Gerardo Felice e Sfortunato de Gonzalo di CESPEDE'S e MENEZE'S, da BAREZZO BAREZZI, in 4. *in Venetia* 1630.

Los Trabajos de Persiles y Sigismunda Historia Septentrional por Miguel de CERVANTES, in 8. *en Madrid* 1617. — 1619. — in 8. Brußel 1618.

Les

Les Travaux de Persiles & de Sigismonde, traduits de l'Espagnol de Michel de CERVANTES, par le Sieur d'AUDIGUIER, in 8. *Paris* 1618. — & 1626.

El subtil Cordouez Pedro de Urdemalas, por Hieronimo de SALAS, in 8. *en Madrid* 1620.

La Satia Flora Malsabidilla, por Alonzo de SALAS, in 8. *en Madrid* 1621.

El Premio de la Constancia y Pastores de Sierra Bermeia, por ESPINEL, in 8. *en Madrid* 1620.

El Menandro, por Mathias de LOS REYES, in 8. *en Jaen*......

Infortunios tragicos de constante Florinda, por Gaspar PIRES da Rabelo, in 8. *en Lisboa* 1625. — & 1633.

Humilde Labradora, por Juan SOAREZ de GAMBOA, in 8..... 1625.

La Cinthia de Aranguez, por D. Gabriel CORREAL, in 8. *Madrid* 1629. *Ouvrage en prose & en vers.*

La famosa Epila, por Hieronimo de URREA, in 8. *en Zaragoça*.....

Historia de Hippolito y Aminta, por Francesco de QUINTANA, in 4. *en Sevilla* 1635. — & *Madrid* 1625.

Francisco de la CUEVAS (o de

Quintana) experiencias de amor y fortuna, in 8. *Gienn.* 1646.

Eustorgio, y Clorilene, Historia Moscovitica, por Henrico Soarez de Mendoça y Figueroa, in 4. *en Madrid* 1629. *Roman fait à l'imition des Grecs, savoir, Heliodore, Achilles, Tatius, &c.*

Juan Bapt. Buraña Batalla peregrina entre Amor y fidelidad, in 4. *en Mantoa* 1651.

Arte de Galanteria, por Francisco de Portugal, in 4. *en Lisboa* 1670.

ROMANS D'AMOUR Italiens.

Mambriano del Cieco, *in Venetia* 1518 *En vers.*

Hecatomphila de Leandro Battista Alberti, nella quale insegna la ingeniosa arte d'amare, in 8. *in Vinegia* 1528.

Historia di Aurelio & Isabella, nella quale se disputa, chi piu da occasione di peccare l'huomo alla Donna, o la Donna a l'huomo da Gio, Di Fiori, in 8. *in Venegia* 1533. — & in 8. *in Venetia Giolito* 1548.

L'Albergo,

L'Albergo, Favole tratte dal Vero del Conte Majolino Bisaccioni, 12. *in Venetia* 1638. 2 volum.

Historia di Aurelio & d'Isabella figlivola del Ré di Scotia, con la traductione Francese, in 16. *Paris* 1553.

Histoire d'Aurelio & d'Isabelle fille du Roy d'Ecosse, en laquelle est disputé qui baille plus d'occasion d'aimer l'homme à la femme, ou la femme à l'homme. Plus, la Deiphire de Leon-Baptiste Albert, qui enseigne d'éviter l'amour mal commencé, traduit de l'Italien en François, in 16. *Lyon* 1555.

La Philena di M. Nicolo Franco, Historia amorosa e satyrica, in 8. *in Mantoua* 1547.

Istoria di due nobili amanti, in 8. *in Venetia* 1553. *On dit que ce Livre est de Louïs Porto, qui a donné aussi quelques Poësies Italiennes.*

Il Peregrino Opera ingeniosa, nella quale si ragiona del vero modo di honestamente amare, in 8. *in Venetia* 1559.

Il costante Poema di Francesco Bolognetti, in 8. *in Venetia* 1565. — & in 4. *in Bologna* 1566. *Poëme romanesque qui a mérité d'être illustré d'un Commentaire par Vincent* Beroaldi.

Discorsi di M. Fr. DE VIERI, delle maravigliose opere di Pratolino e d'amore, in 8. *in Firenze* 1587.

La Pazzesca Pazzia de gl' huomini e donne di Corte innamorati, o vero il cortigiano disperato, di Gabriele PASCOLI, in 12. *in Venetia* 1608.

Historia di Brancaleone, dal TRIVULTIO, in 8. *in Venetia* 1617.

La Fuggitiva di Girolamo BRUSONI, in 12. *in Venetia* 1640.

Le Sere dell' Adda, descritte da D. Gio. Agostino de' Conti della LENGUEGLIA, in 12. *in Venetia* 1640.

Cene del Principe d'Agrigento dal Caval. Fr. Carlo de' Conti della LENGUEGLIA, in 12. *in Venetia* 1640.

Il Principe Ruremundo dal. Caval. Fr. Carlo de' Conti della LENGUEGLIA, in 12. *in Venetia* 1651.

La Lucerna di Eureta Misoscolo Academico PHILARMONICO, in 12. *Paris*.

La Rosmonda di Luigi Conte del VERME, in 12. *in Venetia* 1641.

Il Celidoro di Giov. Batt. MOGNALPINA, in 12. *in Venetia* 1642.

L'Ermidauro di Carlo della LUNA, in 12. *in Bologna* 1643.

L'Eromena di Giov. Fr. BIONDI, in

in 4. *in Venetia* 1624. —— 1640. —— in 12. *in Viterbo* 1643. —— *in Venetia* 1653.

La Donzella desterrada da Gio. Fr. BIONDI, seguida dell' Eromena, in 4. *in Camerino* 1632. —— & in 4. *Venetia* 1633. —— & 1640. —— & in 12. in *Bologna* 1645.

Il Corallo di Gio. Fr. BIONDI, che segue la Donzella desterrada, colla continuatione di Carlo BOËR, per terminar tutta l'Historia d'Eromena, in 4. *in Venetia* 1633. —— & in 12. *in Venetia* 1664.

L'Amorosa Clarice di Ferdinando DONNO, in 8. *in Venetia* 1625.

L'Aldimiro del Cavaliere F. Carlo de' Conti della LENGUEGLIA, in 12. *in Venetia* 1637. —— & 1653.

Il Principe Altomiro di Lusitania da Polez MANCINI, in 12. *Padoa* 1640.

Stratonica di Luca ASSERINO, in 12. *Macerata* 1636. —— *in Venetia* 1638. —— & 1642. —— in 12. *in Genova* 1647. *Ces trois dernieres Editions sont plus amples que celle de* 1636.

La Stratonice, traduite de l'Italien, in 8. *Paris* 1641.

L'Almerinda di Luca ASSERINO, in 12. *in Bologna* 1640. —— & *in Venetia* 1653.

Historia di due nobili Amanti di Verona Romeo Montachi e Guilietta Cappelletti, in 8. *in Venetia*. . . .

Almerinde, in 8. *Paris* 1646.

La Luccina, di Eureta Mifofcolo (Fic. Pona) aggiuntovi la Meſſalina di Scipio Glareano, in 12. *in Parigi*. . . . .

L'Ambitione Calpeſtata di Girol. Brusoni, in 12. *in Venetia* 1641.

Il Camerotto di Girol. Brusoni, in 12. *in Venetia* 1645.

La Praſimene dal Henr. Giblet, in 12. *in Venetia* 1657. 2 tom. 1 vol.

La Prazimene, par le Sieur Le Maire, in 8. *Paris* 1638. &c. 4 volumes.

Il Coloandre di Gio. Maria Indris traſlato di Tedeſco in Italiano da Giramo Bisii, in 8. *Venetia* 1641.

La Regina Fortunata di Car. Torre, in 12. *in Venetia* 1640.

Regina de belli humori, in 8. *in Venetia* 2 volum.

Ragguagli del Regno d'Amore Cipro di Luca Asserini, in 12. *in Venetia* 1646.

La Cardenia di Gio. Batt. Torretti, in 12. *in Venetia* 1640.

La Berſabée di Ferr. PALLAVI-CINO, in 12. *in Venetia* 1647.

La Taliclea di Ferrante PALLAVICINO, in 24. *in Venetia* 1653. —— & *Amſterdam* 1656.

Roſalinda di Bernardo MORANDO, in 12. *in Venetia* 1655.

Roſalinde, imitée de l'Italien, in 12. *la Haye* (c'eſt à-dire, *Paris*) 1732. 2 volum. *On attribuë cette imitation, qui eſt médiocre à une perſonne en place & qui pouroit mieux faire, en ne faiſant pas de Livres; mais en conduiſant bien les affaires de ſon Intendance.*

Suite de Roſalinde, par M. DUVERDIER, in 8. *Paris* 1648.

Il Cretideo del Gio Batt. MANZINI, in 12. *in Venetia* 1657.

La Cretidée du Manzini, traduite de l'Italien par Jean BAUDOUIN, in 8. *Paris* 1644.

Il Caloandro fedele da Gio. Ambroſio MARINI nobile Genoveſe, in 24. *in Venetia* 1652 —— & 1664. 4 volumes. *Hiſtoire Aſiatique.*

Le Caloandre fidéle, traduit de l'Italien par Georges de SCUDERI, in 8. *Paris* 1668. 3 volumes.

Le nuove Gare de' Diſperati, Hiſtoria da Gio. Ambr. MARINI, ac-creſciuta

cresciuta in 12. *in Genova* 1653.

Les Desesperés, Histoire heroique, traduite de l'Italien de Jean-Ambroise MARINI, in 12. *Paris* 1732. 2 tomes, 1 volum. par M. DE LA SERRE. *Ce Livre est autant Roman de Chevalerie que Roman d'Amour, & quoique passable, il vaut beaucoup mieux en François qu'en Italien. M. de la Serre, qui peut travailler de son chef, mieux que beaucoup d'autres Auteurs, s'est déja exercé avec succès en Poësie.*

Il Cheniso, o vero auvenimenti d'amore e di fortuna da Bartolomea DELLA BELLA, in 12. *in Venetia* 1654.

Givochi di Fortuna successi d'Astiage & di Mandane, in 12. *in Venetia* 1655. 2 tom. 1 vol.

Gli otii dell' Estati ; o vero gli amori casti di Cinthia, dal Sr Marchese Gio. DOMENICO, in 12. *in Venetia* 1657.

Virgene Parigina di Fulvio FRAGONI, in 12. *in Venetia* 1661. 3. volumes.

La Donna combattuta dall' Empio, e difesa dall' Abbate Filippo Maria BONINI, in 12. *in Venetia* 1667.

L'Aristo, o vero lincestuoso Micidiale

diale innocente da Gasp. UGOLINI, in 12. *Amsterdam* 1671.

Arcadia in Brenta di Grimesio GAVARDO, in 12. *in Bologna* 1673.

Il Cor di Marte di D. Gius. ARTALE, Editione 5. in 12. *in Napoli* 1679.

Amatunta di Giov. CANALE, in 12. *in Venetia* 1681.

Il Floridoro o vero Historia del Conte di Racalmuto ; di M. Gab. MARTIANO, in 8..... 1703.

ROMANS D'AMOUR François.

LE Roman de Jason & Medée, in 4. *Paris, gothique.* — *Idem in folio gothique. Roman assez rare, où il y a de la Chevalerie & de l'Amour. Il s'en trouve des Manuscrits dans les grandes Bibliotheques de Paris.*

La belle Helene de Constantinople mere de S. Martin de Tours, in 4. *Paris, gothique. C'est un de ces antiques Romans, qui a long-tems amusé la pieté & l'imagination des Fidéles.*

La mutation de fortune en vieil langage, in 4. *gothique. Peu commun & peu recherché.*

Histoire des deux vrais & parfaits Amans Pierre de Provence & la Belle Maguelonne fille au Roy de Naples, in 4. *gothique*. — & in 8. *Avignon* 1524. *Ce Roman, qui entre aussi dans la Bibliotheque bleuë, a eu autrefois une grande réputation.*

La Historia de la Linda Magalona hya del Rey de Napoles y de Pierres de Provença, in 4. *en Sevilla* 1533. — & 1542. *Traduction de l'Ouvrage précedent.*

La Historia de la Linda Magalona y el esforçado Cavallero Pierres, por Filippo CAMUS, in 8. *Beaciæ* 1628. *Don Nicolas Antonio marque dans sa Bibliotheque d'Espagne, qu'il ignore quel étoit ce Philippe Camus, de qui nous avons encore quelques autres Romans; mais je présume par le nom que c'étoit un François ou un Wallon, qui s'étoit retiré en Espagne, & avoit suivi pour les Lettres le goût & l'agrément des Cavaliers de cette Nation.*

Histoire du Chevalier Beufres de Hantone & la belle Josienne, in 4. *Paris, en lettres gothiques.*

Le Chevalier Paris & la Belle Vienne, in 4. *Paris* .... *gothique*. — in 8. *Troyes* 1625.

— Idem

——— Idem en Vers françois l'an 1487. in folio. *Manuscrit.*

Innamoramento de i nobiliss. Amanti Paris & Viena. con fig. in 8. *in Venet.* 1577. *Traduction de l'Ouvrage précedent.*

Histoire de Clamades & de la Belle Clermonde, traduite de l'Espagnol par Philippe CAMUS, in 4. . . . .

Histoire de Clamadès & de Cleremonde, in 4. *Paris. . . . . gothique.*

La Conquête qu'un Chevalier surnommé Cueur d'Amour épris, fit d'une Dame apellée Douce-mercy, in 4. . . . . 1503.

La piteuse & lamentable Histoire du vaillant & vertueux Guiscard & de la très-belle Dame Gismonde Princesse de Salerne. La difference d'Amours divine & terrestre, avec la malheureuse fin d'Amours vaine & legere, avec Lettres & Ballades, in 16. *Lyon* 1520.

Floridan & la Belle Elinde, fait en Latin par Nicolas de CLEMANGIS, & traduit en François par Rasse de BRICHAMEL. *Elle est à la fin de la Chronique ou Histoire du Petit Jean de Saintré,* in 4. *Paris* 1523. *& autres Editions.*

Histoire

Histoire de Philandre, surnommé le Gentilhomme Prince de Marseille, & de Passerose fille du Roy de Naples, par Jean DESGOUTTES, in 8. *Lyon 1544. C'est seulement le premier Livre; je ne connois pas le reste de l'Ouvrage.*

Histoire de Melicello & de l'inconstante Caja, discours ou récit des Amours malheureuses de Melicello, par Jean MAUGIN, dit le petit Angevin, in 8. *Paris 1556. Auteur passable de plusieurs Romans & autres Pieces de Litterature sous le Régne d'Henri II.*

Antoine le MAÇON Erotasme, ou les Amours de Phydie & de Gelasine, in 8. *Lyon 1550. Antoine le Maçon fut attaché à la Reine Marguerite de Navarre sœur de François I. Roy de France. C'est à la sollicitation de cette illustre Princesse qu'il a traduit d'Italien en François les Nouvelles de Bocace. Nous lui sommes encore redevables de l'Edition des Oeuvres de Jean le Maire in folio, aussi-bien que des Poësies de Clement Marot, dont il étoit ami.*

L'Amant ressuscité de la mort d'Amour, par Theodose VALENTINIAN, in 4. *Lyon 1557.*

Le Miroir de loyauté, ou l'Histoire déplorable de Zerbin Prince d'Ecosse,

& d'Isabelle Infante de Gallice. Sujet tiré de l'ARIOSTE, & mis en Vers françois par Gilles FUME'E, in 8. *Paris* 1575.

Jean de la GESSE'E, les Amours de Grasinde, in 8. *Paris* 1578.

Amours de Criniton & Lydie, par OLLENIX du MONT-SACRE', (ou Nicolas de Montreux, in 8. *Paris* 1595. *Nous avons de lui quelques-autres Pieces, sur-tout des Vers assez médiocres dans les Recueils de son tems; & quelques Romans.*

Amours de Cleandre & de Domiphile, par OLLENIX du MONT-SACRE', in 12. *Paris* 1597.

Histoire des tragiques Amours d'Hipolite & d'Isabelle, in 12. *Nyort* 1597.

Les Avantures de Floride, de l'invention de Beroalde de VERVILLE, in 12. *Tours* 1594. — & *Roüen* 1601. 3 volumes. *Ce Beroalde de Verville a travaillé beaucoup en Romans. Il étoit de Tours, & c'est de lui que vient le Moyen de parvenir, Livre comique, estimé de quelques-uns & peu consideré par beaucoup d'autres.*

L'Infante déterminée, qui est le quatriéme Livre des Avantures de Floride, par François Beroalde de VERVILLE,

VILLE, in 12. *Lyon* 1596.

Le Cabinet de Minerve, qui est la cinquiéme Partie des Avantures de Floride, in 12. *Roüen* 1601. *C'est aussi du Sieur Beroalde de Verville.*

Les Amours d'Esionne, où se voyent les hazards des armes, les jalousies, desespoirs, esperances, changemens & passions que les succès balancent par la vertu, par François-Beroalde de VERVILLE, in 12. *Paris* 1597.

Voyage des Princes fortunez, par Beroalde de VERVILLE, in 8. *Paris* 1610.

Amours de Glorian & d'Ismene, par le Sieur du SOUHAIT, in 12. *Paris* 1600. *Auteur médiocre de Romans peu recherchés.*

Les Amours de Palemon, par le Sieur du SOUHAIT, in 12. *Paris* 1600.

Amours de Clarimont & Antonide, in 12. *Paris* 1601.

Histoire tragique des constantes & fidéles Amours de Dalchmion & de Deflore, par J. PHILIPPES, in 12. *Paris* 1599.

La naissance d'un bel Amour, sous les noms de Patrocle & Philomele, in 12. *Paris* 1602.

Les destinées des Amans, tirées des Amours de Philotimore, où sont contenuës plusieurs notables Histoires de ce tems, par Phil. Tourniol, in 12. *Paris* 1603.

Les Amours d'Olimpe & de Birene, à l'imitation de l'Arioste, par A. de Nervese, in 12. *Lyon* 1605. *Nerveze fut un Auteur plus que médiocre, aussi ses Ouvrages sont peu estimez.*

Romans des Chevaliers de Thrace, in 8. *Paris* 1605.

Les Avantures de Leandre, par Nerveze, in 12. *Paris* 1608. 2 vol.

Le premier Acte du Synode Nocturne des *Tribades Lemanes*, in 18.... 1608.

L'Olympe d'Amour, par du Lisdam, in 12. *Lyon* 1609.

La haine & l'amour d'Arnoul & de Clairemonde, par P. B. S. D. R. in 12. *Paris* 1609.

Le Silerie du Sieur d'Urfe' in 8. *Paris*..... *Ce n'est point-là le Roman qui a fait la réputation de M. d'Urfé: nous en parlerons ailleurs.*

Les constantes & infortunées Amours de Lintanson avec l'infidéle Palinoé, par le Sieur de la Regnerie, in 8. *Paris* 1610.

Le Roman d'Anacrine, où sont representés

presentés plusieurs combats, Histoires véritables & amoureuses, in 12. *Paris 1613.*

Les Amours de Floris & Cleonthe par N. du MOULINET, Sieur du Parc, in 12. *Paris 1613. Ce Moulinet Sieur du Parc étoit Charles Sorel qui a fait force Romans assez médiocres. Le plus considerable est le Berger extravagant.*

La Solitude ou l'Amour philosophique de Cleomede, par Charles SOREL, in 4. *Paris 1640. C'est le même Auteur que le precedent.*

L'Astrée ou plusieurs Histoires, & sous personnes de Bergers & d'autres sont déduits plusieurs effets de l'honnête amitié, par Honoré d'URFE', in 4. *Paris 1612. Premiere & seconde Partie.*

—— Idem in 8. *Paris 1618.* 4 volum.
—— Idem in 8. *Paris 1624.* 5 volum.
—— Idem in 8. *Paris 1631.* 5 volum.
—— Idem in 8. *Paris 1632.* 5 volum.
—— Idem in 8. *Paris 1633.* 5 volum.
—— Idem in 8. *Paris 1637.* 5 volum.
—— Idem derniere Edition, enrichie de figures de Michel Lasne, in 8. *Roüen 1647.* 5 volumes. —— & 1659. 5 volumes.

—— Idem

des Romans. 43

―― Idem in 12. *Paris* 1733. 10 volumes. C'eſt ici le premier de nos Romans où les régles ont été obſervées. Sa réputation ſe ſoutient toujours depuis plus d'un ſiécle, quoiqu'il ne ſoit pas ſans quelques défauts. *Mais où eſt le Livre qui n'en a point*? L'Auteur y raporte ſous des noms feints & empruntez de véritables Hiſtoires de ſon tems. Il n'y a pas même oublié la ſienne, qui eſt aſſez ſinguliere. M. d'Urfé n'avoit fait que les quatre premiers volumes, le cinquiéme fût achevé par le Sieur Baro, qui avoit apartenu à M. d'Urfé. Il y a une autre continuation, moins eſtimée, qui eſt en deux volumes. *L'Edition de* 1733. *n'eſt pas la meilleure, celles de* 1637. *&* 1647. *ſont eſtimées.*

L'Aſtrea tradotta dal Franceſe da ORATIO PERSIANI, in 4. *in Venetia* 1637.

La cinquiéme & ſixiéme Partie de l'Aſtrée, par le Sieur de BORSTET, in 8. *Paris* 1626. 2 volum. *Nous avons déja parlé de cette continuation comme d'un Ouvrage médiocre.*

Le Berger extravagant, où, parmi des fantaiſies amoureuſes, on voit les impertinences des Romans & de la Poëſie, in 8. *Paris* 1628. 3 volumes.
―― *Paris*

— *Paris* 1633. 3 vol. — *Roüen* 1639. 3 tomes en 2 volumes. — *Paris* 1653. 3 tomes en 2 volumes. *Le même est imprimé sous le titre suivant.*

L'Anti-Roman, ou l'Histoire du Berger Lysis, accompagnée de remarques par Jean de la Lande, in 8. *Paris* 1633. 2 vol. — & 1653. — *Roüen* 1639. 3 tomes en 2 volumes. *C'est une espece de Critique du Roman d'Astrée. Il y a des endroits passables parmi beaucoup d'autres qui sont très-mauvais. Le Livre ne laisse pas d'être recherché de quelques Curieux, il est de Charles* SOREL*; mais il n'a fait tort en rien à l'Astrée de M. d'Urfé.*

Les Amours d'Armide, par P. JOULET Sr de Chastillon, in 12. *Roüen* 1614.

Les fidéles & constantes Amours de Lisdamas & de Cleonimphe, par Henri du LISDAM, in 12. *Tournon* 1615.

Histoire tragique de Pandosto Roi de Boheme & de Bellaria sa femme; ensemble les Amours de Dorastus & de Favina, traduite de l'Anglois en François par L. REGNAULT, in 12. *Paris* 1615.

L'Arcadie de la Comtesse de Pembrock, par Philippe de SIDNEY, traduite

traduite de l'Anglois, in 8. *Paris* 1624. — & 1625. 3 volumes. *Il y en a plusieurs autres Editions Françoises & Angloises; l'une des plus belles en cette derniere Langue est la sixiéme donnée in folio à Londres en 1627.*

Arcadia della Contessa di Pembrock, in 12. in *Venetia* 1659. 3 tomes.

Les Travaux d'Aristée & d'Amarille dans Salamine. Histoire de ce tems composée en Grec par THEOPHRASTE & traduite en François par MELIDOR, in 12. *au Mans 1618.* — *& Paris 1619. C'est bien peu de chose.*

Histoire de Chriserionte de Gaule, par le Sieur de SONAN. in 8. *Lyon 1620.*

La Cariclée, ou la Cyprienne amoureuse, par Pierre CASSENEUVE, in 8. *Toulouse 1621. d'autres l'attribuent* à M. de GOMBERVILLE. *M. de Casseneuve ne perd pas beaucoup de n'être pas regardé comme Auteur incontestable de ce Livre. Il s'est distingué par des endroits plus essentiels, & qui le font regarder comme un des plus savans Ecrivains de Toulouse. M. de Gomberville s'est distingué d'abord par des Ouvrages estimés en divers genres.*

Melianthe

Melianthe & Cleonice, par Trophime JACQUIN, in 8. *Paris* 1621.

La Courtisane solitaire, par le Sieur LOURDELOT, in 8. *Paris* 1622.

Alinda, Histoire tragique par Mademoiselle de GOURNAY, in 12. *Paris* 1623. *C'est bien peu de chose.*

Melanthe, Histoire amoureuse du tems, par le Sieur VIDEL, in 8. *Paris* 1624.

Philaxandre, par le Sr de CHARNEY, in 8. *Paris* 1625.

Les Amours d'Endimion & de la Lune, par A. REMY, in 8. *Paris* 1624.

GOMBAUD l'Endymion, *in* 8. *Paris* 1624.

—— Idem in 8. *Paris* 1626.

L'Uranie du Sieur de MONTAGATHE, où se voyent plusieurs Avantures amoureuses & guerrieres, in 8. *Paris* 1625.

La Clorimene de MARCASSUS, in 8. *Paris* 1626.

Timandre, par Pierre de MARCASSUS, in 8. *Paris* ....

Alexandre & Isabelle, Histoire tragicomique par Ant. HUMBERT de Queyras, in 8. *Paris* 1626.

La Zelatychie, ou les Amours infortunées

fortunées de Cleandre & de Lyramie, par J. JUVERNAY, in 8. *Paris* 1627.

Histoire Africaine de Cleomede & de Sophonisbe, par M. GERSAN, in 8. *Paris* 1627. 2 volumes.

Le Ravissement de Clarinde, in 8. *Roüen* 1627.

La Chrysolyte, ou le Secret des Romans, par André MARE'CHAL, in 8. *Paris* 1627.

Cleodonte & Hermelinde, ou l'Histoire de la Cour, par HUMBERT, in 8. *Paris* 1629. *Ces deux Romans contiennent, sous des noms interposés, quelques évenemens de l'Histoire de Louïs XIII.*

La Dorisandre du Sieur VIARD, in 8. *Paris* 1630.

La Solitude amoureuse de BEAULIEU, in 8. *Paris* 1631.

Les Amans jaloux, ou le Roman des Dames, par Gilbert SAUNIER Sieur du VERDIER, in 8. *Paris* 1631.

La Clytie, ou le Roman de la Cour, par Jean PUGET de la SERRE, in 8. *Paris* 1631. 2 volumes. — Idem in 8. *Paris* 1635. *Ce Roman ne dit rien de la Cour, quoiqu'il en porte le titre.*

Amours

Amours des Déesses, avec les Amours de Narcisse, par Jean PUGET de la SERRE, in 8. *Paris* 1639.

Amours d'Orphée & d'Amarante, in 12. *Paris* 1632.

Le Roman heroïque, in 8. *Paris* 1632. —— & 1670.

La Polixene du Sr de MOLIERE, in 8. *Paris* 1632. —— & 1643. 4 vol.

La nouvelle Amarante, par le Sieur de la HAYE, *in 8. Paris* 1633.

Le Roman de l'Inconnu, in 8. *Paris* 1634.

Le Roman de l'infidelle Lucrine, in 8. *Paris* 1634.

Pellerin étranger, ou les Amours d'Aminthe & de Philinde, par le Sieur de BRETENCOURT, in 12. *Roüen* 1634.

Amelinte, par le Sieur de CLAIREVILLE, in 8. *Paris* 1635. 2 volumes.

La Fenise, Histoire Espagnole, in 8. *Paris* 1636.

Histoire Indienne d'Anaxandre & d'Orasie, par Fr. METEL de BOISROBERT, in 8. *Paris* 1636. —— & 1636.

La Cefalie, par le Sieur DUBOIS, in 8. *Paris* 1637.

Le Roman d'Albanie & de Sicile, par le Sieur DU BAIL, in 8. *Paris* 1626.

Selifandre, par le Sieur DU BAIL, in 8. *Paris* 1638.

La Fille fupofée, Hiftoire véritable du tems, par M. DU BAIL, in 8. *Paris* 1639.

Le fameux Chinois, par le Sieur DU BAIL, in 8. *Paris* 1642.

Le Prince ennemi du Tyran, par le Sieur DU BAIL, in 8. *Paris* 1644.

Alcidamie, in 8. 2 volum. *Paris*.....

Lindamire, Hiftoire indienne, tirée de l'Efpagnol, par J. BAUDOUIN, in 8. *Paris* 1638.

Amours d'Achante & de Daphinne, in 8. ....

Les heureufes infortunes de Celianthe & Marilinde, par le Sieur DESFONTAINES, in 8. *Paris* 1638.

L'Incefte innocent, par le Sr DESFONTAINES, in 8. *Paris* 1638.

Illuftre Amalafonte, par le Sieur DESFONTAINES, in 8. *Paris* 1645.

Rofane, par Jean DESMARETS, in 8. *Paris* 1639.

Jean DESMARETS, Ariane, in 4. *Paris* 1639. — 1643. — 1647.

—— Idem in 12. *Paris* 1666. 2 volum.

—— *& Paris* 17... 3 volum. *Roman que l'on ne croit pas assez régulier pour le système des mœurs ; il est recherché de quelques Curieux, & M. Gueret lui a fait l'honneur de le critiquer dans son Parnasse réformé.*

Les Amours d'Archidiane & d'Almoncidas, par le Sieur DE LA MOTTE, in 8. *Paris* 1642.

Les Nouvelles, ou les Divertissemens de la Princesse Alcidiane, par M^e DE LA CALPRENEDE, in 8. *Paris* 1661.

Peristandre ou l'illustre Captif, par DEMOREAU, in 8. *Paris* 1642. 2 vol.

Filles enlevées, par le Sieur DEMOREAU, in 8. *Paris* 1643. 2 vol.

La Femme genereuse, qui montre que son sexe est plus noble que celui des hommes, in 8. *Paris* 1643.

Roman véritable, in 8. *Paris* 1644. —— 1645. —— 1654. 2 volumes.

L'Amour avantureux, in 8. *Paris*....

Les Amours de Calistine, in 8. *Paris*....

Histoire Celtique, in 8. *Paris*.... 3 volumes.

La Princesse inconnuë, in 8. *Paris*....

La Sibille de Perse, in 8. *Paris*....

Antiope,

Antiope, par M. GUERIN, in 8. *Paris* 1644. 4 volumes.

Florinie, ou l'Hiſtoire de la Veuve perſecutée, in 8. *Paris* 1645. 4 vol.

Fidelité trahie, ou l'Art de triompher du deſtin, Hiſtoire Theſſalonique, par le Sieur LA MOTTE du Brequartin, in 8. *Paris* 1645. 2 vol.

D'AUDIGUIER, les Amours de Lyſandre & de Calliſte, in 12. *Roüen* 1645. — Idem *Amſterdam* 1663. — & 1670. — *Paris* (*Hollande*) 1700.

D'AUDIGUIER, les Amours d'Ariſtandre & de Cleonice, in 12. *Paris*....

L'Eromene, par le Sieur d'AUDIGUIER, in 8. *Paris*.....

Axiane, in 8. *Paris* 1647.

Polemire, ou l'illuſtre Polonois, in 8. *Paris* 1647.

Amours de Philindre, in 8. *Paris*....

La Dianée, in 8.... 2 volumes.

Alcide, in 8. *Paris* 1647. 2 volum.

Clorinde, Roman, in 8. *Paris* 1654. 2 volumes. — 1656. 2 vol.

La Précieuſe, ou le Myſtere de la Ruelle, dédiée à telle qui n'y penſe pas, in 8. *Paris* 1656. — & 1660. 4 volumes.

Clobuline, ou la Veuve inconnuë, in 8. *Paris* 1658.

Les Fortunes de Panfile & de Nife, in 8. *Paris* 1660.

Celinte, Nouvelle, in 8. *Paris* 1661.

Le Jaloux par force, ou le Bonheur des Femmes qui ont des Maris jaloux, avec la Chambre de Justice de l'Amour, in 12..... 1663. — in 12. *Fribourg* 1668.

Celie, Nouvelle, par Jean BRIDOU, in 8. *Paris* 1663. — 1673.

Diversités galantes, in 8 *Bruxelles* 1664. — in 12. *Paris* 1665.

Histoire de Celemaure & Felismene, in 8. *Paris* 1665. 2 volumes.

Diversité d'Amours, in 12.... 5 vol.

Cours d'Amours, ou les Bergers galans, par DU PERRET, in 8. *Paris* 1667. 2 volumes.

Anaxandre, Nouvelle, in 12. *Paris* 1667. — & in 8. *Bruxelles* 1667.

Divertissemens d'Amours, par le Sieur DUFOUR, in 12. *Paris* 1667.

La Morale galante, ou l'Art de bien aimer, par le Sieur LE BOULENGER, in 12. *Paris* 1668.

Cleon, ou le parfait Confident, in 8. *Paris* 1668.

Hippomene le Grand, in 12. *Paris* 1668.

La Logique des Amans, in 12. *Paris* 1668. — & 1678. — & in 12. *Amsterdam*

sterdam 1669. par M. de CAILLIERES.

Philicrate, in 12. Paris 1669.

Celie, ou la Princesse Melicerte, in 8. Paris 1669. — & 1673.

Amours de Psyché & Cupidon, par M. DE LA FONTAINE, in 8. Paris 1669. C'est la plus belle Edition. — Idem in 12. la Haye 1700 — & 1714.

Zayde, Histoire Espagnole, par Jean Renaud de SEGRAIS, avec un Traité de l'Origine des Romans par M. HUET, in 8. Paris 1670. 2 volumes. — Idem in 12. Paris 1705. — 1719. 2 volumes. *Roman excellent.*

Amour sans foiblesse, in 12. Paris 1671. 3 volum. — & in 12. Paris 1729. *Ce Roman, qui est de l'Abbé* DE VILLARS, *Auteur du* Comte de Gabalis, *est réimprimé dans cette derniere Edition sous le titre de* Geomiter. *On n'a réimprimé que les deux premiers volumes, qui sont assez singuliers. Le troisiéme volume contient les Amours heroïques d'Anne de Bretagne, depuis Reine de France.*

Gelanire, in 8. Paris 1671.

Araspe & Simandre, in 12. Paris 1672. 2 volumes.

Les Oeuvres de Madame de VILLEDIEU, in 12. Paris 1702. 10 volumes. — Idem in 12. Paris 1721. 12 volum.

Il est bon de remarquer que les deux derniers volumes de cette Edition de 1721. ne sont pas de Madame de Ville-Dieu. Ce sont de petites Historiettes bonnes & mauvaises de divers Auteurs. Les Romans qui sont dans les dix premiers volumes ont été la plûpart publiez sous le nom de Mademoiselle Desjardins, qui étoit celui de cette Dame avant qu'elle eut épousé M. de Ville-Dieu son premier mari. Voici la Liste des Romans & Historiettes contenuës dans ce Recueil, afin qu'on ne les achette pas deux fois.

Tome I. Contient les desordres de l'Amour; le Portrait des foiblesses humaines; Cleonice, ou le Roman galant. Ces trois Pieces sont assez bien écrites.

Tome II. Contient quelques Oeuvres mêlées, avec trois Pieces de Theatre, & rien qui ait raport aux Romans.

Tome III. Contient Carmente. Bien écrit & intéressant.

Tome IV. Alcydamie. C'est la premiere Partie d'un grand Roman fort mauvais & fort ennuyeux.

Les Galanteries Grenadines. Commence bien, continuë mal, & ne finit pas.

Tome V. Les Amours des Grands Hommes. Assez bien écrits.

Lysan-

Lyfandre, Nouvelle. *Paſſable.*

Tome VI. Memoires du Serrail. *Commence aſſez bien, ſe pourſuit aſſez mal & finit pitoyablement, chargé de trop d'accidens fâcheux.*

Les Nouvelles Africaines. *Bien écrites & touchantes.*

Tome VII. Vie d'Henriette-Sylvie de Moliere. *Ecrite d'une maniere ſenſible & intéreſſante.*

Annales galantes de Grece. *Paſſable & n'eſt pas fini.*

Tome VIII. Les Exilez. *Ecrit dans le goût des grands Romans ſans en avoir l'ennui. La derniere Partie languit & ne finit pas heureuſement.*

Tome IX. Les Annales galantes. *Bien écrit, amuſant; mais les quatre premieres Parties ſont les plus intéreſſantes.*

Tome X. Le Journal amoureux. *Amuſant & aſſez bien écrit.*

Clelie, Hiſtoire Françoiſe, galante & comique, in 12. *Paris* 1673. — & *Nimegue* 1680.

Le Cercle ou Converſations galantes, Hiſtoire amoureuſe du tems, in 12. *Paris* 1675. 3 tom. en 1 volume. — in 12. *Cologne* 1676.

Deſordres de l'Amour, in 12. *Paris* 1676.

Axiamire, ou le Roman Chinois, in 12. *Paris* 1676. 2 volum.

Le Lyon d'Angelie, Histoire amoureuse &, tragique, par Pierre-Corneille BLESSEBOIS, in 12. *Cologne* 1676.

Le Solitaire, Nouvelle, in 12. *Paris* 1677. 2 volumes.

Princesse Agathonice, ou les differens Caracteres de l'Amour, Histoire du tems, in 12. *Paris*..... — & *la Haye* 1693.

Astrée, in 12. *Paris* 1678.

Nouvelle Astrée, dédiée à son Altesse Royale Madame, in 12. *Amsterdam* 1713.

Le Courier d'Amours, in 8. *Paris* 1679.

Les Caprices de l'Amour, par le Sieur de BEAUCOURT, in 12. *Paris* 1681.

Essais d'Amours de M. L. C. D. V. in 12.... 1681.

Octavie, ou l'Epouse fidele, par le Sieur de CHEVERNI, in 12. *Paris*....

L'Amant parjure, ou la Fidelité à l'épreuve, par le Sieur de CHAVIGNI, in 12. *la Haye* 1682.

Amour victorieux de la Fortune, in 12.....

Semaine de Montalban, ou les Mariages

riages mal affortis, in 12. *Paris* 1684. 2 volumes, par le Sieur VANEL.

Amours en Campagne, in 12. ...

Le Cabinet d'Amour, ou l'Art de difcerner le véritable Amour d'avec le faux, in 12. *Paris* 1685.

Les Efprits, ou le Mari fourbé, in 12. *Liege* 1686.

Mademoifelle de Benonville, Nouvelle galante, in 12. *Liege* 1686. *Sotte Hiftoriette, languiffanment écrite, fans aucun intérêt, & qui ne contient que des chofes communes.*

Orophile en defordre, ou Impofture de la faignée, in 12. *Cologne* 1686.

Philadelphe, Nouvelle Egyptienne, par le Sieur GIRAULT de Sainville, in 12. *Paris* 1687.

Le Mari jaloux, Nouvelle, par Madame de Gomez de VASCONCELLE, in 12. *Paris* 1688.

Le Langage muet, ou l'Art de faire l'amour fans parler, fans écrire & fans fe voir, Hiftoire galante, in 12. *Middelbourg* 1688.

Les Secrets de l'Amour, in 12. *Paris* 1690.

Agrémens & chagrins du Mariage, in 12. *Paris* 1692. 4 volumes. — & 1694. 4 volumes.

Histoire des Amours du Duc d'Arione & de la Comtesse Victoria, in 12. *la Haye* 1694.

Amans trompés, Histoire galante, in 12. *Amsterdam* 1696.

Gage touché, Histoire galante & comique, in 12. *Paris* 1698. 2 vol. — & in 12. *Amsterdam* 1700. — *la Haye* 1714. — *Paris* 1716. & 1718. 2 volum.

Princes Rivaux, Histoire secrete, in 12. *Paris* 1698.

La connoissance du monde, Voyages Orientaux, Nouvelles historiques, in 12. *Paris* 1695.

Le Voyage de Campagne, par Mad^e la Comtesse de M. in 12. *Paris* 1699. 2 vol. — & à *la Haye* 1700. 2 vol. *Ce Roman, qui est de l'ingenieuse Madame de Murat (Julie de Castelnau) est écrit avec beaucoup d'esprit & de goût. Il y a dans le second volume des Scenes ou sortes de Comedies de Proverbes, qui sont d'une autre Dame; elles sont assez agréables & contiennent des caracteres assez marquez.*

Cephise, ou l'Amante fidéle, par le Sieur GAUTIER d'Aubicour, in 12. *Paris* 1699.

La Reine Bergere, par le Sieur PALLU de DOUBLAINVILLE, in 12. *Paris* 1700.

La Comtesse de Mortane, par Madame ***, in 12. *Paris* 1699. 2 volumes. — & *la Haye* 1700. 2 volumes. Ce Roman, qui est de Madame DURAND, est assez bien écrit : mais le second volume est plus intéressant que le premier, & si l'on en retranchoit un tiers, avec quelques termes un peu trop populaires, ce seroit un de nos plus jolis Romans. Les caracteres y sont bien marquez & bien soutenus, & les évenemens en sont singuliers, quoique naturels.

Avantures du Chevalier de Themicourt, in 12. *Paris* 1701.

Petits Soupers de l'année 1699. in 12. *Paris* 1702. 2 volumes, par Madame DURAND.

L'Inconstance punie, Nouvelle du tems, par Madame la Comtesse de L.... in 12. *Paris* 1702.

Faveurs & disgraces de l'Amour, ou les Amans heureux & malheureux, & trompés, Histoires galantes, in 12. *la Haye* & *Amsterdam* 1702. 3 vol. 1721. — & 1731. *Cologne* 1710. 3 volumes.

Funestes effets de l'Amour, in 12. *Luxembourg* 1707. 2 volumes.

Amours libres des deux Freres, Histoire galante, in 12. *Cologne* 1709. Ce n'est pas un Ouvrage fort délicatement écrit.

Theatre de l'Amour & de la Fortune, par Mademoiselle le BARBIER, in 12. *Paris* 1714. — & *Amsterdam* 1715. 2 volumes.

Le Prince jaloux, de Mademoiselle BERNARD, in 12. *Paris* 1717.

Triomphe de la raison, ou les Avantures de Chryſophile, par M. MALNOURY de la Baſtille, in 12.

Amours & Avantures d'Arcan & de Belize, Hiſtoire véritable, par le Chevalier de P**, in 12. *Leyde* 1714.

Celiſe ou l'Amante fidelle, Hiſtoire galante & véritable, in 12. *Amſterdam* 1715.

Avantures de ***, ou les effets ſurprenans de la ſympathie, in 12. *Paris* 1713. 5 vol. — *Amſterdam* 1715. 5 vol. *On dit que cet Ouvrage eſt de M. Carlet de Marivaux, à preſent de l'Academie Françoiſe, & Auteur de pluſieurs Pieces romaneſques & theatrales.*

Hiſtoire du Marquis de Clemes & du Chevalier de Pervanes, avec les Caprices du Deſtin, ou Recueil d'Hiſtoires ſingulieres & amuſantes par M. de SACY, in 12. *Paris* 1716. — & *Amſterdam* 1719. *M. de Sacy, fils du celebre M. de Sacy Avocat au Conſeil, & de l'Academie Françoiſe.*

Faveurs

Faveurs & disgraces des Amans, in 12. *Paris* 1723. 2 volumes.

Avantures de Leonidas & de Sophronie, Histoire sérieuse & galante, in 12. *Paris* 1722.

Le Theatre des Passions & de la Fortune, ou les Avantures surprenantes de Rosamidor & de Theoglaphire, Histoire australe, par M. de CASTERA, in 12. *Paris* 1731.

Avantures d'Aristée & de Telasie, Histoire galante & heroïque, par M. du CASTRE d'AUVIGNI, in 12. *Paris* 1731. 2 volumes.

Histoire de la Comtesse de Gondez, in 12. *Paris* 1725. 2 volumes en un. *Cet Ouvrage est de Mademoiselle de Lussan, qui a donné quelques autres Romans.*

Histoire d'Echo & de Narcisse, par M. le Comte Alexandre C. D. M. in 12. *Leyde* 1730. *Assez bien écrit.*

Les Veillées de Thessalie, in 12. *Paris* 1732. par Mademoiselle de LUSSAN. *Amusant & bien écrit.*

Celenie, Histoire allegorique, par Madame L.... in 12. *Paris* 1732.

Histoire d'Emilie, ou les Amours de Mademoiselle ***, par Madame MEHEUT, in 12. *Paris* 1732.

Pharsamon, ou les nouvelles Folies roma-

romanesques, de M. de MARIVAUX, in 12. *Paris* 1732. 2 vol.

L'Epouse infortunée, Histoire Italienne, galante & tragique, par M. D. P. B. in 12. *Paris* 1733.

ARTICLE III.

ROMANS HEROIQUES.

IL fido Amante Poema heroïco di Curtio GONZAGA, figlivolo di Luigi, dell' antica casa de' Prencipi di Mantova, in 4. *in Mantova* 1582. *Poëme assez rare, mais qui n'est pas fort recherché.*

La Cytherée, par Marin le ROY DE GOMBERVILLE, in 8. *Paris* 1621. 9 volumes. — Idem in 8. *Paris* 1642. 9 volumes. — & 1644. — & 1654. 4 volumes. *Ecrit dans le goût des mœurs antiques, contient sous des noms empruntez de véritables Histoires des premiers tems du Régne de Loüis XIII. Il est rare de le trouver entier.*

Alcidiane, par Marin le ROY DE GOMBERVILLE, in 8. *Paris* 1651. *Cet Ouvrage est peu recherché.*

Polexan-

Polexandre, par Marin le ROY DE GOMBERVILLE, in 4. *Paris 1632.* — & 1637. 5 volumes.

——Idem in 8. *Paris* 1641. 5 volum.

——Idem in 8. *Paris* 1645. 5 volum.

——Idem in 8. *Paris* 1647. 5 volum.

Ces trois dernieres Editions, quoique sous le même Titre, sont toutes differentes quant aux évenemens. M. de Gomberville, qui avoit beaucoup de talent pour écrire, montre par cette varieté qu'il se joüoit de sa matiere, & quelquefois même de ses Lecteurs. Quoique ce soit ici un de nos bons Romans, il ne laisse pas d'ennuyer quelquefois.

Les Avantures de la Cour de Perse, où sont racontées plusieurs Histoires d'amour & de guerre arrivées de notre tems, par J. BAUDOUIN, in 8. *Paris* 1639.

La CALPRENEDE, Cassandre, in 8. *Paris* 1642. — & 1644. 10 vol.

——Idem in 8. *Paris* 1648. 10 vol.

——Idem in 8. *Paris* 1654. 10 vol.

——Idem in 8. *Paris* ou *Troyes* 1660. 10 volumes.

La CALPRENEDE, Cleopatre, in 8. *Paris* 1647. — & *Hollande* 1648. 12 volumes.

——Idem in 8. *Paris* 1656. 12 volum.

— Idem

—— Idem in 8. *Paris* 1662. 12 volum.

La Cleopatra del Signor Marolino BASACCIONI, in 12. *in Venetia* 1672. 6 volumes.

LA CALPRENEDE, Pharamond, ou Histoire de France, in 8. *Paris* 1641. —— jusqu'en 1661. 12. vol.

—— Idem in 8. *Paris* 1661. 12 volum.

—— Idem in 8. *Amsterdam* 1664. 12 volumes.

—— Idem in 8. *Amsterdam* 1666. —— & 1671. 12 volumes.

Ce Roman a fait beaucoup de bruit dans son tems, & se trouve encore très-recherché. La Calprenede n'en avoit fait que les sept premiers volumes lorsqu'il mourut, & le Sieur Pierre Dortigue de VAUMORIERE *a fait les cinq autres. Et quoique la Calprenede n'eut laissé aucuns Memoires, cependant son Continuateur est si bien entré dans son genie, qu'on ne s'aperçoit de la difference que parce que Vaumoriere a surpassé la Calprenede par l'élocution, l'ordre & l'arrangement.*

VAUMORIERE, le Grand Scipion, in 8. *Paris* 1656. —— & 1661. 4 volumes.

VAUMORIERE, Agiatis Reine de Sparte, ou les Guerres civiles des Lacedemoniens sous les Rois Agis & Leonidas,

Leonidas, in 12. *Paris* 1685. 2. vol.

VAUMORIERE, Histoire de la galanterie des Anciens, in 12. *Paris* 1671. — & 1676. 2 volumes.

Bellissaire, ou le Conquerant, in 8. *Paris* 1643.

Scanderberg, par M. CHEVREAU, in 8. *Paris* 1644. 2 volumes.

Urbain CHEVREAU, Hermiogene, in 8. *Paris* 1648. 2 volumes.

Mithridate, in 8. *Paris* 1648.

Le Toledan (ou Don Juan d'Autriche) in 8. *Paris* 1649. ou 1659. 5 volumes. *Cet Ouvrage, qui n'est pas commun, contient l'Histoire du celebre Don Juan d'Autriche fils naturel de l'Empereur Charles-Quint. On n'a jamais bien pu penetrer le mystere de sa naissance: ce qui a donné lieu a de très-mauvais bruits contre cet Empereur.*

Berenice, in 8. *Paris* 1651. 4 vol.

Mademoiselle Madelaine SCUDERI, Ibrahim ou l'illustre Bassa, in 8. *Paris* 1641. 4 volumes.

—— Idem in 12. *Roüen* 1665. 4 volum.

—— Idem in 12. *Paris* 1723. 4 volum.

Il perfetto Ibrahim o vero illustre Bassa, tradotto dal Francese di Giorgio SCUDERY, in 12. *Venetia* 1684. 2 volumes.

Made-

Mademoiselle de SCUDERY, Artamene, ou le grand Cyrus, in 8. *Paris* 1650. &c. 10 volumes.

—— Idem in 8. *Paris* 1651. 10 volum.

—— Idem troisiéme Edition augmentée de figures gravées par Chauveau, in 8. *Paris* 1653. —— & 1654. 10 volum.

—— Idem in 8. *Leyde* 1655. 10 volum.

—— Idem in 8. *Paris* 1656. 10 volum.

—— Idem in 8. *Paris* 1658. 10 volum.

Mademoiselle de Scudery a donné ses Romans comme autant de Poëmes épiques en prose, dans lesquels elle fait entrer beaucoup d'évenemens de la Cour de Loüis XIV. mais qui voudra savoir l'Histoire ne l'ira pas chercher dans ses Ouvrages.

Mad^e de SCUDERY, Clelie, Histoire Romaine, in 8. *Paris* 1656. 10 volumes.

—— Idem in 8. *Paris* 1658. 10 volum.

—— Idem in 8. *Paris* 1660. 10 volum.

—— Idem in 8. *Paris* 1666. 10 volum.

—— Idem in 12. *Paris* 1731. 10 volum.

Mad^e de SCUDERY, Almahide, ou l'Esclave Reine, in 8. *Paris* 1660. 8 vol. *C'est un Roman formé sur le goût des Mores d'Espagne, les plus galans & les plus polis de tous les hommes. Ce Roman n'a été imprimé qu'une fois, & n'est pas commun.*

Mad^e

Mad^e de SCUDERY, Mathilde d'Aguilar, Histoire Espagnole, in 8. *Paris* 1667.—— in 8. *Paris* 1702.

Les Jeux de Mathilde d'Aguilar, Histoire Espagnole & Françoise, galante & véritable, par M. D. S. in 8. *Villefranche* 1704. 3 volumes.

La description de Versailles, ou Celanire, Nouvelle galante, par Mad^e de SCUDERY, in 12. *Paris* 1698.

Rosemire, ou l'Europe délivrée, in 8. *Paris* 1657.

Laodice, par M. PELISSERI, in 8. *Paris* 1660. 2 volumes.

Tarsis & Zelie, par le Sieur le REVAY, (c'est-à-dire, le VAYER) in 8. *Paris* 1665. 5 volumes. —— & 1669. 5 volumes. —— in 12. *Paris* 1720. 3 vol. *Ce Roman, qui est assez estimé, vient de M. le Vayer Boutigni Maître des Requêtes, de qui nous avons d'autres Ouvrages en Jurisprudence.*

Rodogune, Histoire Asiatique & Romaine, par le Sieur d'Aigue d'IFFREMONT, in 8. *Paris* 1667.—— & 1669. 2 volumes.

Sapor Roy de Perse, par du PERRET, in 12. *Paris* 1668. 5 volumes.

Rhamiste & Ozalie, Roman heroique, in 12. *Paris* 1729.

ARTICLE

ARTICLE IV.

ROMANS HISTORIQUES, & Histoires secretes, pour l'ancienne Histoire.

La Galathée, ou les Avantures du Prince Astyages, par A. REMY, in 8. *Paris 1625. C'est bien peu de chose.*

Amosis Prince Egyptien, Histoire merveilleuse, in 12. *Paris 1728. Ecrit avec agrément & vivacité.*

Histoire des sept Sages, par M. de LARREY, in 8. Roterdam 1713. 2 volum. — Idem in 12. Roterdam (Roüen) 1714. 2 volumes. *Cet Ouvrage est assez bien écrit, mais il est chargé de trop d'évenemens que l'on sçait d'ailleurs, & n'est pas assez intéressant pour le cœur, aussi n'a-t-il pas eu le succès que M. de Larrey en attendoit. L'Edition in 8. est la plus belle.*

Histoire amoureuse de la Grece, ou les Amours de Pindare & de Corine, in 12. *Paris 1678.* 2 volumes.

Sapho, ou l'heureuse inconstance, par Madame de ***, in 12. *la Haye 1695.*

Vita di Cleopatra Regina di Egitto del Conte Giulio L A N D I , in 8. *in Venetia* 1551 —— & 1618.

Histoire de la Reine Artemise, composée par Nicolas H o w e l , in folio. *Manuscrit.*

Gli amori di Alessandro Magno, è di Rossana da Giac. Andrea C i c o g n o n i , in 8. *in Bologna* 1656. *En vers.*

Anecdotes Grecques, ou Avantures secretes d'Aridée frere d'Alexandre le Grand, traduites d'un Manuscrit grec, in 12. *Paris* 1731. *c'est-à-dire, traduit à la maniere des Romanciers, ou plûtôt tiré de leur imagination bonne ou mauvaise.*

Galanteries amoureuses de la Cour de Grece, in 12. *Paris* 1670. —— in 12. *Amsterdam* 1693.

Les Amitiés malheureuses, Histoire de Sparte, in 12. *Paris* 1688.

Histoire de Parmenide, Prince de Macedoine, in 12. *Bruxelles* 1706.

Illustres Infortunés, ou les Avantures galantes des plus grands Heros de l'antiquité, in 12. *Cologne* 1695.

Amours des grands Hommes, par M. V i l l e - D i e u , in 12. *Paris....* —— Idem in 12. *la Haye* 1688. *Et dans*

le

le *Recueil des Oeuvres de Madame de Ville-Dieu. Voyez ci-deſſus.*

Les belles Grecques, ou l'Hiſtoire des plus fameuſes Courtiſannes de la Grece ; & Dialogues nouveaux des Galantes modernes, in 12 *Paris* 1712. avec figures. — in 12. *Amſterdam* 1715. par Madame DURAND.

Hiſtoire des Amazones, par le Sieur CHASSEPOT, in 12. *Paris* 1678.

Les Bains des Termopiles à la Princeſſe de Milet, par feuë Mademoiſelle de SCUDERY, in 12. *Paris* 1732. *Petit Livret de 73 pages.*

Antiochus Prince de Syrie, Hiſtoire galante, in 12. *Cologne* 1679.

Il Romulo del M. Virgilio MALVEZZI, in 12. *Bologna* 1631.

Romulo & Tarquinio del MALVEZZI, in 12. *in Venetia* 1633.

Anecdote, ou Hiſtoire ſecrete des Veſtales, in 12. *Paris* 1700. — & 1725.

Avantures de Jules-Ceſar dans les Gaules, in 12. *Paris* 1695. *Mauvais Livre du Sieur Leſcouvel, dont nous parlerons ci-après.*

Rome galante, ou Hiſtoire ſecrete ſous les Régnes de Jules-Ceſar & d'Auguſte, par M. le Chevalier de MAILLI,

MAILLI, in 12. *Paris* 1695. 2 vol. *Livre mal écrit, & presque aussi sec que son Auteur.*

Amours de Catulle & Tibulle, par Monsieur Jean de la CHAPELLE, in 12. *Paris* 1699. 5 volumes. — 1719. — & 1723.

——— Idem in 12. *Amsterdam* 1699. — 1716. 5 volumes.

Les Amours de Tibulle, par Mr de la CHAPELLE, in 12. *Paris* 1712. 3 volumes. — 1715. 3 volum. — 1719. 3 volum. — 1723. 3 volum. *Ces Livres sont bien écrits; il n'y a que la Poësie qui en est dure.*

——— Idem in 12. *Amsterdam* 1715. — 1716. 3 volumes.

Histoire de Tullie fille de Ciceron, par Madame la Marquise de L..... in 12. *Paris* 1726.

Les Amours d'Horace, in 12. *Cologne* 1728. par M. SOLMINIAC de la PIMPIE: *Homme d'esprit & de mérite attaché à la Cour de Pologne & de Saxe.*

Junie, ou les Sentimens Romains, in 12. *Paris* 1695.

Histoire Romaine de la belle Clorinde, laquelle sauva la vie à son ami Reginus le Romain en habit de Charbonnier,

bonnier, avec la piteuse mort de Cicero, in 8. *Paris.... Ancienne Edition gothique.*

Histoire des Vestales, avec un Traité du luxe des Dames Romaines, par M. l'Abbé NADAL, in 12. *Paris 1725. Il y a dans cet Ouvrage bien des recherches curieuses & même historiques; ce qui peut tenir lieu d'un des plus agreables Romans. L'Auteur cependant, d'une belle & agréable Litterature, ne l'a pas fait dans cette vuë; mais qu'importe.*

Histoires secretes des Femmes galantes de l'antiquité, in 12. *Amsterdam* 1726. 6 volumes — & *Roüen* 1731. 6 volumes.

Les Exilés de la Cour d'Auguste, par Madame de VILLE-DIEU, in 12. *Paris* 1701. 2 volumes: & *dans le Recueil de ses Ouvrages.*

Femmes des douze Cesars, contenant la vie & les intrigues secretes des Imperatrices & Femmes des premiers Empereurs Romains, par M. de SERVIES, in 12. *Paris* 1720. — in 12. *Amsterdam* 1721. *Il est réimprimé sous le titre suivant.*

Imperatrices Romaines, ou l'Histoire de la vie & des intrigues secretes des Femmes des douze Cesars & autres

tres Imperatrices Romaines, par M. de SERVIES, in 12. *Paris* 1728. 3. volumes.

Amours de Neron, par Mademoiselle D.... in 12. *la Haye* 1695.

Histoire secrete de Neron, ou le Festin de Trilmacion, traduit de Petrone, avec des Notes historiques, par M. LAVAUR, in 12. *Paris* 1726. 2 tom. 1 volume.

Eustache le NOBLE, Epicaris, ou Histoire secrete de la Conjuration des Pisons contre Neron, in 12. *Paris* 1698. *Où au tome 12. des Oeuvres du même M. le Noble cette petite Historiette, dont le fond est véritable, est écrite avec goût, & il s'y trouve peu de négligence.*

Agrippina minore del CAPACCIO, in 12. *in Venetia* 1667.

La Messalina di Francisco PONA, in 16. *in Venetia* 1633.

Amours d'Antiochus, in 12. *Paris* 1679.

Arioviste, Histoire Romaine, par Madame de la ROCHEGUILHEN, in 12. *Paris* 1696. — & in 12. *la Haye* 1697.

Belisaire, ou le Conquerant, tiré de Procope, par le Sieur de GRENAILLES, in 8. *Paris* 1643.

POUR LA FRANCE.

Histoire Celtique, où sous les noms d'Amindorix & de Celanire, sont comprises les principales actions de nos Rois & les diverses fortunes de la Gaule & de la France, par le Sieur de la Tour-Hotman, in 8. *Paris* 1634. 3 volumes.

Histoire des Favorites, contenant ce qui s'est passé de plus remarquable sous plusieurs Régnes, par Mademoiselle de la Rocheguilhen, in 12. *Amsterdam* 1697. — 1703. — 1708. 2 volumes.

Galanteries des Rois de France, depuis le commencement de la Monarchie jusqu'à present, in 12. *Bruxelles*, 1694. 2 volumes. — Idem in 12. *Cologne* 1695. 2 volumes. *C'est un Ouvrage du Sieur* Vanel, *Auteur assez médiocre, de qui nous avons quelques abregez d'Histoire, comme de l'Histoire d'Espagne, d'Angleterre & des Turcs, Livres à present oubliez.*

Amours des grands Hommes de France, in 12. *Paris* 1676.

Meroüé fils de France, Nouvelle historique, in 12. *Paris* 1678. — & *la Haye* 1679.

Histoire des Amours & infortunes d'Abelard & d'Eloïse, par Mr N. F. DUBOIS, in 12. *la Haye 1695.* — 1697. — 1700. — 1703. — 1705. — 1711.

Nouveau Recüeil, contenant la Vie, les Amours, les Infortunes & les Lettres d'Abelard & d'Eloïse. Les Lettres d'une Religieuse Portugaise & du Chevalier (de Chamilli) in 12. *Bruxelles* 1709.

Les Lettres d'Eloïse & d'Abelard, mises en Vers françois par Mr de BEAUCHAMP, in 12. *Paris 1721. Excellente Traduction en Vers.*

Anecdotes de la Cour de Philippe Auguste Roy de France, par Mademoiselle de LUSSAN, in 12. *Paris 1733.* 3 volumes. *Cette Demoiselle a déja publié l'Histoire de Madame de Gondez & les Veillées de Teßalie.*

Eleonor de Guyenne, par M. de LARREY, in 8. *Roterdam* 1692. *Cette Histoire s'étend depuis l'an 1136. jusqu'en 1204. elle est d'Isaac de Larrey Gentilhomme du Païs de Caux, réfugié dans les Païs étrangers pour la Religion. Cette Histoire, qui est bien écrite, est mêlée de beaucoup de traits qui sentent le Roman.*

Adelaïde de Champagne, in 12. *Paris* 1680. — & 1690. 4 tomes en 2 volumes.

Adelaïde de Bourgogne, in 12. *Paris* 1680.

Agnés de Bourgogne, Nouvelle historique, in 12. *Paris* 1680.

Histoire amoureuse des Princesses de Bourgogne, in 12. *la Haye* 1720. 2 volumes.

Alix de France, Nouvelle historique, in 12. *Liege* 1686. *Cette Alix étoit fille de Louïs VII. dit le Jeune, Roy de France.*

La Comtesse de Vergi, in 12. *Paris* 1722.

Edele de Ponthieu, Nouvelle historique, in 12. *Paris* 1723.

Jerusalem affligée où est décrite la délivrance de Sophronie & d'Olinde, ensemble les Amours d'Hermine, de Clorinde & de Tancrede, in 8. *Paris* 1601.

Journal amoureux, in 12. *Paris* 1671. 6 tomes, 3 volumes.

Le Maréchal de Boucicaut, Nouvelle historique, in 12. *Paris* 1713. *Cet Ouvrage est de Jean-Baptiste Neé, dit la* ROCHELLE.

Memoires de la Cour de Charles VII.

VII. par Madame DURAND, in 12. *Paris* 1700. 2 volumes. *Livre assez bien écrit, où il y a de l'Histoire & du Roman.*

Le Comte de Dunois, Nouvelle historique, par la Comtesse D**, in 12. *Paris* 1671. *Cette petite Histoire, qui est agréablement écrite, est aussi de Madame la Comtesse de Murat, quoiqu'une autre Dame ait voulu se l'attribuer.*

Histoire secrete de Bourgogne, in 12. *Paris* 1694. 2 volumes — & in 12. *Amsterdam* 1729. 2 volumes. *C'est une Histoire amoureuse des derniers Ducs de Bourgogne. Il n'y manqueroit que la vérité pour en faire un bon Ouvrage. Car Mademoiselle de la Force, de qui elle vient, sçait écrire en ce genre beaucoup mieux que personne.*

Histoire secrete de Marie de Bourgogne, in 12. *Paris* 1710. 2 volumes. — & *Paris* 1712. 2 volumes. *Cette Histoire est encore de Mademoiselle de la Force, qui a pris pour sujet de son Ouvrage une des plus sages Princesses qu'il y eut au monde. C'est cette fameuse heritiere de Bourgogne, fille de Charles le Temeraire, tué devant Nancy au mois de Janvier* 1477. *& qui a été mariée à Maxi-*

Maximilien d'Autriche, qui depuis a été Empereur.

Le Prince de Longueville & Anne de Bretagne, in 12. Paris 1697. — & Hollande 1698. Lefconvel Breton, Ecrivain très-médiocre eft Auteur de cette Hiftoriette.

Les actions heroïques de la Comteffe de Montfort, in 12. Paris 1697. Il y a dans cet Ouvrage & du Roman & de l'Hiftoire.

Le Comte d'Amboife, Nouvelle hiftorique, in 12. Paris 1689. — & 1706. Cette Hiftoriette eft de Mademoifelle Catherine Bernard morte en 1712.

Intrigues amoureufes de François I. ou l'Hiftoire tragique de (Françoife) Comteffe de Château-Briant, in 12. Amfterdam 1695. Ouvrage du Sieur de Lefconvel; c'eft en dire affez pour le faire connoitre.

La Comteffe de Château-Briant, ou les effets de la jaloufie, in 12. Paris 1696. — & 1724. Rien n'étoit plus propre que cette heroïne Maîtreffe de François I. Roy de France, pour en faire un beau morceau; mais elle n'eft pas tombée en des mains affez délicates & affez intelligentes.

Hiftoire fecrete du Connêtable de Bourbon,

Bourbon, où l'on voit les caufes de fa difgrace, in 12. *Paris* 1696. — & 1706. *Ouvrage agréablement écrit, & qui eft encore de M.* BAUDOT DE JUILLI. *Le Connêtable de Bourbon a été un grand homme ; mais il a eu un double malheur, premierement d'être aimé de Madame d'Angoulême mere de François I. & que lui-même a méprifée ; le fecond de porter les armes contre fon Prince & fa Patrie. L'un n'étoit pas moins fâcheux que l'autre.*

Hiftoire de Marguerite de Valois Reine de Navarre, fœur de François I. in 12. *Paris* 1719. 4 volumes. *Cet Ouvrage qui eft auffi de Mademoifelle de la Force, avoit déja paru en* 1696. *fous le titre d'Hiftoire fecrete de Navarre. La Reine Marguerite étoit plutôt la matiere d'une belle Hiftoire que d'un Roman. Mais on a cru fans doute qu'étant femme & femme d'efprit, elle devoit être amoureufe.*

Le Heros, ou le grand Montmorency, in 12. *Paris* 1698.

Hiftoire fecrete de Catherine de Bourbon Ducheffe de Bar, & du Comte de Soiffons, in 12. *Nancy* 1703. *Le même Ouvrage, fous le titre de Memoires hiftoriques, ou Anecdotes galantes de la*

Duchesse de Bar, in 12. Amsterdam 1709. Cette Princesse, qui étoit très-vertueuse, étoit sœur d'Henry IV. Roy de France & petite-fille de Marguerite de Valois, sœur de François I. Mademoiselle de la Force, qui est Auteur de cette Historiette, a de terribles idées des Princesses, même les plus sages, puisqu'elle a pris trois des plus estimées pour le sujet de ses Romans amoureux.

Histoire de Jean de Bourbon, Prince de Carency, par Mad^e la Comtesse d'AULNOY, in 12. *Paris* 1691. 2 volumes. — & in 12. *la Haye* 1692. 2 volumes.

Amours de la Belle du Luc, in 16. *Lyon* 1606.

La Princesse de Portien, in 12. *Paris* 1703.

Mademoiselle de Tournon, in 12. *Paris* 1679. — & 1696.

La Pyrenée & Pastorale amoureuse, contenant divers accidens amoureux, par BELLEFOREST, in 8. *Paris* 1571.

Anne de Montmorency, Nouvelle historique, in 12. *Paris* 1696. Ce petit Ouvrage est aussi du Sieur LESCONVEL, Auteur fort médiocre en tout genre.

La Princesse de Montpensier, in 12. *Paris* 1660. — 1662. — 1678. — & 1723. *Cette Historiette, qui est de la Comtesse de la* FAYETTE *& de Jean-Renaud de* SEGRAIS, *se trouve aussi dans le Recüeil des Pieces de Madame la Comtesse de la Suze. Elle est bien écrite, & contient pour les mœurs le même plan que la Princesse de Cleves. Mais ces Romans qui ont une fin lugubre laissent toûjours une sorte de tristesse après leur lecture. Vivent ceux qui ne finissent que par la joye.*

La Princesse de Cleves, in 12. *Paris* 1677. — 1678. 4 tomes en 2 vol. — Idem in 12. *Paris* 1704. *Il y a encore plusieurs autres Editions, tant de France que d'Hollande de cette Histoire, qui est bien écrite, & dont le sujet regarde le Régne de Henry II. Roy de France. Elle est de François VI. Duc de la Rochefoucault, de Madame la Comtesse de la Fayette & de Jean-Renaud de Segrais.*

Lettres sur le sujet de la Princesse de Cleves, par Dominique BOUHOURS Jesuite, in 12. *Paris* 1678.

Conversations sur la Critique de la Princesse de Cleves, par Jean BARBIER d'Aucourt, in 12. *Paris* 1679.

Le Duc de Guise, surnommé le Balafré, in 12. *la Haye* 1693. — & in 12. *Paris* 1694. *C'est Henry de Lorraine tué à Blois à la fin de l'an* 1588. *Cette Historiette est du Sieur de Brie Poëte moderne, & se trouve bien écrite & dans un assez bon goût.*

Mademoiselle de Jarnac, Nouvelle historique, in 12. *Paris* 1685. 3 vol.

Le Marquis de Chavigni, par Edme BOURSAUT, in 12. *Paris* 1670.

Artemise & Poliante, Nouvelle, par Edme BOURSAUT, in 12. *Paris* 1670.

Le Prince de Condé, Nouvelle historique, in 12. *Paris* 1675. & 1681. *On attribuë ce petit Ouvrage à M. Boursaut. Il est bien écrit & plein de faits curieux. Ce Prince de Condé est Louis I. frere d'Antoine Roy de Navarre.*

Aparences trompeuses, ou les Amours du Duc de Nemours & de la Marquise Poyane, in 12. *Amsterdam* (*Roüen*) 1715.

Diane de France, Nouvelle historique, in 12. *Paris* 1674. — & 1675. par le Sieur de VAUMORIERE.

Le Duc d'Alençon, in 12. ....

Histoire des Amours d'Henri IV. Roy de France, avec un Recuëil de quelques

quelques belles actions & paroles mémorables de ce Roy, in 12. *Leyde* 1663. — in 12. *Cologne* 1667. — & 1695. *Louïse - Marguerite de Lorraine Princeſſe de Conti morte en*..... *a compoſé cette Hiſtoire.*

Memoires de Marguerite de Valois Reine de France & de Navarre, in 12. *Paris* 1661. — 1666. — in 8. *Liege* 1713. C'eſt une Apologie fort mauvaiſe que cette Princeſſe a faite elle-même de ſa conduite, où elle ſe fait paſſer pour une Veſtale, ce qu'elle n'étoit pas.

Le Comte de Soiſſons, Nouvelle galante, in 12. *Cologne* 1687. — & 1699. On attribuë cette petite Hiſtoriette à Iſaac C L A U D E fils du fameux Miniſtre Claude, ſi celebre par ſes diſputes avec M. Arnauld ſur le dogme de l'Euchariſtie.

Oraſie, Roman hiſtorique, par une Dame illuſtre, in 8. *Paris* 1645. 4 vol. Cet Ouvrage, dont le fond eſt de Mademoiſelle de Senectaire, contient un grand nombre d'Avantures arrivées ſur la fin du XVI. ſiécle. Comme l'Ouvrage n'a paru qu'après la mort de Mademoiſelle de Senectaire, on aſſûre qu'un bel eſprit en titre d'office a bien voulu revoir tout l'Ouvrage, & en ajuſter un peu la narration.

Roman Royal, ou l'Histoire de notre tems, in 8. *Paris* 1621.

Claudii Barthol. MORISOT Peruviana, in 4. *Divione* 16. ... *Ce Roman Latin, qui n'est pas commun, contient sous des noms empruntez les démêlez du Cardinal de Richelieu avec Marie de Medicis & Gaston de France Duc d'Orleans.*

Histoire de la Cour, par le sieur HUMBERT, in 8. *Paris* 1629.

Amours d'Anne d'Autriche, avec le C. D. R. in 12. *Cologne* 1696.

Histoire des Amours de Gregoire VII. du Cardinal de Richelieu, de la Princesse de Condé & de la Marquise d'Urfé, par Mademoiselle D. in 12. *Cologne* 1700. *Hé! pourquoi ces honnêtes gens-là ne feroient-ils pas amoureux, Gregoire VII. de la grande Comtesse Mathilde, & le Cardinal de Richelieu de la Duchesse d'Aiguillon sa niéce?*

Amours historiques des Princes, in 8. *Paris* 1642.

Histoire galante de diverses personnes illustres, in 12. ...

L'Espion dans les Cours des Princes Chrétiens, où l'on voit les découvertes qu'il a faites dans toutes les Cours, où il s'est trouvé depuis 1637. jusqu'en 1682.

1682. in 12. *Cologne* (c'eſt-à-dire *Paris*) 1697. 6 volumes. — Idem in 12. *Cologne* (c'eſt-à-dire *Roüen*) 1710. 6 volumes. Ce *Roman hiſtorique*, qui eſt mis ſous le nom d'un *Eſpion Turc*, eſt écrit avec beaucoup d'agrément, & d'une variété fort amuſante. On y trouve de l'*Hiſtoire*, du *Roman*, des *Réflexions* de tout genre, ce qui rend l'Ouvrage fort agréable. On prétend que le Sieur MARANA Italien, habitué à Paris & qui eſt mort en cette Ville en 1693. eſt Auteur de cet Ouvrage, dont il ſe dit ſeulement le Traducteur. Les trois premiers volumes valent beaucoup mieux que les trois ſuivans.

Hiſtoire amoureuſe des Gaules, avec le Cantique, in 12. 1666. — Idem in 12. Cologne 1722. Cette petite *Hiſtoire*, qui contient les *Amours du feu Roi Loüis XIV.* & de quelques Dames de la Cour, eſt de Roger de Rabutin Comte de Buſſi, ſi connu par la diſgrace que lui valut ce petit Livre, écrit avec toute la fineſſe & la délicateſſe que demandent ces ſortes d'Ouvrages. C'eſt ſon chef-d'œuvre. Il étoit né pour la ſatyre & pour l'amour, & l'on ne peut diſconvenir qu'il n'y ait bien réüſſi. Auſſi en a-t-il été dignement récompenſé.

Carte geographique de la Cour & autres galanteries, par Roger de Rabutin

butin Comte de BUSSI, in 12. Cologne 1688. *Petite Piece extrêmément rare & fort curieuse, quand on connoit le mistere de la vieille Cour du feu Roy Louis XIV.*

Amours des Dames illustres de France, ou Histoire satyrique des galanteries des Dames de la Cour sous Louis XIV. avec figures, in 12. *Cologne* 1680. —— 1691. —— 1700. —— 1709. —— 1717.

Histoire véritable de la Duchesse de Châtillon, in 12. *Cologne* 1699. —— 1712.

Vie de la Duchesse de la Valiere, in 12. *Cologne* 1695.

Conquêtes amoureuses du Grand Alcandre, in 12. *Cologne* 1684.

Amours de Madame de Fontange, ou le Passe-tems Royal, in 12....

L'Esprit familier de Trianon, ou l'aparition de la Duchesse de Fontange, in 12. *Cologne* 1695.

Intrigues amoureuses de la Cour de France, in 12. *Cologne* 1685. —— & 1694.

Intrigues galantes de la Cour de France, in 8. *Cologne* 1695. 2 volumes. *On dit que ce Livre est du Sieur* VANNEL, *connu par beaucoup de mauvais Ouvrages.*

La France galante, ou Histoire amou-

amoureuse de la Cour, in 12. *Cologne* 1689.——& 1709.

Les Dames dans leur naturel, ou la galanterie sans façon sous le règne du Grand-Alcandre, in 12. *Cologne* 1686.

La Cour de France turbanisée, in 12. *Cologne* 1688.

Les Amours du Palais Royal, in 12. *Cologne* 1665.

Histoire galante de Mr le Comte de Guiche & Madame, in 12. *Paris* (c'est-à-dire) *Amsterdam* 1667.

Amours de Mademoiselle avec le Comte de Lausun, in 12. *Cologne* 1673.

Histoire de la Princesse de Paphlagonie, in 8. *Bordeaux....* Cette petite Historiette est de Mademoiselle de Montpensier. C'est une Satyre de quelques personnes de la Cour de Louis XIV. La Princesse de Paphlagonie étoit Mademoiselle de Vandy de la Maison d'Apremont; Cyrus est feu Monsieur le Prince Louis II. mort en 1686. la Reine des Amazones est Mademoiselle de Montpensier elle-même. Ce petit Ouvrage, dont on n'avoit imprimé d'abord que cent Exemplaires, est devenu moins rare depuis qu'on l'a réimprimé, soit à Paris, soit en Hollande, à la fin du Segraisiana.

Le grand Sophi, Nouvelle allegorique,

rique, in 12. Paris 1685. Le Sieur de Preschac a voulu faire dans ce Livre un éloge de Louis XIV. Oh! n'en déplaise à cet Auteur, l'Histoire de ce Prince n'est pas matiere à Roman. Tout y est trop vrai & trop noble pour la mettre sous des noms fabuleux.

Memoires secrets, ou Avantures singulieres de la Cour de France, in 12. la Haye 1692. 3 tomes en 1 volum. Cet Ouvrage est de Madame la Comtesse d'Aulnoy.

Amours de Monseigneur le Dauphin & de la Comtesse du Roure, in 12. Cologne 1694.

Vie de l'Amiral de Coligni, in 12. Cologne (c'est-à-dire Amsterdam) 1686. — 1691. Ouvrage de Gatien des COURTILZ. Il étoit inutile de mêler du faux pour faire la vie de l'Amiral de Coligni. Tout ce qu'il y a dans sa conduite est assez extraordinaire pour le faire dignement figurer dans l'Histoire.

Memoires du Marquis de Montbrun, où l'on voit quelques évenemens arrivez depuis le commencement du XVII. siécle jusqu'en 1632. in 12. Amsterdam 1701. & 1702. Cet Ouvrage est de Gatien des COURTILZ, l'un des plus grands Conteurs de sornettes qu'il y ait

ait eu dans les derniers tems. Il avoit dans la tête un certain nombre de faits historiques qu'il arrangeoit bien ou mal, & qu'il décoroit d'intrigues & d'avantures amoureuses.

Memoires de M. le C. D. R. contenant ce qui s'est passé de plus particulier sous le ministere du Cardinal de Richelieu & du Cardinal Mazarin, in 12. Cologne 1687.—Idem *la Haye* 1688. —— 1692.—— & 1696. *Ce Livre est le moins mauvais de tous ceux de Gatien des Courtilz. C'est un vrai Roman, où il y a peu de vrai, on connoit ce Livre sous le nom des Memoires de Rochefort.*

Memoires de M. de B** Secretaire de M. L. C. D. R. *Dans lesquels on découvre la plus fine politique & les affaires les plus secretes qui se sont passées du Regne de Louïs le Juste sous le ministere de ce grand Cardinal*, in 12. Amsterdam (c'est-à-dire *Rouen*) 1711. 2 vol. *C'est de Gatien des Courtilz.*

Memoires de M. d'Artagnan Capitaine-Lieutenant de la premiere Compagnie des Mousquetaires du Roy, in 12. Cologne (c'est-à-dire *la Haye*) 1700.—— & 1712. 3 volumes.—— Idem in 12. Amsterdam 1715. 3 volumes. *Ouvrage de Gatien des Courtilz.*

La

La Vie du Vicomte de Turenne, par Dubuisson, in 12. *Cologne* 1685. — & 1688. — Idem *la Haye* 1688. — & 1695. *C'est encore de Gatien des Courtilz.*

Testament politique de Jean-Baptiste Colbert, où l'on voit ce qui s'est passé sous le Régne de Louïs le Grand jusqu'en 1683. in 12. *la Haye* 1694. *Quoique cet Ouvrage de des Courtils regarde les Romans politiques, nous l'avons mis ici pour ne pas séparer les rapsodies de cet Auteur.*

Memoires contenant divers évenemens remarquables arrivez sous le Régne de Louïs le Grand, in 12. *Cologne* (c'est-à-dire *la Haye*) 1683. *Livre de Gatien des Courtilz, où il a mis autant de faux que de vrai.*

Histoire de la Guerre de Hollande depuis 1672. jusqu'en 1677. in 12. *la Haye* 1689. *Ouvrage de Gatien des Courtilz, qui n'a pas mis moins de faux dans cet Ouvrage que dans les autres.*

Memoires de Jean-Baptiste de la Fontaine, Chevalier, Seigneur de Savoye, in 12. *Cologne* (c'est-à-dire *la Haye*) 1698. — & 1699. *Ouvrage de Gatien des Courtilz, plein de faux, mêlé de quelques traits d'Histoire.*

Histoire secrete du Duc de Rohan, in 12. *Cologne* 1697. *Mauvais Ouvrage de Gatien des Courtilz.*

Histoire de la Comtesse de Strasbourg & de sa fille, par l'Auteur des Memoires L. C. D. R. in 8. *la Haye* 1716. — & 1719. — & *Amsterdam* 1718. *C'est sans doute le Sieur des Courtilz qui est ici désigné comme Auteur des Memoires de Rochefort.*

Memoires du Comte de Vordac General des Armées de l'Empereur, in 12. *Paris* 1724. 2 volumes. *Cette Edition est plus ample d'un volume que celles de* 1702. *&* 1703. *Cet Ouvrage est encore de Gatien des Courtilz, & n'est pas si mal écrit que les autres.*

La Guerre d'Espagne, de Baviere & de Flandres du Marquis ** in 12. *Cologne* 1706. — Idem nouvelle Edition augmentée, in 12. *la Haye* 1707. *Cet Ouvrage, qui est de Gatien des Courtilz, a encore été imprimé sous le titre suivant.*

Memoires du Marquis D** contenant ce qui s'est passé de plus secret depuis le commencement de la Guerre d'Espagne, de Baviere & de Flandres, in 12. *Cologne* 1712. 2 volumes.

Memoires de la Marquise de Fresne, in

in 12. *Amſterdam* 1701. — & 1702. *Cet Ouvrage eſt encore de Gatien des Courtilz.*

Memoires du tems, ou Hiſtoire du Marquis de Freſne, en 5 parties, in 12. *Roüen* 1674. *Livret mal écrit & peu intéreſſant.*

Le Prince infortuné, ou l'Hiſtoire du Chevalier de Rohan, in 12. *Amſterdam* (c'eſt-à-dire *Roüen*) 1713. *Ouvrage poſthume & aſſez médiocre de Gatien des Courtilz.*

Hiſtoire du Maréchal de la Feüillade, Nouvelle galante & hiſtorique, in 12. *Amſterdam* (c'eſt-à-dire *Roüen*) 1713. *Autre mauvais Ouvrage poſthume de Gatien des Courtilz.*

La Guerre d'Italie, ou Memoires du Comte D** contenant quantité de choſes particulieres qui ſe ſont paſſées dans les Cours d'Allemagne, de France, d'Eſpagne & de Savoye, in 12. *Cologne* 1702. — Idem ſeconde Edition augmentée, in 12. *Cologne* 1706. *Cet Ouvrage, qui eſt d'un nommé* GRANDCHAMP, *eſt écrit dans le goût de ceux de des Courtilz, & ſe trouve auſſi mêlé de quantité de choſes fabuleuſes, fauſſes & vrayes.*

Memoires de Madame de LAGUETTE,

TE, in 12. *la Haye* 1681.

La Fille illustre, par le Sieur François BRICE, in 12. *Paris* 1696.

Le retour de la Campagne, par le Sieur François BRICE, in 12. *Paris* 1696.

Memoires du Comte D*** avant sa retraite, par M. de S. EVREMONT, in 12. *Paris* 1696. 4 volumes. — Idem in 12. *Paris* 1702. 2 vol. — & in 12. *Amsterdam* 1696. 4 volumes. (par M. l'Abbé de VILLIERS. *Très-bien écrit & fort amusant.*

Memoires de Madame la Comtesse de M*** avant sa retraite, pour servir de réponse aux Memoires de Saint Evremont, in 12. *Paris* 1697. 2 volum. — & in 12. *Amsterdam* 1698. — & 1711. 2 vol. *Ces Memoires sont de Madame la Comtesse de Murat.*

Memoires de M. L. D. M. in 12. *Paris* 1675. — & *Cologne* 1675. *Ce sont les Memoires de Madame la Duchesse Mazarin, Olympe Mancini, niéce du fameux Cardinal Mazarin, elle est fort celebre dans les Oeuvres de S. Evremont. Elle est morte à Londres en 1699. On assure que l'Abbé Cesar Vichard de Saint-Real a eu la meilleure part à la composition de ce petit Ouvrage, & ils*
sont

font imprimez sous son nom au *Tome VI.* des Oeuvres diverses, à la suite de celles de M. de Saint Evremont, Edition de 1708.

Apologie, ou les véritables Memoires de la Connêtable Colonne, écrits par elle-même, in 12. *Leyde* 1678.

Les Memoires de Madame la Connêtable Colonne, in 12. *Cologne.*

Promenade de Versailles, ou l'Histoire de Celanire, par Mademoiselle de Scuderi, in 8. *Paris* 1669.

Promenade de S. Germain, par le Sieur le Laboureur, in 12. *Paris* 1669.

Promenade de Livri, in 12. *Paris* 1678. 2 volumes.

Promenades de Titonville, suite de Promenades, par M. le Noble, in 12. *Amsterdam* 1705.

Promenades du Luxembourg, par le Chevalier de Mailli, in 12. *Roüen* 1713.

Vie de Madame de Ravesan, in 12. *Paris* 1678. 2 volumes.

La Querelle des Dieux sur la naissance de Madame la Dauphine, par le Sieur de Preschac, in 12. *Paris* 1682.

La Cour, par le Sieur de PRES-
CHAC, in 12. *Paris* 1683.

Flandre galante, contenant les conquêtes amoureuses de plusieurs Officiers, in 12. *Cologne* 1709.

Memoires de la Vie du Comte de Grammont, ou l'Histoire amoureuse de la Cour d'Angleterre sous Charles II. in 12. *Roterdam* 1711. — 1712. — *Cologne* 1713. *Cet Ouvrage, autant historique que romanesque, vient du Comte* HAMILTON, *dont nous aurons lieu de parler encore plus d'une fois. Il est amusant & très-agréablement écrit. Le Comte de Grammont fut l'un des hommes les plus galans & les plus extraordinaires de son siécle. Il est fort celebre dans les Oeuvres de S. Evremont.*

Avantures du Camp de Compiegne, par le Sieur NODOT, in 12. *Paris* 1699.

Avantures de Pomponius Chevalier Romain, ou l'Histoire de notre tems, in 12. *Rome* (*Hollande*) 1724.

Mahmoud, Histoire Orientale, par M. MELON, in 8. *Roterdam* 1729. *Histoire allegorique de la Regence de feu M. le Duc d'Orleans. M. Melon, homme d'un esprit fin & délicat, avoit été employé sous feu M. le Duc de la Force au commencement de la Régence.*

Histoires Françoises, galantes & comiques, in 12. *Amsterdam* 1710.

Histoires tragiques & galantes, in 12. *Paris* 1710. —— *Amsterdam* 1715. 3 volumes. *C'est un Recüeil d'Historiettes déja imprimées.*

—— Le Tome I. *contient :* Jacqueline de Baviere. *Piece passablement écrite ; mais sans aucun art, à peine merite-t-elle d'être luë.*

—— La Belle Juifve. *Roman chetif, écrit sans aucun goût, dont les situations ne sont pas bien prises, ni les caracteres peints gracieusement.*

—— Don Carlos. *Nous avons déja parlé de ce joli Roman de l'Abbé de S. Real.*

—— Le Tome II. *contient :* Hattige, ou la Belle Turque. *Petite Historiette écrite avec assez d'enjoüement & de goût.*

—— Les nouveaux desordres de l'Amour. *Piece très-médiocre en toutes manieres.*

—— L'Amitié singuliere. *Peu de chose & languissanment écrite.*

—— Le Comte d'Essex, ou Histoire secrete d'Elizabeth Reine d'Angleterre. *Assez bien écrite & assez interessante.*

—— Mademoiselle de Benonville. *So-*

des Romans.

te Hiſtoriette & mal écrite, comme nous l'avons déja dit.

——— Le Tome III. contient : Les Eſprits ou le Mari fourbé. *Hiſtoriette fort bourgeoiſement écrite & ſans rien d'intéreſſant.*

——— Le Duc de Guiſe, ſurnommé le Balafré. *Piece très-bien écrite, & fondé ſur un certain nombre de faits hiſtoriques.*

——— Gaſton Phebus Comte de Foix. *Hiſtoriette fort intéreſſante & bien écrite.*

——— La Prédiction accomplie. *C'eſt bien peu de choſe.*

——— Les deux Fortunes imprévuës. *Cela eſt paſſable, mais aſſez mince.*

——— Zingis, Hiſtoire Tartare. *Hiſtoriette paſſable ; mais dont le dénouëment n'a ni la beauté, ni l'extraordinaire qu'il devroit avoir.*

Lettres hiſtoriques & galantes de Madame du N**, in 12. Cologne (la Haye) 1714. 7 volumes. *Ces Memoires qui ſuivent & ces Lettres ſont très-curieux & très-bien écrits ; ils viennent de Madame du Noyers refugiée en Hollande & ailleurs pour la Religion, dont elle s'embaraſſoit peu, & peut-être encore pour autre choſe.*

Memoires de Madame du N**,

Tome II.   E   écrits

écrits par elle-même, in 12. *Cologne* (*la Haye*) 1710. 5 volumes.

Memoires politiques, amusans & satyriques du Comte Lyonne, in 12. *Venise* (*Amsterdam*) 1715. 3 volumes.

Sire d'Aubigny, Nouvelle historique, in 12. *Paris* 1698. — & *Amsterdam* 1700. *Autre mauvais Livret du Sieur Lesconvel.*

La Prison du Sieur d'Assouci, in 12. *Paris* 1674.

Avantures de Mr d'Assouci, in 12. *Paris* 1678. 4 tomes en 2 volumes. *Ce burlesque Ecrivain n'a pas brillé par l'amour des femmes, & ce fut son plus grand crime. Voyez le Voyage de Bachaumont & Chapelle.*

La Mere rivale, Histoire du tems, in 12. *Paris* 1972. — & in 12. *Lyon* 1676.

Disgraces de l'amour, ou le Mousquetaire Amant, par le Marquis de MONTFALCON, in 12. *Paris* 1687.

Le Galant Nouvelliste, Histoire du tems, in 12. *Paris* 1693.

Moliere Comedien aux Champs Elizées, Histoire allegorique & comique, in 12. *Amsterdam* 1697.

La fameuse Comedienne, ou l'Histoire de la Guerin, femme & veuve de Moliere,

Moliere, in 12. *Francfort* 1685. — *Cologne* 1688.

Amours d'Eumene & de Flora, ou Intrigues d'une grande Princesse de notre siécle, in 12. *Cologne* 1706.

L'Heroïne Mousquetaire, Histoire véritable de Mad. Christine Comtesse de Meyrac, in 12. *Paris* 1677. — & 1678. 4 volumes — & 12. *Amsterdam* 1695. 4 volumes. — 1702. — 1723. *L'Auteur est le sieur* PRESCHAC, *qui prétend que toutes les Avantures de son Heroïne sont véritables ; mais n'en déplaise à M. de Preschac, il est bien difficile, & peut-être même impossible, que tant d'avantures compliquées soient arrivées à la même personne.*

Avantures ou Memoires de Henriette-Sylvie de Moliere, in 12. *Paris* 1672. 6 parties ou volumes. — 1700. — 1702. — in 12. *Amsterdam* 1673. 6 parties, par Madame de VILLEDIEU. *Voyez ci-dessus dans ses Oeuvres.*

Illustre Parisienne, Nouvelle galante & véritable, in 12. *Paris* 1679. — 1692. — in 12. *Nancy* 1714. *Est aussi du Sieur de* PRESCHAC.

Memoires de la vie de Magdelaine Delfosse, dit le Chevalier Balthazar, in 12. *Paris* 1695.

Histoire des Amours de Cleante & de Belise, avec le Recueil de ses Lettres, in 12. Leyde 1691. — & 1696. La premiere & seconde Parties sont bonnes ; la troisiéme médiocre. Les Lettres tendres & touchantes. Elles sont de Madame la Présidente Ferrand, Dame d'un très-grand mérite : & ce fut une faute peu digne d'un galant homme, que fit le Baron de Breteuil de publier ces Lettres. Madame Ferrand se nomme en son nom Belisani.

Memoires galans, ou les Avantures amoureuses d'une personne de qualité, par le Sieur de BREMOND, in 12. Amsterdam 1680.

Poisson Comedien aux Champs Elizées, Nouvelle historique, allegorique & comique, in 12. Paris 1710. par le Sieur de CHARNI.

Diane de Castro, Histoire nouvelle, par M. Daniel HUET Evêque d'Avranches, in 12. Paris 1729. — & in 12. Amsterdam 1729. M. Huet se faisoit un plaisir de faire lire ce Roman à ses amis, dont il assuroit que toutes les avantures étoient véritables & regardoient quelques-uns de ses amis; il ne voulut jamais le publier de son vivant, il le confia seulement à un ami pour le faire paroître

roître après sa mort. Il lui avoit donné le nom de FAUX-INCA, Histoire Indienne. Mais on ne voulut pas qu'il parût sous ce titre, qui étoit connu pour un Ouvrage de ce savant Prelat ; on l'a donc déguisé sous celui de Diane de Castro.

Histoire des Amours du Maréchal de Boufflers, in 12. Paris (Hollande) 1696. Peu de chose.

Annales de la Cour & de Paris pour les années 1697. 1698. in 12. Cologne 1701. 2 tomes en un volume. Assez curieux ; c'est dommage que ce plan n'ait pas été continué.

Les Lutins du Château de Kernosi, Nouvelle historique, par Madame la Comtesse de M. in 12. Paris 1710. Ce petit Roman n'a pas été fort recherché par le peu que promet le titre, il est cependant écrit avec beaucoup de genie, d'agrément & de goût. Il plaît par la diversité amusante des évenemens & la singularité des caractères. Il est encore de Madame la Comtesse de Murat, autrefois connuë dans le monde galant & remuant.

Les illustres Françoises, Histoires véritables, in 12. Paris 17... 3 vol. — & 1723. 3 vol.—Idem in 12. la Haye 1713.— 1721. — 1723. 3 volumes.

Lupanie, Histoire amoureuse de ce tems,

tems, in 12. *Cologne* 1668. *Mauvaise Satyre.*

Mémoires du Marquis d'Almacheu contenant ses voyages & les évenemens de sa vie, in 12. *Amsterdam* 1677. 3 tomes en un volume.

Memoires de Pierre-Fr. PRODEZ DE BERAGREM, contenant ses voyages & ses avantures, in 12. *Amsterdam* 1677. *C'est peu de chose.*

La fausse Clelie, Histoire françoise, galante & comique, in 12. *Paris* 1670. 2 volumes. — in 12. *Amsterdam* 1671. 2 volumes. — Idem in 8. *Nimegue* 1680. — Idem in 12. *Paris* 1718. *L'Auteur se nommoit Subligni.*

Les Sœurs rivales, Histoire galante, in 12. *Paris* 1698. — in 12. *Amsterdam* 1699. *Cette Historiete regarde les Demoiselles Loisons, dont la beauté & les agrémens ont fait beaucoup de bruit parmi les Galans de Paris sur la fin du dernier siécle, & au commencement de celui-ci.*

Memoires de Mademoiselle de la Charce de la Maison de la Tour du Pin en Dauphiné, in 12. *Paris* 1731. *Ce petit Roman, qui est bien écrit, contient plusieurs faits historiques arrivés sous le Régne de Louis XIV. Il y a de l'amour & du heroïsme. Mademoiselle de la Charce est connuë encore par les Poësies de Madame Deshoulieres, & l'on trouve aussi de cette Demoiselle plusieurs Pieces de Vers qui ne sont pas imprimées.*

Histoire de la Dragone, contenant les actions militaires & les avantures de Geneviéve Premois, sous le nom du Chevalier Balthasar, in 12. *Paris* 1703. — *Bruxelles* 1704.

Nouvelle Françoise, contenant plusieurs Amours & Histoires galantes, par M. H. V. B. in 12. *Cologne* 1711.

Illustre Mousquetaire, Nouvelle galante, in 12. *la Haye* 1709. — & 1716.

Memoires de la Comtesse de Tournemir, in 12. *Londres* 1708.

Foire de Beaucaire, in 12. *Amsterdam* 1709.

Memoires & Avantures d'un homme de qualité qui s'est retiré du monde, in 12. *Paris* 1729. 6 volumes. *Ce Roman, qui est assez bien écrit, vient du P. Prevost alors Benedictin, & depuis Proselite en Angleterre, en Hollande, à Bâle, & par tout ailleurs, où il fait de bons tours.*

Avantures de M. Robert Chevalier, dit de Beauchene Capitaine de Flibustiers

stiers dans la nouvelle France, par M. le SAGE, in 12. *Paris* 1732. 2 volum.

Momus François, ou les Avantures divertissantes du Duc de Roquelaure, in 12. *Cologne* 1727.

DU NOYER, Oeuvres mêlées pour servir de Suplément à ses Memoires, in 12. *la Haye.*

ROMANS HISTORIQUES
pour l'Espagne.

IL Rodrigo, Historia Iberica, da F. AGRICOLETTI, in 12. *in Venetia* 1648.

Don Pelage, ou l'entrée des Maures en Espagne, par le Sieur de JUVENEL, in 8. *Paris* 1645. 2 volumes.

Relation historique & galante de l'invasion de l'Espagne par les Maures, in 12. *Paris* 16.... 3 tomes en 1 volum. — & in 12. *la Haye* 1699. 3 tomes en 1 volume.

Histoire des Guerres civiles de Grenade, traduite de l'Espagnol, in 12. *Paris* 1683. 3 volumes.

Histoire secrete des Amours d'Henry IV. Roy de Castille, surnommé l'Impuissant, in 12. *Paris* 1695. — in

12. *Villefranche* 1696. *Morceau curieux & singulier qui tient à l'un des plus grands évenemens de l'Histoire d'Espagne.*

Marie d'Anjou Reine de Majorque, Nouvelle historique & galante, in 12. *Paris* 1681. — in 12. *Amsterdam* 1681. par le Sieur de la CHAPELLE.

Avantures Grenadines, in 8. *Amsterdam* 1710.

Madame de Gomez, la Conquête de Grenade, in 12. *Paris*. . . .

Raimond Comte de Barcelone, Nouvelle galante, in 12. *Amsterdam* 1698.

Don Henrique de Castro, ou la Conquête des Indes, in 12. *Paris* 1684.

Germaine de Foix, Nouvelle historique, in 12. *Paris* 1701. — *& Amsterdam* 1701. *Germaine de Foix, qui est morte en* 1538. *a été la seconde femme de Ferdinand d'Arragon dit le Catholique.* Nicolas BAUDOT de Juilli *est l'Auteur de cette Historiette, qui est bien écrite.*

Don Carlos, Nouvelle historique, in 12. *Paris* 1673. — 1688. *Cette Histoire qui est de l'Abbé de Saint Real, est très bien écrite. Elle se trouve encore imprimée dans les differentes Editions des Oeuvres de l'Abbé de Saint Real, & en d'autres Recüeils.*

Don Juan d'Autriche fils de l'Empereur.

pereur Charles-Quint, par le Sieur COURTIN, in 12. *Paris* 1678.

Don Juan d'Autriche, in 12. *Paris* 1668.

Don Jean de Castro....

Ambitieuse Grenadine, par le Sieur de PRESCHAC, in 12. *Paris* 1678.

Voyage de la Reine d'Espagne, par le Sieur de PRESCHAC, in 12. *Paris* 1680.

M. la Comtesse d'AULNOY, Voyage d'Espagne, in 12. *Paris* 1691. 3 volumes — & 1699. 3 volumes. *Cet Ouvrage est bien écrit. Les deux premiers volumes, qui tirent fort sur le Roman, sont fort amusans, & le troisiéme, qui tient un peu plus de l'Histoire, est assez instructif.*

——De la même, Memoires de la Cour d'Espagne, in 12. *Paris* 1684. 2 volum. — & *Lyon* 1693. 2 volumes — & *Amsterdam* 1716. 2 volumes.

——De la même, Nouvelles Espagnoles, in 12. *Paris* 1692. 2 volumes — & 12. *la Haye* 1693.

Histoire de Grenade, ou l'Innocence justifiée, par Mademoiselle..... in 12. *Paris* 1694. — & *la Haye* 1694.

Donna Hortense, Nouvelle Espagnole, in 12. *Paris* 1698. *Assez bien écrit*

écrit : mais le dénouëment en est trop fatal ; c'est même une faute essentielle que commet l'Auteur en faisant périr miserablement son Heroïne, malgré la vertu & la sagesse qu'elle fait paroître.

Hyacinthe, ou le Marquis de Celtas Dirorgo, Histoire Espagnole, in 12. *Amsterdam* 1731. 2 volumes —— & in 12. *Paris* 1732. 2 volumes. *Roman passable, & dont le dénouëment n'est pas tout-à-fait conforme aux régles, puisqu'on y voit la vertu périr malheureusement.*

Journal amoureux d'Espagne, in 12.

Histoire politique & secrete de la Cour de Madrid, de l'avenement du Roy Philippe à la Couronne, avec des considerations sur l'état present de la Monarchie Espagnole, in 12. *Cologne* 1719.

Avantures de France & d'Espagne, Nouvelles galantes & historiques, in 12. *Paris* 1707.

Histoire du Cardinal Alberony, depuis sa naissance jusqu'au commencement de l'année 1719. in 12. *la Haye* 1720.

Bâtard de Navarre, Nouvelle historique, par le sieur de PRESCHAC, in 12. *Paris* 1683. —— & 1684.

L'Egyptienne, ou les Amours de

Don Jean de Carcanne, in 12.

Don Sebaſtien Roy de Portugal, Nouvelle hiſtorique, in 12 *Paris* 1680.

Domalinde Reine de Luſitanie, par Madame de SAINT MARTIN, in 12. *la Haye* 1682. — & *Paris* 1688. 3 volumes.

Hiſtoire de Don Antoine Roy de Portugal, par Madame GILLOT de SAINTONGE, in 12. *Paris* 1696.

Agnés de Caſtro, Nouvelle Portugaiſe, in 12. *Paris* 1688. — *Amſterdam* 1710.

La Diſcreta Galatea, por Miguel de CERVANTES, in 8. *Paris* 1611. — & *Beacia* 1617.

Hiſtoire & Avantures de Dona Rufine, fameuſe Courtiſane de Seville, traduite de l'Eſpagnol, in 12. *Amſterdam* 1723. 2 volumes. — in 12. *Paris* 1724. 2 volumes.

La Fidelité récompenſée, Hiſtoire Portugaiſe, in 12. *Paris* 1732.

ROMANS HISTORIQUES pour l'Italie.

L'Heroina intrepida, o vero la Ducheſa di Valentineſe, da Franceſco Fulvio FREGONI, in 12. *in Venetia* 1673.

Illuſtre

Illustre Genoise, Histoire galante, par le Sieur de PRESCHAC, in 12. *Paris* 1685.

Avantures de Don Antonio de Buffalis, Nouvelle Italienne, in 12. *la Haye* 1712. —— & 1722.

Griselidis, ou la Marquise de Salusses, in 12. *Paris* 1725. *La Patience de Griselidis victorieuse fait le sujet de la derniere Nouvelle de Boccace. M. Perrault l'a mise en Vers fort agreablement, & la voici en Prose. Enfin on en fait un Proverbe françois qui va de pair avec la patience du bon homme Job.*

Beralde Prince de Savoye, in 12. *Paris* 1672. 2 volumes. —— in 12. *Leyde* 1672.

Histoire du Comte de Genevois & de Mademoiselle d'Anjou, in 12. *Paris* 1664. —— 1680. *Ce Comte de Genevois fût le second fils d'Amé VIII. Duc de Savoye, qui vivoit au commencement du* XV. *siécle.*

Histoire de la Comtesse de Savoye, in 12. *Paris* 1726.

Intrigues secretes du Duc de Savoye, in 12. *Venise* 1705.

Relation de la Cour de Savoye, ou les Amours de Madame Royale, in 12...

ÆNEÆ SYLVII, de duobus aman-

amantibus Eurialo & Lucretia, Histo‑
ria, in 4. *Sans date ni lieu d'impression.*

—— Idem in folio. *Sans date ni lieu d'impression, mais très-ancienne.*

——Idem in 4. *Bononiæ 1496.*

ENEA SYLVIO, Historia d'Eu‑
rialo & Lucrecia, in folio, *in Vienna d'Austria 1477.*

Amans de Sienne, où les femmes font mieux l'amour que les filles & les veuves, par le Sieur de LOUVEN‑
COURT, in 12. *Leyde 1706.*

Eustache le NOBLE, Histoire se‑
crete de la Conjuration des Pazzi con‑
tre les Medicis, in 12. *Paris 1697. Où au tome 12. des Oeuvres de M. le Noble ce petit Ouvrage, qui est la Rela‑
tion d'un évenement tragique arrivé en 1478. est vrai dans le fond ; mais on l'a orné des circonstances amoureuses, sans lesquelles un Roman n'a pas la hardiesse de se presenter dans le monde.*

Avantures de l'infortuné Florentin, ou Histoire de Brufalini, in 12. *Amster‑
dam 1729.* 2 volumes.

Francisci FLORII Florentini de amore Camilli & Emiliæ Atestinorum, in 4. *Turonis 1467.*

Amours de Cornelie & d'Alphonse d'Est Duc de Ferrare, in 12. *Liege 1706.*

Princesse

Princesse de Montferrat, Nouvelle, in 12. *Paris* 1677.

Duchesse de Milan, Histoire galante, par le Sr de PRESCHAC, in 12. *Paris* 1682. — *Cologne* 1712.

L'Amore di Carlo Gonzaga Duca di Mantoa e della Contessa Marg. della Rovere, da Giulio CAPOCODA, in 12. *Ragusa* 1666.

La belle Marguerite, ou les Amours du Duc de Mantoüe avec Marguerite Comtesse de la Rouere, in 12. *Cologne* 1666. — & in 12. *Paris* 1671. — & *Cologne* 1673. *Le même en Anglois*, in 8. *Londres* 1669.

La Princesse heroïque, ou la vie de la Comtesse Mathilde, Marquise de Mantoüe & de Ferrare, in 4. *Paris* 1645.

Sophie, ou la Veuve Venitienne, in 12. . . . .

L'heureux Chanoine de Rome, Nouvelle galante, in 12. *Paris* 1707.

Histoire de Dona Olimpia Maldachini, in 12. *Leyde* 1667.

Comte Roger, Souverain de Calabre, Nouvelle historique, in 12. *Paris* 1679. — in 12. *Amsterdam* 1680.

Histoire des Reines de Naples Jeanne I. & Jeanne II. Comtesse de Provence,

vence, in 12. *Paris* 1700. *Cette Histo-riette est attribuée à* M. DESFON-TAINES *des Huyots.*

Histoire des prosperités malheureu-ses d'une femme Catanoise, par Pierre MATTHIEU, in 8. *Paris* 1617. *Cet Ouvrage a été traduit en Italien & imprimé* in 8. *à Milan en* 1620.

La Catanoise, Histoire secrete sous le Régne de Jeanne I. Reine de Naples, in 12. *Paris* 1731. *Cette Histoire tragique & funeste est arrivée sous la Reine de Naples Jeanne I. la plus méchante Princesse qui soit jamais montée sur le Trône ; mais elle trouva dans la Catanoise sa Favorite une femme encore plus méchante. Cette Historiette doit aprendre aux Souverains à bien choisir leurs Favoris. C'est de là souvent que dépend leur bonheur ou leur malheur, leur bonne ou leur mauvaise réputation.*

Le Napolitain, Nouvelle historique, in 12. *Paris* 1682.

Duchesse de Capouë, Nouvelle Italienne, in 12. *Paris* 1732.

Don Alvar del Sol, Histoire Napolitaine, in 12. *Amsterdam* 1713.

Le Memorie della Signora Colonna G. Contestabilessa del Regno di Napoli, in 12. *Colonia* 1678.

Le Prince de Sicile, Nouvelle historique, in 12. *Paris 1690.*

Adélaïde de Meſſine, Nouvelle historique, in 12. *Paris 1722.*

Comte de Cardonne, ou la Conſtance victorieuſe, Hiſtoire Sicilienne, par Mᵉ DURAND (Cather. Bedacier) in 12. *Paris 1702.*

Agathon & Tryphine, Hiſtoire Sicilienne, in 8.... 1712.

Yolande de Sicile, par M. de PRESCHAC, in 12. *Paris 1678.* — & 1683. 2 volumes.

Federic de Sicile, in 12. *Paris 1680.*

La Ducheſſe de Medo, Nouvelle galante, in 12 *Paris 1692.* 2 volumes.

Ducheſſe d'Eſtramene, par le Sieur DUPLAISIR, in 12. *Paris 1684.*

ROMANS HISTORIQUES pour l'Angleterre.

Hiſtoire véritable & ſecrete des Vies & des Régnes de tous les Rois & Reines d'Angleterre, depuis Guillaume I. ſurnommé le Conquerant juſqu'à la fin du Régne de la Reine Anne, in 12. *Amſterdam 1729.* 3 vol.

La famoſa Hiſtoria di Stelladoro

Principe d'Inghilterra, tradotta dall' Inglese da Lud. FERRARI, in 8. *in Venetia* 1606.

Frideric Prince de Galles, in 12. *Paris* 1677.

Marie de France Reine d'Angleterre, par le Sr COTTOLENDI Avocat, in 12. *Paris* 1689.

Memoires secrets de la Cour d'Angleterre de ce qui s'est passé de plus curieux sous Charles I. in 12. *Paris* 1726.

Histoire de Catherine de France Reine d'Angleterre, in 12. *Paris* 1696. — & 1706. — *Amsterdam* 1697. *Quoique M. Baudot de Juilli ait écrit ce Livre dans son premier âge litteraire, on y trouve beaucoup de goût & d'exactitude.*

Perkin faux Duc d'Iorck, sous Henri VII. Roi d'Angleterre, Nouvelle historique, par le Sieur la PAIX de Lizancour, in 12. *Paris* 1732.

Le Comte de Richemont, in 12. *Amsterdam* 1680.

Edward, Histoire d'Angleterre, in 12. *Paris* 1695. 2 volumes.

La Comtesse de Salisbury, in 12. *Paris*. . . . . 2 volumes.

Milord, ou le Païsan de qualité, in 12. . . . .

La Princesse d'Angleterre, ou la Duchesse

Duchesse Reine , in 12. *Paris* 1677. 2 volumes. *C'est l'Histoire de Marie d'Angleterre fille d'Henri VII. & troisiéme femme de Louis XII. Roy de France.*

M. la Comtesse d'AULNOY, Histoire d'Hippolite Comte de Duglas, in 12. *Paris* 1690. 2 volumes. — Idem in 12. *Amsterdam* 1721. — & *Paris* 1721. 2 volumes. *Roman bien écrit. Le premier volume en est assez naturel, mais le second est chargé de trop d'évenemens extraordinaires & peu vrai-semblables, sur-tout le dénouëment.*

—— De la même , Histoire du Comte de Warwick , in 12. *Paris* 1704. 2 volumes. — *Amsterdam* 1715. 2 volumes.

Nouvelles galantes de la Reine Elisabeth d'Angleterre , in 12. *Paris* 1674. — 1680. 2 volumes.

Eustache le NOBLE , Mylord Courtenay , ou les premieres Amours d'Elizabeth Reine d'Angleterre , in 12. *Paris* 1696. *Où dans le Recüeil de ses Ouvrages cette Historiette, dont le fond est véritable, est écrite d'une maniere plus intéressante & plus correcte que les autres du même Auteur. La noblesse d'expression & une certaine délicatesse manque souvent à l'Auteur.*

Marie Stuart Reine d'Ecosse, in 12.

Paris 1675. 4 volumes. Ce Roman est du Sr Pierre le PESANT de BOIS-GUILBERT Lieutenant General au Bailliage de Roüen, mort en 1714.

Le Philosophe Anglois, ou Histoire de Madame de M. de Cleveland fils naturel de Cromwel, écrite par lui-même, & traduite de l'Anglois par M. PREVOST, in 12. *Utrecht* 1732. 5 volumes — & *Paris* 1732. 4 volumes. L'Auteur de cet Ouvrage étoit ci-devant Benedictin ; mais ne pouvant pas aisément pratiquer des Romans dans son Ordre, il a eu la bonté de se retirer en Angleterre; d'où on l'a chassé, parce qu'il en pratiquoit trop. Il s'est ensuite transporté en Hollande, où il a fait ce Livre ; il avoit aussi entrepris la Traduction de l'Histoire de M. de Thou. Mais depuis il a eu l'honneur de faire banqueroute, s'est fait enlever par une jeune fille ou femme, est allé à Basle en Suisse, & de-là il en est décampé cette année 1733. parce que Mrs les Suisses, quoique bonnes gens, n'aiment pas à être trompés par de pareils personnages, qui ont la simplicité de se laisser attraper par des filles.

Duc de Montmouth, Nouvelle historique, in 12. Liege 1686.

Histoire secrete de la Duchesse de Portsmouth,

Portsmouth, in 12. *Cologne 1690.* — & *1692.*

Memoires de la Cour d'Angleterre, par Madame la Comtesse d'AULNOY, in 12. *Paris*.... 2 volumes.

Olinda o vero auventure d'una Inglese, in 12. *Halla 1695.*

Memoires ou Histoire du Prétendant, ou du Chevalier de Saint George, in 12.....

Histoire secrete de la Reine Zarah & des Zaraziens, ou la Duchesse de Marlboroug démasquée, in 12. *en Angleterre* 1708. — & *Oxfort* 1711. 2 vol. — & 1712.

Atlantis de Mad. Manley, contenant les intrigues politiques & amoureuses d'Angleterre, & les secrets des révolutions depuis 1683. jusqu'à present, in 8. *la Haye* 1713. 3 volumes. — & 1714. 2 volumes.

Religieuse intéressée & amoureuse, avec l'Histoire du Comte de Clare, Nouvelle galante, in 12. *Amsterdam* 1700. — *Cologne* 1703.

Galanteries d'une Religieuse mariée à Dublin, in 12.....

Memoires fidéles de la vie, des amours & des Ouvrages de Madem. Oldefield, la plus celebre & la plus
parfaite

parfaite Actrice de son tems, in 12. Londres 1731. en Anglois. *Cet Ouvrage contient une espece d'Histoire du Theatre Anglois.*

Le Solitaire Anglois, ou Avantures merveilleuses de Philipp. Quarll, in 12. . . . .

Avantures du Comte de Lancastel, in 12. *Paris* 17. . . . .

ROMANS HISTORIQUES pour l'Allemagne & Païs du Nord.

Avantures périlleuses, & l'Histoire du loüable & vaillant Chevalier Theurdanck, in folio *Augsbourg* 1519. *Livre très-rare, écrit en Vers Allemands par l'Empereur Maximilien I. d'autres disent par son premier Chapelain. C'est l'Histoire de ce Prince qui s'y trouve décrite en forme de Roman. Les figures sont d'Albert Durer.*

La vie de Claire-Isabelle Archiduchesse d'Inspruck, avec l'Histoire du Religieux marié, in 12. . . .

Journal amoureux de la Cour de Vienne, in 12. *Cologne* 1689. — 1690. — & 1711.

Histoire tragique de Pandolphe Roy de Boheme & de Cellaria sa femme, avec les Amours de Dodraste & de Fannia, in 12. *Paris* 1722.

La Comtesse d'Isambourg, in 12. *Paris* 1678.

Princesse de Phaltzbourg, Nouvelle allegorique & galante, in 12. *Cologne* 1688.

Amours du Prince Charles de Lorraine avec l'Imperatrice Doüairiere, in 12. *Cologne* 1676 — & *Bruxelles* 1678.

Histoire d'une Comtesse d'Allemagne, in 12. *Paris* 1680.

Berenger Comte de la Marck, in 8. *Paris* 1645. 4 volumes.

Ziska, ou le redoutable Aveugle, in 12. *Leyde* 1685.

Scanderberg, Nouvelle, par Mademoiselle de la ROCHEGUILHEN, in 12. *Paris*.... — in 12. *la Haye* 1688. — & 1721.

Histoire plaisante & récréative de la belle Marquise fille de Salluste Roi de Hongrie, in 8. *Lyon* 1615.

Le Comte de Tekely, par le Sieur de PRESCHAC, in 12. *Paris* 1684. — & 1686.

Venda Reine de Pologne, Histoire galante, in 12. *Paris*.....

Casimir

Cafimir Roi de Pologne, in 12. *Paris* 1679. — & 1680. 2. volumes. Cette Hiſtoriette aſſez bien écrite, eſt du Sieur Michel Rouſſeau de la Valette.

Anecdotes de Pologne, ou Mémoires ſecrets du Regne de Jean Sobieski, in 12. *Amſterdam* 1699. 2. volumes. Ces Memoires ſont du Sieur Dalerac Gentilhomme François attaché à la Cour de Pologne. Il en fit paroître d'abord la premiere Partie ſous le titre de MEMOIRES du Chevalier DE BEAUJEU. Il y a de l'Hiſtoire & du Roman.

Le Comte d'Ulfeld Grand Maître de la Cour de Dannemarck, Nouvelle hiſtorique par le Sieur Michel ROUSSEAU DE LA VALETTE, in 12. *Paris* 1677. Et M. Bayle a cru qu'il pouvoit ſe ſervir dans ſon Dictionnaire de quantité de particularités hiſtoriques, qu'il a trouvées dans cette hiſtoriette, qui eſt aſſez bien écrite.

Euſtache LE NOBLE, Ildegerte Reine de Norwege, ou l'Amour magnanime, in 12. *Paris* 1695. — idem in 12. *Amſterdam* 1695. — & *Liege* 1695. *Paris* 1696. Où dans le Recueil de ſes Oeuvres on voit par la maniere dont ce petit Ouvrage eſt écrit que M.
le

le Noble l'a fait & revu plus d'une fois. L'Heroïne, qui en fait le sujet, cause de l'admiration. D'ailleurs ce n'est pas tout-à-fait une fable, l'Histoire s'en trouve raportée par TORFEUS en son Histoire de Norwege au x. siécle sous le nom d'Algerte. Il faut avoir la seconde Edition. L'Auteur y parle des Balets faits par Ildegerte, & donne huit chevaux de Frise au Char de la Princesse de Suede; cela est bien galant pour ces tems barbares.

Gustave Vasa, Histoire de Suede, in 12. Paris 1697. 2 volumes. Pitoyable Ouvrage, écrit d'une maniere dégoûtante.

Histoire des Intrigues galantes de Christine Reine de Suede, in 8. Amsterdam 1697. Curieux; mais on n'a pas tout mis.

Histoire de Henry Duc des Vandales, in 12. Paris 1714.

Demetrio Moscovita, Historia tragica, del BISACCIONI, in 12. Roma 1643.

——— Il medesimo da Luca ASSERINO, in 12. Bologna 1643.

Czar Demetrius, ou Histoire Moscovite par Mr de la ROCHELLE, in 12. Paris 1715. — la Haye 1716. — Paris 1717.

Conquêtes amoureuses du Marquis de Grana dans les Païs-Bas, in 12....

Heroïne incomparable de notre siécle, ou la belle Hollandoise, Histoire galante, in 12. *Amsterdam* 1681. — & in 12. *la Haye* 1714.

Les Memoires de Madame de Barneveldt, in 12. *Paris* 1731. 2 volumes. *Ouvrage assez bien écrit, qui est de l'Abbé Desfontaines, de qui les traits de satyre coulent comme de source, sur-tout contre ses confreres, en Apollon : & c'est ce qui a donné lieu de suprimer ce Roman.*

Le Ravissement de l'Helene d'Amsterdam, contenant les accidens étranges arrivez à une Demoiselle d'Amsterdam, in 12. *Amsterdam* 1683.

Memoires de Hollande, in 12. *Paris* 1678.

Enfant gâté, ou le Débauché de la Haye, in 12....

Les beaux jours de la Haye, in 12. *Londres* 1709.

La Comtesse de Jannisanta, in 12. *Amsterdam* 1722. 2 volumes.

ROMANS HISTORIQUES
pour les Païs Orientaux.

Anecdotes, ou Histoire secrete de la Maison Ottomane, in 12. *Amsterdam* ou *Cologne* (c'est-à-dire *Trevoux*) 1722. — 1723. 4 tomes en 2 volumes. *Assez bien écrits.*

Zizimi Prince Ottoman amoureux de Philippine - Helene de Saffenage: Histoire Dauphinoise, par L. P. A. in 12. *Grenoble* 1673. *Cette Histoire est du Président Allard de Grenoble, connu par d'autres Ouvrages sur l'Histoire Il prétend que ce n'est pas un Roman, & que ce qu'il raporte est apuyé sur de bonnes preuves. Tant mieux pour lui & pour nous.*

Avantures secretes arrivées au Siége de Constantinople, in 12. *Paris* 1714.

La vie & les avantures de Zizime fils de Mahomet II. Empereur des Turcs, in 12. *Paris* 1722. — 1724.

Memoires du Serrail sous Amurat II. par Deschamps, in 12. *Paris* 1670. 3 volumes — & 1673. 2 volumes.

Abramulé, ou Histoire du détrônement de Mahomet IV. Empereur des Turcs, par M. le NOBLE, in 12. Paris 169.. — & Amsterdam 1697. Où au Recüeil des Oeuvres du même M. le Noble, il y a peu de Roman, & beaucoup d'Histoire dans ce petit Ouvrage, & c'est ce qui me fait peine; car s'il y avoit moins d'Histoire, on prendroit le tout pour fabuleux, au-lieu que l'on est tenté de prendre le tout pour véritable. D'ailleurs ce Livre est assez bien écrit & intéressant par les grands évenemens qui se sont passez presque sur la fin du siécle dernier.

Histoire des Grands Visirs, in 12. Paris 1679. 3 volumes. *Par le sieur de* CHASSEPOL, *de qui nous avons aussi l'Histoire des Amazones. D'ailleurs l'Auteur ne m'est connu que par ces deux Romans.*

Serafkier Bacha, Nouvelles du tems, contenant ce qui s'est passé au Siége de Bude, par le Sr de PRESCHAC, in 12. *Paris* 1684. — & 1685.

Ibrahim Bacha de Bude, Nouvelle galante, in 12. *Cologne* 1686.

Histoire du Grand Visir Acmet Coprogli Pacha, in 12. *Paris* 1677. 3 volumes.

Cara Mustapha Grand Visir, Histoire,

re, in 12. *Paris* 1684. — & 1685. par le Sieur de PRESCHAC.

Hiſtoire d'Oſman Empereur des Turcs, in 12. *Paris* 1732.

Les avantures du Prince Jakaia, ou le triomphe de l'amour ſur l'ambition, Anecdotes ſecretes de la Cour Ottomane, in 12. *Paris* 1731. 2 volumes.

Hattigé, ou la belle Turque, qui contient ſes amours avec le Roi de Tamaran, in 12. *Cologne* 1676.

Euſtache le NOBLE, Zulima, ou l'amour pur, in 12. *Paris* 1695. — & *Amſterdam* 1718. *Où au Recuëil de ſes Ouvrages cette Hiſtoire romancée ſe peut raporter au* XII. *ſiécle qu'a vécu Noradin Soudan ou Sultan d'Egypte & pere de la Princeſſe qui fait le ſujet de cette Hiſtoire. Quoiqu'elle ait quelques petites négligences, elle ne laiſſe pas d'être bien écrite. Peut-être y a-t-il quelques petites bien-ſeances qui ne ſont pas ſeverement obſervées. J'ai même été ſurpris d'y voir une Loterie & l'uſage du Caffé, choſes qui ne ſont point de ce ſiécle. Quand on écrit ces ſortes d'hiſtoriettes on doit conſerver le goût & le fond des mœurs des tems dont on parle.*

Orphiſe, ou l'Ingratitude punie, Hiſtoire Cyprienne, in 8. *Paris* 1633.

La Princeffe d'Ephefe, par le Sieur de Preschac, in 12. *Paris* 1681.

Hiftoire & Avantures de Kemifki Georgienne, par Mad. D.... in 12. *Paris* 1696. — in 12. *Bruxelles* 1697.

La Vie du Roy Almanzor, in 12.... 1671.

Scanderberg, ou les Avantures du Prince d'Albanie, in 12. *Paris* 1732. 2 volumes.

Hiftoire Negrepontique, contenant la vie & les amours d'Alexandre Caftriot arriere-neveu de Scanderberg & d'Olympe la belle Grecque de la Maifon des Paleologues, tirée des Manufcrits d'Octavio Finelli & traduits par Jean Baudouin, in 8. *Paris* 1631. — Idem in 12. *Paris* 1731.

Ladice, ou les Victoires du Grand Tamerlan, par C... in 8. *Paris* 1650. 2 tomes en 1 volume.

Afterie, ou Tamerlan, in 8. *Paris* 1675

Zingis, Hiftoire Tartare, in 12. *la Haye* 1691.

Nouvelle Hiftoire de Genghifcan, in 12. *Paris* 1716.

Prince Kouchimen, Hiftoire Tartare, & Dom Alvar del Sol, Hiftoire Napolitaine, in 12. *Paris* 1710. — &
in

in 12. *Amſterdam* 1710. — & 1713.

L'Amoureux Africain, Nouvelle galanterie, in 12. *Amſterdam* 1676.

Homaïs Reine de Tunis, in 12. . . .

Iſmael Prince de Maroc, in 12. . . .

Relation de l'Amour de l'Empereur de Maroc pour Madame la Princeſſe de Conti, in 12. *Cologne* 1700.

Avantures d'Achilles Prince de Tours & de Zaïde Princeſſe d'Afrique, par M. de la FOSSE, in 12. *Paris* 1724.

La Reine d'Ethiopie, in 12. *Paris* 1669.

Anecdotes Perſanes, par Madame de GOMEZ, in 12. *Paris* 1729. 2 vol.

Hiſtoria Egittia e Perſica del Conte Nicol. Maria CORBELLI, in 12. *in Venetia* 1685.

Les Eſclaves, ou l'Hiſtoire de Perſe, par du VERDIER, in 8. *Paris* 1628.

Alcine Princeſſe de Perſe, in 12. *Paris* 1683. — 1688.

Tachmas Prince de Perſe, Nouvelle hiſtorique, in 12. *Paris* 1686.

Zamire, Hiſtoire Perſane, in 12. *la Haye* 1690.

Syroës & Mirama, Hiſtoire Perſane, in 12. *Paris* 1692. 2 volumes.

Melisthene, ou l'illustre Persan, Nouvelle, par M. D. P. in 12. *Paris* 1723.——1732. *Cet Ouvrage est de M. de Themiseul de S. Hyacinthe. Cet Auteur, qui est retiré en Angleterre & qui a beaucoup d'esprit & de goût, a donné l'agréable Livret de Mathanasius, qui est une Satyre fort ingenieuse contre les Savantas.*

Amazolide, Nouvelle historique & galante, qui contient les Avantures secretes de Mehemed-Riza-Deg Ambassadeur du Sophi de Perse à la Cour de Louïs le Grand en 1715. in 12. *la Haye* (ou *Paris*) 1716. *Piece très-médiocre. L'Auteur, qui prend le nom de M. de l'Hostelfort, dit que c'est-là son premier Ouvrage. Oh! que ce Monsieur de l'Hostelfort seroit un habile homme s'il vouloit bien ne plus écrire.*

Ant. Guill. Ertelii Jurisc. Bavariæ Austriana Regina Arabiæ, in 8. *Augusta Vindelicorum* 1687.

Madame de GOMEZ, Crementine Reine de Sanga, Histoire Indienne, in 12. *Paris* . . . . . 2 volumes.

Hipalque Prince Scithe, Histoire merveilleuse, in 12. *Paris* 1727. *Petite Historiette assez jolie qui n'a guéres plus de cent pages.*

Histoire d'Amenophis Prince de Lybie; à laquelle on a joint l'Histoire de la Comtesse de Vergi, Nouvelle historique, galante & tragique, in 12. *la Haye* 1725.

Abregé des Avantures d'Achilles Prince de Numidie, in 12. *Cologne* 1682.

Nouvelle Talestris, Histoire galante, par Mad. de **, in 12. *Amsterdam* 1700. — 1721.

Nouvelles de l'Amerique, ou le Mercure Americain, où sont contenuës trois Histoires véritables arrivées de notre tems, in 12. *Rouen* 1678.

Zombri du grand Perou, ou la Comtesse de Creaque, in 12. ... 1697.

ARTICLE V.

NOUVELLES
Espagnoles.

EL Cavallero Cancionero, por Juan de Timoneda, in 8. *en Valencia* 1570.

El Sobremesa y Alivio de la Muerto, buen aviso, y porta, quentos:

F 5   Me-

Memoria Hispanica y Valentina, in 8. *en Valencia* 1570. por Juan TIMONEDA.

Alivio de Caminentes y Memoria Hispanica, por Juan de TIMONEDA, in 12. *Alcala* 1576.

El Patrañuelo, o primera parte de las Patrañas, por Juan de TIMONEDA, in 8. *en Alcala* 1676. — & in 8 *Bilbao* 1580. *Ce sont des Nouvelles, & Nicolas Antonio dit que Patrañas est un ancien mot Espagnol qui signifie des Nouvelles ou petites Historiettes, & que* Juan de Timoneda *est le premier qui a travaillé en Espagne dans ce genre de Roman, qui est court, vif & plus agréable que les grands Romans d'Amours ou de Chevalerie.*

Gaspar MERCADER, el Prado de Valencia, in 8. *en Valencia* 1601. *Ouvrage assez estimé en Espagne & peu connu ailleurs.*

Noches de Invierno de Antonio de ESCLAVA, in 8. *Barcelona* 1609. — & *Pampelona* 1609.

Novellas exemplares de Miguel de CERVANTES Saavedra, in 4. *en Madrid* 1603. — 1613. — & 1622. — in 8. *en Venetia* 1616 — & in 12. *en Pampelona* 1622. — in 8. *en Barcelona* 1631. — in 8. *en Bruxell.* 1614 — 1625. — 1628.

—1628.— in 8. *en Madrid* 1655. — in 4. *en Madrid* 1664.

Nouvelles de Michel de Cervantes Saavedra, traduites d'Espagnol en François par F. de Rosset & le Sieur d'Audiguier, in 12. *Paris* 1665. *Traduction assez médiocre & qui n'est pas entiere.*
—— Idem in 12. *Paris* 1678. 2 volum. *Cette Version est du Sieur Charles Cottolendi Avocat.*

Les Nouvelles de Michel de Cervantes, Traduction nouvelle, in 12. *Amsterdam* 1700. 2. vol. — Idem. in 12. *Amsterdam* 1709. — 1713. 2 vol. — Idem in 12. *Paris* 1713. — 1723. 2 volumes. *Ces Nouvelles avoient déja été traduites par Rosset, d'Audiguier & Cottolendi, mais assez mal. Cette Version nouvelle donnée par Pierre* HESSEIN *est accommodée un peu plus à notre goût & à nos mœurs que ne l'est l'Original Espagnol. Les meilleures Nouvelles de cet Ouvrage sont dans le premier volume, l'Illustre Fregone, l'Amant liberal & la Force du sang : & dans le second, l'Espagnole Angloise, les deux Amantes & Cornelie.*

Fabulario de Quentos Antiguos y Nuevos, por Sebastiano MEY, in 8. *en Valencia* 1613.

Difcurfos Morales y Novelas de Juan CORTE's de Tolofa, in 8. *en Zaragoça* 1617.

—— Del mifmo, Lazarillo de Manzanarès y cinquo Novelas, in 8. *en Madrid* 1620.

Vida del Efcudero Marcos de Obregon, por Vincente ESPINEL, in 4. *Barcelona* 1618. —— in 8. *Madrid* 1657. *Vincent Efpinel eft mort en 1634. felon Nicolas Antonio. Ce font des Nouvelles comiques, mais un peu enflées de morale. Il eft bon de prêcher quelquefois, mais il faut que le Sermon foit court & fait à propos.*

Les Relations, ou Contes & Nouvelles de Marc d'Obregon, traduites de l'Efpagnol par le Sieur d'AUDIGUIER, in 8. *Paris* 1618. *Traduction paffable.*

Novelas de Don Diego AGREDA y Vargas, in 8. *Madrid* 1620. —— & *Valencia* 1620.

Avifos de los peligros que a y en la Vida de Corte, Novelas morales y exemplares de Don Antonio LIÑAN y Verdugo, in 4. *Madrid* 1621.

Heroydas, Belicas y amorofas, por Diego de vera y ordoñez de VILLAQUIRAN, in 4. *Barcelona* 1622.

Novellas

des Romans.

Novellas amorosas, por Joseph CAMERINO, in 4. *en Madrid* 1624.

Divertissemens de Cassandre & de Diane, ou les Nouvelles de CASTILLO & de TALEYRO, traduits de l'Espagnol par le Sieur VANNEL, in 12. *Paris* 1683. 3 tomes, 2 volumes.

Novelas de Francisco de LUGO y Avila, in 8. *Madrid* 1622.

Historias Peregrinas y exemplares, por Gonzalo de CESPEDES y MENESES, in 4. *en Zaragoça* 1623. *Cet Ouvrage est plus estimé que l'Histoire de Philippe IV. Roy d'Espagne publiée par le même Auteur.*

—— Del mismo, Varia fortuna del Soldado Pindaro, in 4. *en Lisbona* 1626.
—— & in 8. *en Madrid* 1661.

Novelas morales de Don Juan Isquierdo de PIÑA, in 4. *en Madrid* 1624.

Noches Claras, por Manuel FARIA y SOUSA, in 8. *Madrid* 1624.

Novelas de Juan Perez de MONTALVAN, in 4. *Madrid* 1624. —— & 1626.

—— Las mismas, in 8. *en Sevilla* 1641.
—— Las mismas, in 12. *Bruxellas* 1626. *Ces Nouvelles, qui sont très-estimées, ont été traduites en François par le Sieur Rampale*

Rampale en 1644. *Elles ont encore été imprimées sous le titre suivant :*

Sucessos y prodigios de Amor en ocho Novelas, por Juan Perez de Montalvan, *in* 4. *en Sevilla* 1633. — & 1648.

— Los mismos, *in* 8. *Tortosa* 1635.

— Los mismos, *in* 8. *en Barcelona* 1640.

Nouvelles tirées des plus celebres Auteurs Espagnols, par le Sr Lancelot, *in* 8. *Paris* 1628.

Sala de Recreation, Novelas de Alonzo de Castillo, *in* 8. *en Zaragoça*, 1629.

Los Bigarrales de Toledo, *in* 4. *Madrit*..... *Ce Roman, qui est estimé, vient du Pere Gabriel Tellez de l'Ordre de la Merci, mort en Espagne en* 1650.

Navidades de Madrid y Noches entretenidas, en ocho Novelas, por Doña Mariana Caravajal y Saavedra, *in* 4. *Madrid* 1633. — & 1663.

Navidado de Zaragoça repartida en quatro Noches, por Mathias de Aguirre del Pozo, *in* 4. *en Zaragoça* 1634.

Universidad de Amor y Escuela de el interes, por Antonio de Pietra Buena, *in* 8. *en Zaragoça* 1640. — & 1664.

L'Ecole

L'Ecole de l'intérêt & l'Université d'amour, traduite de l'Espagnol par le Sr le PETIT, in 12. *Paris* 1662.

Novelas amorosas y exemplares de Doña Maria de ZAYAS Y SOTOMAIOR, in 4. *en Zaragoça* 1637. — & 1658. — & in 4. *en Madrid* 1659. — in 4. *Barcelona* 1705.

La segunda Parte de las mismas Novelas, in 8. *en Zaragoça* 1647.

Nouvelles amoureuses & tragiques de Doña Maria de ZAYAS, in 8. *Paris* 1656. — in 12. *Paris* 1680. — & 1711. 2 volumes. *Ces Nouvelles sont belles & bien écrites.*

Varios effectos de Amor en cinco Novelas exemplares, y nuevo artificio de escrivir prosas y versos sin una de las cinco Letteras vocales, por Alonzo de ALCALA Y HERRERA, in 8. *Lisbona* 1641.

La Moxiganga (o Moniganga) del gusto en seis Novelas, por Don Andrés de CASTILLO, in 4. *en Zaragoça* 1641. *Titre extraordinaire & ridicule, quoique d'ailleurs l'Ouvrage ne soit pas mauvais.*

La Garduña de Sevilla, y Anzuelo de las Bolsas, por Alonso de CASTILLO SOLORSANO, in 8. *Barcelona* 1644. — & in 8. *Madrid* 1661.

La Fouine de Seville, ou l'Hameçon des Bourses, traduite de l'Espagnol d'Alonso de CASTILLO SOLORSANO, & accompagnée de plusieurs Nouvelles par le Sieur DOUVILLE, in 8. *Paris* 1661. *Ce Monsieur Douville étoit frere du celebre Abbé de Boisrobert, qui servoit à divertir le Cardinal de Richelieu. Nous avons encore du même Auteur un mauvais Recuëil de petits Contes ou bons mots.*

Avantures de Dona Ruffine, dite la Fouine de Seville ou l'Hameçon des Bourses, in 12. *Paris* 1731. 2 volumes.

Peligros de Madrid, Novelas de Don Bautista REMIRO, in 4. *en Zaragoça* 1646.

Novelas amorosas de los Mejores ingenios de España, in 8. *en Zaragoça* 1648.

La Quinta de Laura, que contiene seis Novelas, por CASTILLO SOLORSANO, in 8. *en Zaragoça* 1649.

Los Amores de Juan BOSCAN y de GARCILLASSO de la VEGA, in 12. *en Leon* 1658.

Dia y Noche de Madrid, Discursos de las mas Notable, que en el passa por Francisco de SANTOS, in 8. *Madrid* 1663. — & 1666.

— Del

—— Del mismo, Las Tarascas de Madrid, y Tribunal Espantoso, in 8. *en Madrid*....

—— Del mismo, Los Gigantones de Madrid, in 8. *en Madrid*....

Varios prodigios de amor, en onze Novelas exemplares, por Isodoro ROBLES, in 4. *en Madrid* 1666. —— & 1709.

Histoires morales & divertissantes du Sieur Emanuel d'ARANDA, in 12. *Bruxelles* 1668 —— in 12. *Leyde* 1671.

Novela de Leonora y Rosaura, por Andrés Fernandez de OGASTEGUI, in 8..... 1669. *L'auteur dit qu'il a traduit cette Nouvelle de la Langue Françoise.*

Dos Novelas, la Desdicha en la Constancia, y el Curioso Amante, por Miguel MORENO, in....

NOUVELLES
Françoises.

LEs Bergeries de Iuliette, auquel par les Amours des Bergers & Bergeres, l'on voit les effets differens de l'Amour, avec cinq Histoires comiques racontées en cinq journées par cinq

cinq Bergers, &c. par OLENIX du MONT-SACRE', in 12. *Paris* 1588. 2 volumes — Idem in 12. *Paris.....* cinquiéme Edition. — Idem *Tours & Paris* 1592. & 1598. 5 volumes. *Cet Olenix du Mont-Sacré est l' Anagramme de Nicolas de* MONTREUX, *de qui nous avons encore quelques-autres Ouvrages, sur-tout un seizième volume des Amadis. D'ailleurs ces Bergeries sont assez languissantes & peu recherchées.*

L'Arcadie Françoise de la Nymphe Amarille, tirée des Bergeries de Juliette, de l'invention d'OLENIX du MONT-SACRE' (ou Nicolas de MONTREUX) in 8. *Paris* 1625.

Le Sandrin, ou Vert-galant, in 12. *Paris* 1609.

Amours diverses, divisées en quatre Histoires, par le Sieur DESESCUTEAUX, in 8. *Roüen* 1617.

Dianée du Maréchal de SCHOMBERG, in 8. *Paris* 1642. *Peu recherché: ce Maréchal auroit mieux fait d'écrire sur l'Art militaire, il faut que chacun se mêle de son métier.*

Relation du Royaume de la Coqueterie, Nouvelle historique du tems, par Mr l'Abbé d'AUBIGNAC, in 12. *Paris* 1654. *Cet Abbé est connu par des*

des Romans.

des Ouvrages plus confiderables, les uns bons & les autres mauvais.

Les Nouvelles Françoises, ou les Divertiſſemens de la Princeſſe Aurelie, in 8. *Paris 1656. 2 volumes.*

—— Idem in 12. *Paris 1722. 2 volum. Ce ſont huit Hiſtoriettes détachées qui ont été racontées par quelques-unes des illuſtres perſonnes qui compoſoient la Cour de Mad. de Montpenſier fille de Mr Gaſton de France; Monſieur de Segrais en a été le Secretaire; elles étoient extrêmément rares avant la réimpreſſion de 1722. d'ailleurs quoique ces Nouvelles ſoient aſſez bonnes, on ne peut pas dire que ce ſoit un des meilleurs Ouvrages de Monſieur de Segrais.*

Les Nouvelles tragi-comiques de Mr SCARRON, in 8. *Paris 1656.* — in 12. *Paris 1679. 2 volumes. Il s'en eſt encore fait d'autres Editions ſoit en France, ſoit en Hollande, mais très-fautives. Des quatre Nouvelles que contiennent ces deux petits volumes, il n'y a d'intéreſſant que* la Précaution inutile & l'Adultere innocent. *Cette derniere ſur-tout eſt fort touchante.*

Nouvelles heroiques & amoureuſes de Mr l'Abbé de BOIS-ROBERT, in 8. *Paris 1651. Nous avons déja dit que*

que cet *Abbé*, *homme agréable*, *servoit à divertir le Cardinal de Richelieu. Nous avons encore de lui plusieurs Pieces de Theatre & quelques Poësies.*

Le Rival encore après la mort, in 8. *Paris* 1658. *C'est peu de chose.*

Epigone ou l'Histoire du siécle futur, par Jacques GUTTIN, in 8. *Paris* 1659. *Cette petite Histoire a eu jadis quelque réputation; mais elle est aujourd'hui peu recherchée.*

Histoire d'Alcidalis & de Zelide, in 12 *sine loco & anno*, par Monsieur de VOITURE, avec la Conclusion par le Sieur DESBARRES, in 12. *Paris* 1676.——1677. *& dans toutes les Editions des Oeuvres de Voiture données depuis* 1677.

La Politique des Coquettes, in 12. *Paris* 1660. *Il y auroit bien des choses à ajouter à ce petit Ouvrage. Cette politique s'est bien perfectionnée depuis* 70 *ans. D'ailleurs ce petit Livre a eu en son tems assez de cours.*

Le Miroir ou la Métamorphose d'Orante, in 12. *Paris* 1661. *Assez jolie Piece.*

L'heure du Berger, par le Sieur le PETIT, in 12. *Paris* 1662.

Le Roman des Oiseaux, Histoire allégorique, par le Sieur BOUCHER, in 8. *Paris* 1662.

Siécle d'or de Cupidon, in 12. *Ce siécle est de tous les tems.*

Nouvelles diverses, in 12. *Paris 1663.*

Nouvelles Nouvelles, in 12. *Paris 1663. 3 volumes. Il y en a de bonnes, de médiocres & de mauvaises.*

La Carte de la Cour, par Monsieur GUERET, in 12. *Paris 1663. Piece spirituelle & jolie. M. Gueret, celebre Avocat, qui a recüeilli le Journal du Palais, étoit homme de beaucoup d'esprit. M. Gueret Curé de S. Paul est l'un de ses fils.*

Voyage de l'Isle d'Amour à Licidas, in 12. *Paris 1663.* — & in 12. *Leyde 1671. Ce petit Ouvrage, qui est très-spirituellement écrit, vient de l'Abbé* TALLEMANT *l'ancien; ainsi que le porte le Privilege original du Roy qui est à la premiere Édition de cet Ouvrage. Il y a deux Voyages réimprimez en divers Recueils, & depuis encore séparément à Paris.*

Entretiens galans d'Aristippe & d'Axione, contenant le langage des tetons, in 12. *Paris 1664.*

Celimaure, Nouvelle, par le Sieur le ROU, in 12. *Paris 1664. 2 volum. Ouvrage peu recherché.*

Eraste, Nouvelle, in 12. *Paris 1664. Peu connu.*

Le Païs d'Amours, Nouvelle allegorique, in 12. *Lyon 1665.*

Histoire du Royaume des Amans, avec leur origine du Païs des Amadis, par le Sieur de BUSENS, in 12. *Tolose 1666.*

Histoire du tems, ou Relation du Royaume de Coqueterie, extraite du dernier Voyage des Hollandois aux Indes du Levant, par M. l'Abbé d'AUBIGNAC, in 12. *Paris 1654.*

Fleurs, Fleurettes & Passe-tems, ou les divers caracteres de l'amour honnête, par Alcide de S. MAURICE, in 12. *Paris 1666.*

Zelotide, Histoire galante, par M. le PAYS, in 12. *Paris 1666.* — & 1670. — & in 12. *Cologne 1674. Ou dans le Livre des Amitiés & Amourettes du même Auteur, Edition de 1685. & autres suivantes. Ouvrage assez joliment écrit ; quoique d'ailleurs le stile de M. le Pays sente un peu le bel esprit provincial.*

Amour en fureur, in 12. *Cologne 1667.* — 1684. — 1710. *C'est un Roman assez médiocre.*

Intrigues amoureuses, par Monsieur GILBERT, in 12.....1667. *Bel esprit, attaché à la Reine Christine de Suede, dont*

des Romans. 143

dont il étoit Secretaire des Commandemens. Nous avons de lui quelques Poësies qui sont dans les Recueils du tems.

Bouſſole des Amans, in 12. *Cologne* 1668. — 1688. *Paſſable : on n'ignore pas quelle eſt cette Bouſſole.*

La Caſſette de Bijoux, in 12. *Paris* 1668.

Chien de Boulogne, ou l'Amant fidéle, Nouvelle galante, in 12. *Cologne* 1669. — *Paris* 1679. *Aſſez joliment écrit.*

Amour échapé, en 50 Hiſtoires, avec le Parlement d'Amours, in 12. *Paris* 1669. 3 volumes.

La Toilette galante de l'amour, in 12. *Paris* 1670.

Aurelie, Nouvelle hiſtorique, in 12. *Paris* 1670.

L'Amant raiſonnable, par Mr de BONNECORSE, in 12. *Paris* 1671. *Auteur médiocre : on ſçait d'ailleurs qu'un amant raiſonnable eſt ordinairement aſſez froid. Il faut pour que les choſes aillent bien, que l'amour l'emporte ſur la raiſon.*

La Boëte & le Miroir, par Mr de BONNECORSE, in 12. *Paris* 1671. *De même trempe que le précedent.*

Hiſtoire des penſées mêlées de petits jeux

jeux d'esprits, Nouvelle galante, in 12. *Paris* 1671.

Nicandre, Nouvelle, in 12. *Paris* 1672.

Le Voyage du Valon tranquille, Nouvelle historique, par le Sieur Fr. CHARPENTIER, in 12. *Paris* 1673. *M. Charpentier a été l'un des graves Auteurs de l'Académie Françoise. Il a moins brillé par cet Ouvrage que par des Traductions qu'il a faites de Xenophon.*

L'Amant oisif, contenant cinquante Nouvelles Espagnoles, in 12. *Paris* 1673. 3 volumes. — in 12. *Bruxelles* 1711. 3 tomes, 1 volume. *Passable, mais dont on auroit pu faire de jolies choses.*

Nouvelles comiques & tragiques, in 12. *Paris* 1669. 2 volumes. — 1680. 3 volumes. — & 1688. 3 volumes. *Peu recherchées.*

L'heureux Esclave, ou Relation des Avantures d'Olivier de Varenne, Nouvelle, in 12. *Paris* 1674. — & *Cologne* 1677. — 1680. — 1692. — *Paris* 1708. *la Haye* 1716. *Paris* 1729. *Ce Livre est écrit d'une maniere fort insinuante, & même instructive, à l'exception cependant de deux ou trois endroits, touchez avec un peu trop de sensibilité, &*

& qui rendent ce petit Ouvrage propre aux perſonnes qui n'ont pas pris leur parti ſur l'amour. Cet Olivier de Varenne étoit un Libraire de Paris.

Almanzaide, Nouvelle, in 12. *Paris 1674. — & 1676. Peu conſiderable.*

Nouvelles d'Elizabeth Reine d'Angleterre, contenant deux Nouvelles; ſçavoir, Marianne & Conſtance, in 12. *Paris* 1674.

Arriere-Ban amoureux, in 12. *Paris 1675. Paſſable & peu recherché.*

Nouvelle Françoiſe, contenant pluſieurs Amours & Hiſtoires galantes, par Mr H. V. B. in 12. *Cologne 1711. C'eſt en vérité un Ouvrage peu conſideré.*

Louïs d'or politique & galant, in 12. ſine loco & anno. *Ouvrage très-ſpirituel : ſe trouve en divers Recuëils, ſur-tout dans celui que M. de la Monnoye a publié en deux volumes in 12.*

Aparences trompeuſes, ou ne pas croire ce qu'on voit, Hiſtoire Eſpagnole, par le Sieur Edme BOURSAULT, in 12. *Paris* 1670. 2 volum. in 12. *Amſterdam* 1718. *Roman ingenieux & fort bien écrit.*

Apoticaire de qualité, Nouvelle galante & véritable, in 12. *Cologne & Utrecht* 1670.

Tome II.   G   Julie

Julie, Nouvelle galante & amoureuse, in 12. *Paris 1671.*

La Clef des Cœurs, in 12. *Paris 1676. On dit que c'est l'argent; ou si ce n'est la clef des cœurs, c'est du moins celle des faveurs, à ce que dit un grand maître en amours.*

Nouvelles amoureuses & galantes, in 12. *Paris 1678.*

La Valise ouverte, par le Sieur de PRESCHAC, in 12.... *Copieux Auteur d'un grand nombre de petits Romans.*

Le Voyage de Fontainebleau, par le Sieur de PRESCHAC, in 12. *Paris 1678. Passable.*

Noble Venitienne, ou la Bassette, Histoire galante, par le Sieur de PRESCHAC, in 12. *Paris 1679.*

Triomphe de l'Amitié, Histoire galante, in 12. *Paris 1679. Cette Historiette vient aussi du Sr de PRESCHAC.*

Gris de lin, Histoire galante, par le Sieur de PRESCHAC, in 12. *Paris.... Médiocre.*

Le beau Polonois, par le Sieur de PRESCHAC, in 12. *Paris 1681. Très-médiocre.*

Le Secret, Nouvelle historique, par le Sieur de PRESCHAC, in 12. *Paris 1683.*

Prince Esclave , Nouvelle historique , par le Sieur de PRESCHAC, in 12. *Paris* 1688. — & *Amsterdam* 1688.

Clitie , Nouvelle galante , in 12. *Paris* 1680. — & *la Haye* 1680.

La Rivale , Nouvelle historique , in 12.....

La Rivale travestie, in 12. *Paris*....

Fausse Abbesse , ou l'Amoureux dupé , in 12. *la Haye* 1681. *Très-médiocre Livret.*

Les ruses d'amours pour rendre ses Favoris contens , in 12. *Villefranche* 1681.

La Religieuse Cavalier , in 12.....

Desordres de la Bassette , Nouvelle galante , in 12. *Paris* 1682.

Academie galante , contenant quelques Histoires galantes & les Statuts de cette Academie , in 12. *Paris* 1682. — & in 12. *Amsterdam* 1708. 2 volum. *Ouvrage assez médiocre ; mais nous avons un autre Ouvrage un peu plus vif sous le Titre d'*Academie des Dames. *Nous en parlerons ci-après.*

Métamorphose nouvelle & galante, in 12. *Paris* 1682.

Granicus , ou l'Isle galante , Nouvelle historique & véritable , par Monsieur BRICE, in 12. *Paris.*.... *Passable.*

Lettres & Amours d'une Religieuse Portugaise écrites au Chevalier de C. (Chamilli) Officier François en Portugal, avec les Letres de la Presidente F.... (Ferrand à Mr le Baron de B. C. (Breteuil) in 12..... 1716. *Il y a plusieurs autres Editions de ce Recueil qui est très-joli: mais on a beau faire, ce sont les conjonctures connuës qui font trouver du goût dans ces sortes de Lettres.*

Plus d'effets que de paroles, in 8....

Galante Hermaphrodite, Nouvelle amoureuse, par le Sieur de CHAVIGNI, in 12. *Amsterdam 1683.*

Les differens caracteres de l'Amour, in 12. *Paris 1685.*

Desordres de l'Amour, Nouvelle galante, in 12. *Liege 1686.*

Secretaire Turc, contenant l'Art d'exprimer ses pensées sans se voir, sans se parler & sans s'écrire, in 12. *Paris 1688. Le même sous le Titre du* Langage muet, ou l'Art de faire l'amour sans parler, sans écrire & sans se voir, par le Sieur du VIGNAU, in 12. *Middelbourg 1688. Nous avons de cet Auteur un Ouvrage historique sur la Turquie.*

Le

Le Prince de Sicile, Nouvelle historique, in 12. Paris 1690.

Disgrace des Amans, Nouvelle historique, in 12. Paris 1691. — & 1706.

Nouvelles historiques, in 12. Leyde 1692. 2 volumes.

Amour à la mode, Satire historique, in 12. Paris 1695. — 1698. — & 1706. par Madame de PRINGI. *Joli Livre & qui vient d'une personne experimentée.*

Oeuvres mêlées, par Mademoiselle L'HERITIER, contenant plusieurs Avantures & Historiettes, in 12. Paris 1696. *Assez bon, qui vient d'une bonne plume.*

Caprice du Destin ou Recueil d'Histoires singulieres & plaisantes arrivées de nos jours, par Mademoiselle L. H. ***, in 12. Paris 1708. *Ce Roman est de Mademoiselle* L'HERITIER.

Marmoisan, ou l'innocente tromperie, Nouvelle heroïque & satirique en prose : L'Avare puni, Nouvelle Historique en vers, par Mademoiselle L'HERITIER, in 12. Paris 1695.

Avantures secretes, in 12. Paris 1697. *Ouvrage passable.*

Les Amusemens de la Princesse Atilde, in 12. *Paris* 1697. 2 volumes.

Avantures & Lettres galantes, avec la Promenade des Thuilleries, in 12. *Paris* 1697. — *& Amsterdam* 1718.

Nouvelles tirées de plusieurs Auteurs tant François qu'Espagnols, in 12. *Paris* 1697.

Avantures secretes & plaisantes, in 12. *Paris* 1698.

L'heureux naufrage, ou suite des Avantures & Lettres galantes, in 12. *Paris* 1699. *Ces deux mauvais Romans sont encore du Chevalier de* MAILLI, *qui faisoit des Livres moins par goût que par besoin. Ceux-ci sont des Rapsodies mal écrites & sans aucun agrément.*

L'Amant fidéle, Nouvelle, in 12. *Paris* 1699.

Avantures galantes de Monsieur le NOBLE, avec les Nouvelles Affricaines du même, in 12. *Paris* 1707. — *Amsterdam* 1710. & au Tome XV. des Oeuvres de Mr le Noble. *Histoires assez comiques; mais écrites sans le goût & la délicatesse, qui font presque l'essentiel de ces sortes de petits Ouvrages.*

Nouvelles Affricaines, par Mr le NOBLE, in 12. *Paris* 1707.

Morts ressuscités, Nouvelles galantes & véritables, in 12. *Cologne* 1699.

L'Amant

L'Amant liberal dans l'Isle d'Amour, par le Sieur de CASTRI, in 12. *Paris* 1709.

Le Chevalier errant & le Genie familier, par Madame la Comtesse d'AUNEÜIL, in 12. *Paris* 1709.

Les Promenades de la Foire S. Germain & du Cours, par le Sieur le NOBLE, in 12. *Paris* 1710. *Assez agréable.*

Billet perdu ou l'Intrigue découverte, Histoire galante, in 12. *Cologne* 1711.

Passepartout galant, par *** Chevalier de l'Ordre de l'Industrie & de la Gibeciere, in 12.....

Galanteries Angloises, in 12....

La curiosité dangereuse, Nouvelle galante, historique & morale, in 12. *Paris..... On veut montrer dans cette Nouvelle que les meres ne doivent point laisser aller leurs filles seules en pelerinage ou aux promenades: Hé bien! elles iront à la Messe, au Sermon & à Vêpres, & n'en feront pas moins leurs petites affaires.*

Couvent aboli, in 12.....

La Compagnie agréable, in 12.....

Chat d'Espagne, in 12.....

Berger Gentilhomme, in 12.....

Amante artificieuse, in 12.....

Amans cloîtrez, ou l'heureuse inconstance, in 12.....

Amant parjure, in 12.....

Histoire de la Princesse Estienne, in 12. *Paris & Amsterdam* 1709. *C'est peu de chose que ce petit Roman; on le prétend écrit dans le goût des Contes des Fées, parce qu'il y est parlé des Fées dans plusieurs endroits ; mais on n'y trouve ni le merveilleux instructif de ces Contes ingenieux, ni l'agrement & l'esprit nécessaire aux Nouvelles historiques. L'Auteur parle quelquefois de choses qu'il n'entend pas, sur-tout de guerre & d'amour. La conclusion en est pitoyable & contre les régles des Romans. C'est un mauvais petit Livret & rien de plus.*

Oeuvres diverses de Madame de la R**. G**. (la Rocheguilheim) contenant quelques Histoires & autres Pieces, in 12 *Paris & Amsterdam* 1711. *Passable.*

L'Ecureuil de la Cour, ou les Veilles divertissantes, in 12. *Leyde* 1710.

Nouvelles toutes nouvelles, par M. D. L. C. in 12. *Amsterdam* 1710.

Le Passepartout galant, par M....
in 12. *à Constantinople (Hollande)* 1710. *Il y a dans ce petit Roman des traits curieux & singuliers, il s'en trouve un sur*
tous

tout qui fera toûjours honneur à la prob.té & à la generosité du Maréchal de Villars.

L'Esprit malin, Nouvelle historique & galante, par M. D. in 12. *Paris* 1710.

Avanture de Philidor, in 12. *Paris* 1713.

Celise, ou l'Amante fidéle, Ouvrage galant, critique, serieux & comique, mêlé de vers & de prose, in 12. *Paris* 1713. — *Amsterdam* 1715.

Amour vainqueur de la haine, in 12. *Paris* 1711.

Nouvelle Psyché, in 12. *Paris* 1711.

Horoscope accomplie, Nouvelle Espagnole, par M. le Chevalier de MAILLI, in 12. *Paris* 1713.

Le Triomphe de la Raison, ou les Avantures de Chrysophile, par M. MAULNOURRY de la Bastille, in 12. *Paris* 1715.

Le Caractere du faux & du véritable Amour, & le Portrait de l'Homme de Lettres amoureux, in 12. *Paris* 1716.

Ambigu d'Auteuil, ou Véritez historiques composées de huit Nouvelles, in 12. *Paris* 1717. *Assez médiocre.*

Cleandre & Calliste, ou l'Amour véritable, in 12. *Roüen* 1720.

Avantures choisies, contenant l'Amour innocent persecuté, l'Esprit folet ou le Silphe amoureux, le Cœur volant ou l'Amant étourdi & la Belle Avanturiere, in 12. *Paris* 1714. — 1732. — & *Amsterdam* 1715. *C'est peu de chose.*

Amarante ou le Triomphe de l'Amitié, par Madame.... in 12. *Paris* 1715.

Uranie, ou les Secours inopinez de la Providence, in 12. *Paris* 1716.

Les Avantures de Calliope, par M. L. B. in 12. *Paris* 1720.

Le Prince des Aigues Marines, in 12. *Paris* 1722.

Les Plaisirs & les Chagrins de l'Amour, in 12. *Amsterdam* 1722.

Les Avantures de Leonidas & de Sophronie, in 12. *Paris* 1722.

Illustre Malheureuse, ou la Comtesse de Jannissanta, in 12. *Roüen* 1722.

Histoire de la Marquise de Banneville, in 12. *Paris* 1723.

La Pierre philosophale des Dames, ou Caprices de l'Amour & du Destin, par M. l'Abbé de CASTERA, in 12. *Paris* 1722.

Les Freres jumeaux, Nouvelle historique, tirée de l'Espagnol, par M. de la VALLE, in 12. *Paris* 1730.

Oeuvres mêlées de Madame de GOMEZ, in 12. *Paris*.... *Assez bien écri-*

tes, mais cependant peu recherchées.

Les Cent Nouvelles Nouvelles de Madame de GOMEZ, in 12. *Paris* 1733. 6 Parties. *Il y a trois Nouvelles dans chaque Partie ; & si l'on continuë cet Ouvrage, il y aura plus de trente Parties, qui feront au moins quinze ou seize Volumes. Mais je doute que le Public permette que ce Livre soit poussé aussi loin. D'ailleurs on sçait que Madame de Gomez écrit bien & qu'elle a déja fait plusieurs autres Romans.*

ARTICLE VI.

ROMANS

DE SPIRITUALITÉ
& de Morale.

BElial en François, ou le Procès de Belial à l'encontre de Jesus, translaté de Latin en François par Fr. Pierre FARGET Docteur en Theologie de l'Ordre de S. Augustin, in 4. *Lyon* 1490.

L'Adamo di Giov. Franc. LOREDANO,

DANO, in 12. *in Venezia* 1640.

La Vie d'Adam, traduite de l'Italien de LOREDANO, in 12. *Paris* 1695. *C'eſt une façon de Roman hiſtorique, & quelquefois même comique, par les politeſſes, les complimens & les galanteries qu'Adam fait à ſon épouſe.*

La Vie & Hiſtoire des trois Rois, tranſlaté de Latin en François, in 4. *Paris* 1498.

Monarchia del noſtro Signor Gieſu Chriſto per Giovanni Antonio PANTHERA Parentino, in 8. *in Venezia* 1573. *C'eſt une Hiſtoire des Combats de Lucifer contre Jeſus-Chriſt, depuis le commencement du monde juſqu'au tems du Mahometiſme. Et la Piece eſt aſſez rare.*

Hiſtoria de la Sabia Donzella Teodora, in 4. ...

Hiſtoria Ligni Sanctiſſimæ Crucis in Symmictis Leonis Allatii, in 8. *Colonia.* ...

Adam de S. Victor, le grand Marial de la Mere de vie, in 4. *Paris* 1537. Tome I. & Tome II. l'an 1539. *C'eſt une Vie de la Sainte Vierge remplie de tout le fabuleux que l'Auteur a pu ramaſſer.*

Miſtica Ciudad de Dios, por Sor. Madre Maria de Jeſus, Abadezza del Convento de Agreda, in folio, *Madrid*

des Romans.

drid 1700. 3 volumes.

—— La mifma, in 4. *Perpignian* 1690. 4 volum.

—— La mifma, in folio, *en Amberes* 1692. 3 volum.

—— La mifma, in folio, *en Amberes* 1705. 3 vol.

—— La mifma, in 4. 6 volum.

La miftique Cité de Dieu, Miracle de la Toute-Puiffance, abime de la grace, Hiftoire divine & la Vie de la très-fainte Vierge Marie Mere de Dieu, compofée en Efpagnol par Sœur Marie d'AGREDA, & traduite en François par le Pere Thomas CROIZET Récollet, in 4. *Bruxelles* 1729. 3 volumes. *C'eft un Roman fingulier; mais cependant écrit avec beaucoup de favoir & d'élevation. On accufe les Cordeliers d'Efpagne d'avoir dicté cet Ouvrage à Marie d'Agreda. Il a été condamné en Sorbonne en 1696.*

Hiftoire des trois Mariées, tranflatée de rime en profe par Jean DROYN ou DROYEN, in.... *Paris.... Roman fpirituel de la fin du* xv. *fiécle.*

Les faits & dits du Philofophe Sydrac, in 8. *Paris* 1531.

Le Pelerinage de l'Homme Roman, par Guillaume de GUILLEVILLE

Moine

Moine de Chalis, Ordre de Citeaux, in folio, *Paris* 1511. *L'Auteur vivoit en* 1310. *& son Ouvrage fut encore imprimé sous le Titre suivant* :

Roman des trois Pelerinages; le premier, de l'homme durant qu'il est en vie; le second, de l'ame séparée du corps; & le tiers, de Notre-Seigneur Jesus-Christ, en Vers François, par Guillaume de GUILLEVILLE Moine de Chalis, Ordre de Citeaux, in 4. *Paris par Berthold Rembold. Vers l'an* 1480.

Plaisante & agréable Histoire d'Apollonius Prince de Thyr en Affrique & Roy d'Antioche, traduite par Gilles COROZET, in 8. *Paris* 1530.

Avantures d'Apollonius de Thyr, par M. le BRUN, in 12. *Paris & Roterdam* 1710. — *Paris* 1711.

Historia del Principe Erasto hijo del Emperador Diocletiano.

Auvenimenti del Principe Erasto, in 8. *in Venetia* 1542. — & 1550.

Historia del Principe Erasto hijo del Emperador Diocletiano, traduzida de Italiano por Pedro HURTADO DE LA VERA, in 12. *en Amberes* 1573. Don Pedro HURTADO DE LA VERA, qui ne savoit pas que cet Ouvrage avoit
été

été fait en Espagnol long-tems avant lui, l'a traduit sur une Version Italienne.

Histoire pitoyable d'Erastus fils de Diocletien Empereur de Rome, où sont contenus plusieurs beaux exemples & véritables discours non moins plaisans & recreatifs qu'utiles & profitables, traduite en François, in 16. *Lyon & Anvers* 1568. — *Paris* 1572. — & 1579. — in 16. *Roüen* 1616. *Don Nicolas Antonio marque dans sa Bibliotheque Espagnole que l'Original de ce Livre vient d'Antoine Guerrare Chroniqueur de l'Empereur Charles-Quint; mais nous montrons ailleurs que ce n'est qu'une Copie d'un ancien Roman François intitulé* DOLOPATOS, OU LES SEPT SAGES DE ROME, *voyez* DUVERDIER *page 328. de sa Bibliotheque Françoise.*

Histoire du Prince Erastus fils de Diocletien Empereur, in 12. *Paris* 1709. *C'est une nouvelle Traduction du même Roman par le Chevalier de Mailli.*

Voyage du Puits S. Patrix, auquel lieu on voit les peines du Purgatoire, & aussi les joyes du Paradis, in 4. *Lyon* 1506. *Edition très-rare, d'ailleurs le Livre ne laisse pas d'entrer dans la Bibliotheque bleuë, & tient lieu de Roman*

Roman de Chevalerie à tous les Irlandois Catholiques. C'eſt avec quoi ils s'entretiennent dans une pieté ſolide ; c'eſt leur amuſement ſpirituel.

Cæsarii heiſter bacenſis Dialogi, in 8.....

——Idem in 8. *Coloniæ* 1599.

——Idem cum notis P. Colveneris, in 8. *Duaci* 1601. C'eſt un Recueil d'une infinité de pieuſes Turlupinades dont le Moine Ceſarius réjoüiſſoit la pieté des Novices qui lui étoient confiez. Il y en a des Editions plus anciennes qui ſont très-bonnes. Mais celle qui eſt dans le Bibliotheca Ciſtercienſis *eſt tronquée*.

A Lucas Sylvius de duobus Amantibus Eurialo & Lucretia, in folio..... —— & in 4..... *Editions très-anciennes & des premiers tems de l'Imprimerie*.

——Idem in 4. *Bononiæ* 1496. —— & dans le Recüeil des Oeuvres d'Eneas Sylvius. Ce Livre fut fait à Vienne en Autriche en 1444. comme le marque une Edition très-ancienne.

Hiſtoria d'Eurialo & Lucretia da Enea Sylvio, in 4. *in Vienna d'Auſtria* 1477.

Hiſtoria de los dos Amantes Eurialo Franco y Lucretia Seneſa que acaeſcia
en

en la Ciudad de Sena año de 1434. por ENEAS SYLVIO, in 4. *en Sevilla* 1530.

Histoire d'Euriale & de Lucréce, composée en Latin par ENEAS SYLVIUS, & translatée en rime françoise par Me ANTITUS Chapelain de la Sainte Chapelle aux Ducs de Bourgogne, in 4. *Lyon* vers l'an 1500. *On assure que cette Histoire tragique est arrivée à Sienne en* 1434.

Histoire des Amours d'Euriale & de Lucréce, où est montrée l'issuë malheureuse de l'amour défenduë, écrite en Latin par ENEAS SYLVIUS, qui fut Pape Pie II. traduite en François par Jean MILET, in 8. *Paris* 1551.

Hypnerotomachia Polyphili ubi humana omnia non nisi somnium esse docet (Auctore Francisco COLUMNA) cum figuris, in folio *Venetiis Aldus* 1499. — & 1545. *en Italien. Quelques Catalogues de Bibliotheque portent que ce Livre a été imprimé à Trevise en Italie l'an* 1467. *mais à tort, on a pris l'année que le Livre fut fini pour l'année de son impression. L'Edition de* 1499. *est très-rare, même en Italie.*

Discours du Songe de Polyphile, déduisant

déduisant comme l'amour se combat à l'occasion de Polia, traduit de l'Italien en François, & revu par Jean MAR-TIN, avec figures, in folio, *Paris 1546.* — *1554.* — *1561.*

Discours du Songe de Polyphile, traduit en François par le Sieur Beroald de VERVILLE, in folio *Paris 1600.*

Vida del Picaro Guzman de Alfarache, por Matheo ALEMAN, in 4. *Madrid 1599.* — & *1600.* 2 volumes.

―― El mismo in 8. *en Bruſſellas 1600.* ― & *1605.* 2 volumes.

―― El mismo in 8. *Tarracona 1603.* 2 volumes.

―― El mismo in 8. *en Zaragoça 1603.* 2 volumes.

―― El mismo, in 8. *en Burgos 1619.* 2 volumes.

―― El mismo in 4. *en Madrid 1641.* ― & *1661.* 2 volumes.

―― El mismo in 8. *en Amberes 1681.* ― & *1687.* 2 volumes. *Il y en a encore plusieurs autres Editions en Espagnol.*

Matheo ALEMAN *Auteur de ce Roman étoit employé sous Philippe II. Roy d'Espagne dans la Chambre des Comptes de Madrid. Mais il quita son Emploi pour se livrer à une douce & agréable*

ble oisiveté, & se mit à travailler à quelques Ouvrages d'une agréable litterature. Celui-ci, quoique bon, ne laisse pas d'être d'une morale un peu languissante pour son excessive étenduë.

Vita del Picaro Guzman d'Alfarache, tradotta del Espagnuolo, da Barrezzo BARREZZI, in 8. *in Venetia* 1615. — & 1616. 2 volumes.

La Vie de Guzman d'Alfarache, où l'on voit ce qui se passe sur le Theatre de la vie humaine, in 12. *Paris* 1695. 3 volumes. — in 12. *Paris* 1709. 3 volumes. *Il y en a encore plusieurs autres Editions ; mais celles-ci suffisent. Il y a aussi une Traduction plus ancienne ; mais qui est aujourd'hui peu recherchée. M. le Sage vient de donner un Abregé de ce Roman sous le Titre suivant :*

La Vie de Guzman d'Alfarache, traduite & abregée par le Sieur le SAGE, in 12. *Paris* 1732. 2 volumes.

Horatio DIOLA & Bartholomeo CIMARELLI Chroniche dell' Ordine de' Fratri Minori, in 4. *in Venetia* 1617. 5 volumes. *C'est l'Original du Roman dont nous allons marquer la Traduction.*

Les Chroniques des Freres Mineurs, traduites

traduites de l'Italien, in 4. *Paris* 1625. 4 volumes. *C'est une Traduction de l'Italien dont on vient de parler. Ces Chroniques sont remplies de tant de puerilitez, de fausses visions, de miracles suspects & de révelations apocrifes, que M. Nicole & quelques-autres bonnes ames du même genre, au lieu de lire des Livres de Chevalerie, ne prenoient pas d'autres Livres que ce pieux Roman pour se réjouir l'imagination quand ils étoient las de travailler à des Ouvrages sérieux.*

El premio de la Conſtancia, y Paſtores de Sierra Bermeja, por Jacinto ADORNO, in 8.... 1620.

Juan Bautiſta de SOSSU, la Soſſia perſequida, en que ſe trata del honor paterno y amor filial, in 4. *en Madrid* 1622.

Crates y Hipparchia, in 8. *Madrid* 1637. *Dialogue aſſez bon en forme de Roman, qui eſt de Jerôme Fernandez de* META.

Libro de Entreteniemiento de la Picara Juſtina en el qual de Baxo de graciofos diſcurſos ſe encierran Provechoſos aviſos, por Fr. Lopez de UBEDA, in 8. *en Barcelona* 1605. — *& Bruſſellas* 1608. — *& Barcelona* 1640. *Cet Ouvrage eſt une imitation de Guzman*

Guzman d'Alfarache. La Justina est en femme ce que Guzman est en homme. On attribuë cet Ouvrage au Pere André Perez celebre Theologien de l'Ordre de Saint Dominique. Voyez Nicolas Antonio en sa Bibliotheque d'Espagne, Tome I. pag. 64.

Philallelia pro fide Amicorum reciproca, in 12. *Lugduni* 1647. Le Roman traite de l'amitié qui doit être entre les amis. Il est de Pierre André Pinto RAMIREZ celebre Theologien Portugais de la Compagnie de Jesus. Nicolas Antonio croit qu'il a été traduit d'un Roman François, qui paroit avoir pour titre *Miles & Amys.*

Agathe & Lucie, par Pierre CAMUS Evêque du Bellay, in 8. *Paris*.....

Agatonphile, ou les Martyrs Siciliens, par le même, in 8. *Paris* 1637.

Alcime, Relation funeste, par le même, in 12. *Paris* 1625.

Alexis, par le même, in 8. *Paris* 1632. 6 tomes en 3 volumes.

Amphitheatre sanglant, par le même, in 8. *Paris* 1630.

Aloph, ou le Paratre malheureux, Histoire Françoise, par le même, in 12. *Lyon* 1626.

Aristandre,

Aristandre, par le même, in 8. *Lyon* 1624.

Banquet d'Assuere, par le même, in 8. *Paris* 1638.

Bouquet d'Histoires agréables, par le même, in 8. *Paris* 1630. — *Rouen* 1639.

Callitrope, par le même, in 8. *Paris*.....

Casilde, ou le Bonheur de l'honnêteté, par le même, in 8. *Paris* 1638.

Clearque & Timolas, par le même, in 12. *Rouen* 1629.

Cleoreste, par le même, in 8. *Lyon* 1626. 2 volumes.

Damaris, ou l'implacable Maratre, Histoire Allemande, par le même, in 12. *Lyon* 1627.

Daphnide, ou l'integrité victorieuse, par le même, in 12. *Lyon* 1625.

Decades historiques, par le même, in 8. *Douay* 1633.

Diotrephe, Histoire Valentine, par le même, in 12. *Lyon* 1626.

Divertissemens historiques, par le même, in 8. *Paris* 1632.

Dorothée, par le même, in 8. *Paris* 1621.

Elise, ou l'innocente Victime, par le même, in 8. *Paris* 1621.

Entretiens

Entretiens historiques, par le même, in 8. *Paris* 1639.

Evenemens singuliers, ou Histoire diverses, par le même, in 8. *Paris* 1631. — & 1660. — *Lyon* 1638. — *Rouen* 1659.

Eugene, Histoire Grenadine, par le même, in 12. *Paris* 1623.

Flaminio & Colman, deux miroirs, l'un de la fidelité, l'autre de l'infidelité des Domestiques, par le même, in 12. *Lyon* 1626.

Hellenin & son heureux malheur, par le même, in 8. *Lyon* 2628.

Hermiante, ou les deux Hermites contraires, le Reclus & l'Instable, par le même, in 8. *Lyon* 1623.

Hermite Pelerin, par le même, in 8. *Paris*....

Honorat & Aurelio, évenemens curieux, par le même, in 8. *Rouen* 1628.

Hyacinthe, Histoire Catalane, par le même, *Paris* 1627.

Iphigene, par le même, in 12. *Lyon* 1625. 2 volumes.

Leçons exemplaires, par le même, in 8. *Paris* 1632.

Marianne, ou l'innocente Victime, par le même, in 12. *Paris* 1629.

Memoire

Memoire de Darie, par le même, in 8. *Paris* 1625.

Mémoriaux hiſtoriques, par le même, in 8. *Paris* 1643.

Obſervations hiſtoriques, par le même, in 8. *Roüen* 1632.

Occurrences remarquables, par le même, in 8. *Paris* 1628. — & 1638.

Palombe, ou la Femme honorable, par le même, in 8. *Paris* 1625.

Parthenice, ou peinture de l'invincible chaſteté, par le même, in 8. *Paris* 1637.

Pentagone hiſtorique, par le même, in 8. *Paris* 1631.

Petronille, accident pitoyable de nos jours, par le même, in 8. *Paris* 1610. — & *Lyon* 1626.

Pieuſe Julie, par le même, in 8. *Paris* 1625.

Poliſtore, par le même, in 8. *Paris*.....

Regule, Hiſtoire Belgique, par le même, in 8. *Lyon* 1627.

Relations morales, par le même, in 8. *Paris* 1631.

Le ſaint deſeſpoir d'Oleaſtre, par le même, in 8. *Lyon* 1624.

Spectacle d'horreur, par le même, in 8. *Paris* 1633.

des Romans.

Spéculations historiques, par le même, in 8. *Paris* 1643.

Speridion Anacorete de l'Apennin, par le même, in 8. *Paris* 1633.

Succès differens, par le même, in 8. *Paris* 1670.

Tapisseries historiques, par le même, in 8. *Paris* 1644.

Tours des Miroirs, par le même, in 8. *Paris* 1631.

Varietés historiques, par le même, in 8. *Paris* 1638.

Le goût des Romans étoit si fort enraciné dans l'esprit & dans l'imagination depuis le commencement du XVII. *siècle, qu'on ne vouloit lire autre chose. C'est ce qui engagea M. Pierre* CAMUS *Evêque du Belley à faire lui-même ce grand nombre de Romans qu'on vient de voir. Il les fit, non pour séduire les ames, il n'en étoit pas capable, mais pour les détourner des lectures dangereuses de ces sortes de Livres qui n'étoient point encore arrivés au point de perfection où on les a vus depuis. Cependant M. l'Evêque du Belley, malgré toute l'austerité de ses mœurs, n'a pu se dispenser d'y mettre des situations un peu tendres & peut-être trop délicates. Tous ces Romans sont aujourd'hui entierement oubliez. M. du Belley*

Belley étoit de la famille des *Camus de Pontcarré*, où la sagesse est hereditaire, & qui a produit & produit encore tous les jours d'illustres Magistrats, qui font honneur au Barreau.

Le Lycée du Sieur BARDIN, où il est traité des connoissances & des plaisirs d'un honnête homme, in 8. *Paris* 1632. 2 volumes.— Idem in 8. *Roüen* 1638. 2 volumes. *Ce Livre est à present oublié, & n'est connu que de ceux qui veulent connoitre les Ouvrages des premiers Academiciens.*

Macarise, ou la Reine des Isles fortunées, Histoire allegorique, contenant la Philosophie morale des Stoïques, sous le voile de plusieurs Avantures agréables en forme de Roman, par François HEDELIN Abbé d'AUBIGNAC, in 8. *Paris* 1664.— 1670.— & 1673. 2 volumes. *La Philosophie des Stoïciens n'étoit guere matiere à Romans ; elle est trop austere & trop triste pour entrer dans des Ouvrages qui doivent briller par la tendresse & l'enjoüement. Aussi faut-il avoüer que ce Livre, qui a eu autrefois quelque succès, est à peine connu des Litterateurs, & ne l'est point par les autres.*

Vie d'Armelle Nicolas, dite la bonne Armelle, in 12. *Amsterdam....*. C'étoit une *Dévote qui donnoit dans le sublime de la devotion.*

La Vie d'Antoinette Bourignon, in 8..... 2 volumes. *Cette fille étoit une espece de visionnaire qui a fait beaucoup de bruit en Hollande..*

La Vie de Madame J. M. B. de la Motte Guyon, écrite par elle-même, in 8. *Cologne* 1720. 3 tomes, 1 volum. *Cette Dame, qui avoit de l'esprit & de la naissance, a fait beaucoup de bruit dans le monde, sur-tout dans le tems que l'on examina les sentimens des Quietistes en France. Elle étoit comme à la tête de ce Parti ; non qu'elle fut de ces Quietistes charnels condamnez dans la personne de Molinos, qui en étoit le Chef; mais elle tenoit le premier rang parmi les Quietistes spirituels qui vouloient une plus grande perfection que le commun des Fidéles dans la maniere d'aimer Dieu. Elle a donné plusieurs autres Ouvrages, sur-tout un Commentaire sur la Bible. Cette Dame étoit un prodige pour la facilité du travail ; quand elle commençoit un Ouvrage, elle ne quittoit point la plume que l'Ouvrage ne fut achevé.*

Les Pensées du Solitaire, par DE-VAULX, in 8. *Paris* 1629. 2 volum.

Histoire de la Philosophie des Heros, nouveau Roman, par Demoiselle Geneviéve FOREST, in 12. Paris 1681. — & 1683.

Le Voyage du Chevalier errant, par Jean de CARTHEMI Dominicain, in 8..... *C'est un Roman où l'on fait entrer jusqu'aux Sept Pseaumes de la Penitence.*

Melanie, ou la Veuve charitable, Histoire morale, in 12. Paris 1729.

ARTICLE VII.

ROMANS

DE CHEVALERIE.

L'Ordre de Chevalerie, par Symphorien CHAMPIER, in folio Lyon..... gothique. *Ce Traité, qui est rare, fait voir comment on recevoit autrefois la Chevalerie, & peut encore servir à l'intelligence de ces Romans. Symphorien Champier, qui vivoit au commencement du XVI. siécle, étoit Medecin des Ducs de Lorraine, & nous avons de lui*
des

des Ouvrages sur des matieres historiques & dogmatiques.

L'Ordre de Chevalerie, composé par un Chevalier, lequel en sa vieillesse fut Hermite, in folio *Lyon* 1510. avec figures. *C'étoit le régal de l'ancienne Chevalerie de faire l'amour & de grandes actions lorsqu'ils étoient dans la vigueur de l'âge; mais pour passer d'une Chevalerie à l'autre, ils se faisoient Hermites dans la vieillesse. D'ailleurs ce Livre est assez rare.*

Theatre d'honneur & de Chevalerie, ou Miroir heroïque de la Noblesse, par Vulson de la COLOMBIERE, in fol..... 2 vol. *Paris* 1648. avec figures. *On trouve dans cet Ouvrage, qui n'est pas rare, mais qui est très-savant, un grand nombre de remarques nécessaires, non-seulement pour l'examen de la Noblesse, mais encore pour l'intelligence des anciens Romans de Chevalerie.*

L'Arbre des Batailles, par Honoré BONNOR Prieur de Salon, in folio *Lyon* 1481. — & in folio *Paris* 1493. *Il y a dans cet Ouvrage, qui n'est pas commun, bien des choses nécessaires pour l'intelligence de l'ancienne Chevalerie.*

Recuëil de divers Romans de Chevalerie,

valerie, in 4. *Paris* 1534. Savoir,
—— Miles & Amys.
—— Gallien Rhetoré.
—— Guillaume de Palerne & Melior.
—— Florent & Lyon.

Recuëil de divers Romans de Chevalerie, in 4. *Paris* 1584. Savoir,
—— Artus de Bretagne.
—— Tristan de Leonnois.
—— Meliadus, dit le Chevalier de la Croix.
—— Doolin de Mayence.
—— Olivier de Castille, & Artus d'Algorbe.
—— Robert le Diable.
—— Richard sans peur.

§. I.

ROMANS

DE CHEVALERIE
de la Table Ronde.

L'HISTOIRE ou Roman du Saint Greaal, qui est le fondement de la Table Ronde, où est traité de Lancelot du Lac, du Roy Artus & autres Chevaliers, translatée de rime en prose,

des Romans.

se, in folio *Paris Galliot du Pré* 1516. — & 1523. 2 tomes en 1 volume. *Ce Roman, qui est très-rare, se trouve beaucoup plus ample dans les Manuscrits.*

Le Roman des Chevaliers de la Table Ronde, in folio. *Manuscrit.*

Le Livre du Roy Artus, avec l'Histoire des autres Chevaliers de la Table Ronde, in folio. *Manuscrit ancien sans date.*

Le Conte du Papegaut, qui contient les premieres Avantures qui advinrent au bon Roy Artus, in 4. *Manuscrit.*

Le Roman du vaillant Chevalier Artus de Bretagne, in 4. *Paris* 1502. — & 1543.

Histoire de la Vie, Miracles, Enchantemens & Propheties de Merlin, in 4. *Paris*, par Antoine VERARD, 1498. 3 volumes. — Idem in folio, *Paris*..... 2 volumes, *en caractères gothiques. Livre rare, mais plus ample dans les Manuscrits que dans les Imprimés.*

L'Histoire de Merlin de la Table Ronde, qui parle de merveilleuses Avantures du monde, & comment Viviane l'enferma en une Tour fermée de l'air, où ledit Merlin est encore de present enfermé: Idem. Les Propheties de Merlin, in 4. *Paris*..... 3 tomes 1 volume.

Merlin l'Enchanteur, premier & second volume, par Robert de BOURRON. *Manuscrit qui est beaucoup plus ample que les Imprimés.*

Vita di Merlino, con le sue Prophetie, in 8. *in Venezia* 1554.

Les grandes Chroniques de Bretagne, depuis le Roy Brutus jusqu'à Cadvaladrus dernier Roy Breton, à Caën 1518. in folio. *Très-rare.*

L'antica Cronica della gran Bretagna nella quale sono contenuti piu nobili fatti di Cavalleria, in 8. *in Venetia* 1538.

Les grandes Chroniques de Bretagne, ou la très-élegante & plaisante Histoire de Perceforest Roy de la Grande Bretagne, in folio *Paris* 1528. — & 1531. 6 tomes en 2 ou 3 volumes. *Ouvrage très-recherché des Amateurs de ces sortes de Romans, très-ample & très-étendu ; mais cependant assez languissamment écrit & ennuyeux, malgré le nombre de batailles qu'on y voit.*

La diletteuole Historia del valoroso Persaforesto, Ré della Gran Bretagna, con i gran fatti di Gadifero Ré di Scotia, translata dal Francese in lingua

gua Italiana, in 8. *in Venezia* 1558. 4 volumes.

Les Devises & Armes des Chevaliers de la Table Ronde, qui étoient du tems du très-renommé & vertueux Artus Roy de la Grande Bretagne, in 16. *Lyon* 1590. *Ces Armes & les Devises font connoître tous les Chevaliers dont il est parlé dans les Romans de la Table Ronde, & se trouvent encore à la fin du Roman de Giron le Courtois.*

Le Roman de Lancelot du Lac, translaté du Latin par Robert de Borron (ou de Bourron) in folio *Paris Verrard* 1494. — & 1533. 3 volumes. — Idem in 4. *Paris* 1513. 2 ou 3 volum. *Ce Roman, le plus beau & le plus agréable de tous ceux de la Table Ronde, se trouve aussi Manuscrit dans quelques Cabinets & dans quelques Bibliotheques anciennes, & a encore été imprimé sous le Titre suivant :*

Histoire des Chevaliers de la Table Ronde, faisant mention de Lancelot du Lac, & d'autres Chevaliers de sa Compagnie, 3 tomes 1 volum. *Paris* 1533. in folio, *en gothique.*

Histoire de Gyron le Courtois, translatée de Branor LE BRUN, le vieil Chevalier, qui avoit plus de cent ans d'âge, d'âge, lequel vint à la Cour du Roy Artus, accompagné d'une Demoiselle pour s'éprouver à l'encontre des jeunes Chevaliers ; lesquels étoient les plus vaillans, ou les jeunes, ou les vieux ; & comment il abatit le Roy Artus & quatorze Rois qui en sa compagnie étoient, & tous les Chevaliers de la Table Ronde, de coups de lance : & traite ledit Livre de plus grandes Avantures que jadis advinrent aux Chevaliers errans, avec les Armes & Devises de tous les Chevaliers de la Table Ronde, in folio, *Paris..... Antoine Verard, gothique.*

——— Idem in fol. *Paris 1519. Ce Roman est un des plus curieux & des moins communs d'entre ceux de la Table Ronde.*

Girone il Cortese Poema de Luigi ALAMANNI, in 4. *in Vinegia 1549.* ——— & *in Firenze 1570.* in 4. *in Parigi 1548. Assez bon Poëte Italien : Cet Ouvrage est rare.*

Les faits & gestes du noble Roy Meliadus de Leonnoys, dit le Chevalier de la Croix, translatés du Latin par Rusticien de PUISE, in fol. *Paris 1532.*

Histoire du Prince de Meliadus, dit le Chevalier de la Croix, mise en François

çois par le Chevalier du CLERGE', in 4. *Paris* 1584. — in 8. *Troyes* 1612.

Histoire du très-vaillant, noble & excellent Chevalier Tristan, fils du noble Roy Meliadus de Leonnois, par LUCE, Chevalier, Seigneur du Château de Gast, in fol. *Roüen, pour Antoine Verrard de Paris* 1589. 2 tomes en 1 volum.

Le Roman de Tristan & de la belle Iseulte, traduit de rime Romande en rime Françoise, par Pierre SALA.

Nouveau Tristan Prince de Leonnois, Chevalier de la Table Ronde, d'Iseulte Princesse d'Irlande, Reine de Cornouaille, traduite en Francois par Jean MAUGIN, dit le petit Angevin, in fol. *Paris* 1554. & 1567.

—— Idem in 4. *Paris* 1586.

—— Idem in 16. *Lyon* 1577.

Le nouveau Tristan, traduit en François par Charles FONTAINE, in 8.... *Ce Charles Fontaine étoit un disciple de Clement Marot, auquel ce dernier adresse quelques Epigrammes; nous avons de lui un Art poëtique François & quelques Poësies.*

Libro del Esforçado Cavallero D. Tristan de Leonisy de su grandes hechos en armas, in fol. *en Sevilla* 1528. *On dit que c'est une Traduction de Lan-*
gloise

glois faite par Philippe le Camus, de qui nous avons quelques autres Romans soit Espagnols, soit François.

Dell'opere magnanime dei due Tristan Cavalieri invitti della Tavola Rotonda, in 8. *in Venetia* 1552. — & 1555. 2 volumes.

Isaye le Triste, fils illégitime de Tristan de Leonnois, in fol. *Paris* 1522.
——— Idem in 4. *Lyon & Paris*, gothique.

Le premier Livre de la délectable Histoire de Gerileon d'Angleterre, traduite en François par Estienne de la MAISON-NEUVE, in 8. *Paris* 1572. 2 tomes, 1 volume — & 1586. 2 tomes, 1 volume, — in 16. *Lyon* 1602.

La très-plaisante Histoire du preux & vaillant Guerin de Montglaire, & celle de Rabastre & Perdrigon, in fol. *Paris, caracteres gothiques.*
——— Idem in 4. *Paris, gothique.*

Le Roman du noble Roy Pontus, fils du Roy de Gallice & de la belle Sidoine fille du Roy de Bretagne, in 4..... *en Lettres gothiques.*

Histoire de Perceval Legalois, Chevalier de la Table Ronde, lequel acheva les Avantures du Saint Graal,

avec

avec aucuns faits du Chevalier Gauvain, tranflatée de rime de l'ancien Auteur nommé MENESSIER en profe & langage moderne, in folio *Paris 1530. en caractere gothique.*

Memorias das proefas da fegunda Tabola Rotonda, in 4. *em Coimbra 1567. Ce Roman Portugais, qui eft anonyme, eft extrêmément rare en France.*

Conquête de la très-douce Mercy au Cœur d'amours épris, en fuivant les termes de la Conquête du Saint Graal, par RENE' D'ANJOU Roy de Sicile, in folio, *Manufcrit.*

§. I I.

ROMANS

DE CHEVALERIE
de Charlemagne & des douze Pairs de France.

Recueil de Romans de Chevalerie in 4. *Lyon 1597.* Savoir,
—— La Conquête du grand Charlemagne, avec les faits & geftes des douze Pairs de France & du grand Fierabras.

——Hi-

—— Histoire de Maugis d'Aigremon & de Vivian son frere.

—— Les quatre Fils-Aymon.

Recueil de divers Romans de Chevalerie, in 4. *Troyes 1606.* Savoir,

——Ogier le Danois.

—— Morgant le Geant.

—— Gallien Restauré.

TURPINUS de Vita Caroli Magni & Rolandi, *imprimé par Simon* SCHARDICUS *dans sa Collection intitulée* Germanicorum rerum quatuor vetustiores Chronographi, in folio *Franco-Furti 1556. Ce Roman n'est pas de Turpin Archevêque de Reims mort en 788. ainsi long-tems avant Charlemagne; mais il est du onziéme siécle. Quelques-uns croient qu'il vient d'Espagne; d'autres prétendent qu'il a été fait à Vienne en Dauphiné; mais quelque part qu'il ait été fabriqué ce n'est qu'un Roman, qui a néanmoins servi de fondement à tous ceux qu'on a publié depuis sur Charlemagne, Rolland, Renaud & les prétendus Pairs de France.*

TURPIN OU TILPIN, Chronique & Histoire, contenant les proüesses & faits d'armes du Roy Charlemagne & de son neveu Rolland, traduite du Latin en François par Robert GA-
GUIN,

GUIN, in 4. *Paris* 1527. in 8. *Lyon* 1583. *Il y en a encore plusieurs autres Editions.*

La Conquête du grand Roy Charlemagne des Espagnes, avec les faits & gestes des douze Pairs de France & du grand Fierabras, & le combat fait par lui contre Olivier, lequel le vainquit, in 4. *Roüen, ancienne Edition sans date,* — in 4. *Paris, vieille Edition,* — in 4. *Lyon* 1609.

Historia del Emperador Carlos Magno y de los doze Pares de Francia, por Nicolo de PIAMONTE, in folio *en Sevilla* 1528. *L'Auteur assure que de trois Livres dont son Ouvrage est composé, le premier est tiré du Latin, sans doute de l'Archevêque Turpin; le second d'une ancienne Poësie Françoise, & le troisiéme de Vincent de Beauvais en son* Speculum Historiale.

Batalla de Roncevalles de Francisco GARRIDO, in 4. *en Toledo* 1583. *C'est dans la fameuse Bataille de Roncevaux donnée en* 778. *que le celebre Rolland neveu de Charlemagne fit de si grands prodiges de valeur, lorsque les Gascons attaquerent l'arriere-garde de l'armée Françoise, que l'Histoire & les Romans n'ont pû s'empêcher d'en faire un de leurs plus grands Heros.*

El Enamoramiento del Emperador Carlos nel qual se trata de las estrañas proesas y altos hechos del Valiente, y muy nombrado Cavallero Renoldos de Montalvan, in fol. *en Sevilla* 1535.

Espejo de Cavallerias, en el qual se trata delos hechos de Conde Don Roldan y de Don Reynaldos de Montalban, in fol. *en Sevilla* 1533. — & 1536. en 2 Tomes ou Parties.

La Conquête de l'Empire de Trebisonde, par Regnaud de MONTAUBAN, in 4. *Paris*.... *gothique*.

Orlando Enamorado, Espejo de Cavallerias de los hechos del Conde Roldan, Reynaldos de Montalban y otros, por Pedro de REYNOSA, in folio, *Medina del Campo* 1585. — & 1586 en 3 Parties.

Antoine GUERSIN, Histoire de Rolland, de Regnault & de Roger, in fol. *Lyon* 15...

Libro del noble y efforzado Cavallero Renaldos de Montalvan, traduzido de la Lingua Toscana en Castellana, por Luys DOMINGOS, in fol. *en Sevilla* 1525. — & in fol. *en Salamanca* 1526.

Renaud l'Amoureux, Histoire précedente, celle de Rolland l'Amoureux &

& le Furieux, imité de l'Italien de Torquato Taſſo, par le Sieur de la Ronce, in 8. *Paris 1620.*

Les Avantures de Renaud & d'Armide, in 12. *Paris 1678.*

La Trapeſonda que es tercero Libro de Don Renaldos y de la Penitencia, y fine de ſu vida, in folio, *en Sevilla*.....

La Treponſada que es l'Hiſtoria de Don Renaldos de Montalvan, Emperador de Trapeſonda, in fol. *en Toledo 1558.*

Le prime Impreſe del Conte Orlando di Lodovico Dolce, in 4. *in Venetia Geolito 1572.* Poëme curieux & peu commun.

Orlando Innamorato di Matteo Maria Boyardo Conte di Scandiano, con y trè Libri 4. 5. & 6. di Nicolo de gli Agoſtini, in 4. *in Venezia 1539.*
— 1544.

—— Il medeſimo in 4. *in Venetia 1553.* Cette derniere Edition procurée par le Domenichi eſt la plus eſtimée & la plus rare. Ce ſont les folies amoureuſes de Rolland, comme l'Orlando furioſo ſont ſes fureurs martiales. C'eſt un Poëme ou Roman fort celebre.

Orlando innamorato. Compoſto già
da

da Matteo Maria BOYARDO & rifatto di nuovo da Francesco BERNI, in 4. *in Venegia Giunti* 1541. — *Milano* 1542. — *Venezia Giunti* 1545. *Cette derniere Edition de* 1545. *est extraordinairement rare, même en Italie, & c'est aussi la plus estimée des Connoisseurs.*

Rolland l'Amoureux, contenant ses valeureux faits d'armes & d'amour, traduit de l'Italien de Matthieu-Marie BOYARDO Comte de Scandian, par Jacques VINCENT, in fol. *Paris* 1549. — 1550. — & in 8. *Paris* 1574.

Rolland l'Amoureux, traduit de l'Italien par François de ROSSET, in 8. *Paris* 1679.

Rolland l'Amoureux, traduit de l'Italien de Comte Matteo Maria BOYARDO, par Mr le SAGE, in 12. *Paris* 1717. — 1720. — 1721. 2 volumes.

Orlando Furioso di Lodovico ARIOSTO, in 4. *in Venetia Aldo* 1545. *Edition très-rare, très-belle & très-estimée. On sçait que cet Ouvrage si celebre n'est pas moins un Roman qu'un Poëme heroïque du plus grand Poëte que l'Italie ait produit. L'Arioste y décrit les fureurs de Rolland, l'un des Generaux de Charlemagne. C'est l'Homere de l'Italie. Mais* ce Poëme, quoique celebre, ne laiſſe pas d'avoir ſes défauts.

—— Il medeſimo, in 4. *in Venetia per gli Eredi di Valgriſi* 1580. *Belle & bonne Edition.*

Orlando Furioſo di Lodoico Arioſto, con alcune Stanze & cinque Canti, del medeſimo, in 4. *in Venegia Giolito* 1550.

—— Il medeſimo adornato di figure, da Girolamo Porro, in 4. magno, *in Venetia* 1584. *Cette Edition de l'Arioſte eſt la plus belle, la plus rare & la plus eſtimée, tant pour les notes que pour la correction & les figures.*

Orlando Furioſo de Luis Arioſto traduzido en Romance Caſtellano, por Hieronimo de URREA, in 4. *en Leon* 1556.

—— El miſmo, in 4. *en Bilbao* 1583.

—— El miſmo, in 4. *en Toledo* 1586.

—— El miſmo, in 4. *en Amberes* 1558.

Segunda Parte de Orlando Furioſo, Con el verdadero ſuceſſo de la Batalla de Roncevalles, fin y muerte de los doze Pares de Francia en Libros xxxv. por Nicolas ESPINOSA, in 4. *en Amberes* 1557. *Livre aſſez rare.*

—— El miſmo, in 4. *en Alcala* 1579. *Ouvrage d'un aſſez bon Poëte du Réigne*

gne de l'Empereur Charles-Quint.

Rolland le Furieux, traduit en vers François par Guillaume LANDRÉ.

Rolland le Furieux, traduit en François par Jean DESGOUTTES, in fol. *Lyon* 1543. — in 8. *Lyon* 1580. — & in 8. *Paris* 1582.

Rolland le Furieux, traduit en François par Jacques VINCENT, in fol. *Lyon* 1544.

Rolland le Furieux de l'Arioste, traduit en François par Jean MARTIN, in.... *Paris* 15...

Rolland le Furieux, traduit en François par Jean BOISSIERE, in 8. *Lyon* 1580.

Le divin Arioste, ou Rolland le Furieux, traduit de l'Italien, avec la suite, par François de ROSSET, in 4. *Paris* 1615.

Arioste Moderne, ou Rolland le Furieux, in 12. *Paris* 1685. 4 tomes en 2 volumes.

Arioste moderne, ou Rolland le Furieux, in 12. *Paris* 1720. 2 volumes. — *Paris*..... 2 volumes. *Ce dernier Ouvrage est moins une Traduction qu'un Abregé de l'Original Italien, dont on a retranché plusieurs choses. C'est ce qui fait toujours rechercher les anciennes Tradu-ctions.*

tions, qui étant plus litterales, representant mieux le caractere de l'antique Chevalerie; quoique d'ailleurs nous n'ayons pas de bonne version de ce Poëme.

Ortando Bandito, in 4. . . .

La continuazione di Orlando Furioso, con la Morte di Ruggiero di Sigismondo PAOLUCCI Filogenio Cavaliero, e Conte Palatino, in 4. . . . . 1543.

Vendetta di Rugiero, o continuatione dell' Ariosto da Gio Batt. PESCATORE, in 4. *in Venetia* 1557.

La suite de Rolland le Furieux, ou la mort de Roger, traduite de l'Italien de Jean-Baptiste PESCATORE par Gabriel CHAPUYS, in 8. *Lyon* 1582.

Astolfo Borioso, che segue la morte di Ruggiero Poema di Marco GUAZZO, in 4. *in Venetia* 1549. — & 1623. *Peu commun.*

Innamoramento de Ruggeretto o figlio di Ruggero Re de' Bulgari, per Pamfilio RINALDINI, in 4. *in Venezia* 1555.

Histoire du noble & vaillant Chevalier Regnault de Montauban, ou Histoire des quatre Fils-Aymon, presentée à Charlemagne, in fol. *Paris, sans date.* Rinaldo

Rinaldo appaſſionato nella quale ſe contienne molte bataglie de arme & d'amore, in 8. *Vinegia* 1538. *Très-rare.*

Angelica innamorata di Vincenzio BRUGIANTINO, in 4. *in Venegia* 1553.

L'Angeleida di Eraſmo VALVASONE, in 4. *in Venetia* 1590.

Le Roman des quatre Fils-Aymon & de Renaud de Montauban, in 4. *Paris* 1508. — in 4. *Lyon* 1573. — & 1583.

Hiſtoire des quatre Fils-Aymon & de leur couſin le ſubtil Maugis (lequel fut Pape de Rome) enſemble de Mabrian Roy de Jeruſalem & de l'Inde la majeure, in fol. *Paris* 1525.

Le Roman de Fierabras, in 4. *gothique.*

Les proüeſſes & faits merveilleux du noble Huon de Bordeaux, Pair de France, Duc de Guyenne, in 4. *Paris, gothique.* — in 4. *Lyon* 1586.

Hiſtoires des nobles proüeſſes & vaillances de Galien Reſtauré, fils de noble Olivier le Marquis, de la belle Jacqueline fille du Roy Hugon Empereur de Conſtantinople, in fol. *Paris* 1500. — 1546. — in 4. *Lyon* 1575. — & 1489. — in 4. *Troyes* 1660.

Ogier

Ogier le Danois, in 4. *Paris.....
gothique.*

L'Histoire du Preux Meurvin fils d'Ogier le Danois, in 4. *Paris 1539.* —— & in 8. 1540.

Histoire du preux & vaillant Doolin de Mayence, en son tems la fleur des Chevaliers François; ensemble les prouësses & hauts faits d'armes de Charlemagne Roy de France & autres Chevaliers, in fol. *Paris 1501.*

—— Idem in 4. *Paris, gothique.*

—— Idem in 4. *Roterdam 1604.*

Histoire & ancienne Chronique de Gerard d'Euprates Duc de Bourgogne, fils de Doolin de Mayence, in fol. *Paris 1545.* —— & *1549.* —— Idem in 8. *Lyon.....*

Histoire du Chevalier Theseus de Conlogne, par sa prouësse Empereur de Rome, & aussi de son fils Gadifer Empereur de Grece & des trois Enfans dudit Gadifer, traduite de vieille rime picarde en prose françoise, in fol. *Paris 1534.* 2 tomes en 1 volume.

—— Idem in 4. *Paris..... en caractere gothique.*

Valentin & Orson, in 4. *Paris.....
gothique.* —— Idem in 8. *Lyon 1605.*

Il Morgante Maggiore di Luigi Pulci,

PULCI, in 4. *in Venetia* 1554. Bonne Edition.

—— Il medef. in 4. *in Fiorenza* 1574. *Il y a d'autres Editions plus antiques de ce Poëme romanesque, & même en caracteres gothiques; mais celles que j'indique sont très-bonnes & très-estimées, sur-tout celle de* 1554. *plus recherchée des Connoisseurs que celle de* 1574.

Historia del valiente y esforzado gigante Cuyo nombre es Morgante, y Roldan y Reynaldos, in fol. *en Valencia* 1533. —— & 1535. 2 volumes.

—— La misma in fol. *en Sevilla* 1550. *C'est une Traduction du Poëme de Louis Pulci donnée par Jerôme* AUNER *savant Espagnol du* XVI. *siécle.*

Morgant le Geant, traduit de l'Italien, in 4. *Paris..... gothique.*

—— Idem in 4. *Lyon..... gothique.*

Los cinquo Libros de Tirante el Blanco de Roca Salada, in fol. *en Valladolid* 1511. *C'est un des plus estimés d'entre les Romans de la Chevalerie Espagnole.*

Tirante il Bianco valorosissimo Cavaliere, tradotto dal Spagnuolo nell' Italiano, da Lelio di MANFREDI, in 4. *in Venegia* 1538. —— & in 8. *in Venetia* 1566. 3 volum. —— & 1611. 3 vol.

Historia

Historia del Cavaliere Guerino detto il Meschino, in fol. *in Padoa* 1473.

——Idem in fol. *in Venetia* 1477. *Ce Roman, qui est curieux & singulier, & même très-rare, a été imprimé sous les Titres suivans :*

—— Li fatti di Carlo Magno e de suoi Paladini in ottava rima, in fol. *in Venetia* 1481.

—— Il Meschino o il Guerino Poema di TULLIA d'ARAGONA, in 4. *in Venetia* 1560. *Poëme romanesque assez rare & fort estimé par les plus habiles Litterateurs d'Italie.*

—— Guerino detto il Meschino, nel quale si tratta Come trovó suo padre e sua madre in la Città di Durazzo in prigione, in 4. *in Milano* 1520. —— & in 8. *in Venetia* 1647.

—— La très-joyeuse, plaisante & récreative Histoire des faits, gestes, triomphes & proüesses du Chevalier Guerin, dit Mesquin, Prince de Tarente & Roy d'Albanie, lequel se trouva en plusieurs grandes batailles & assauts, où il fit des merveilleux faits d'armes : Item. Comment il fut aux arbres du soleil & de la lune, & les conjura : Item. Comment il alla au milieu des montagnes d'Italie, où il trouva la belle Sybille en vie, & comment ils eurent plusieurs propos ensemble : Item. Comment il fut transporté par les Diables au Purgatoire, où il vit choses merveilleuses, traduite de l'Italien par Jean de CUCHERMOIS, in 4. *Lyon* 1530. — Idem in 4. *Paris* 1532. *en lettres gothiques. Il n'y a de traduit que le premier Livre de ce Roman, fort extraordinaire & rempli d'imaginations bizares & grotesques.*

Histoire du preux & vaillant Guerin de Montglaive, in 4. *Paris chez Alain Lotrian, gothique. Roman de Chevalerie sur le Régne de Charlemagne.*

Cronique & Histoire du preux Chevalier Mabrien Roy de Jerusalem, qui comprend le reste des faits & gestes des quatre Fils-Aymon, traduit du vieil langage en vulgaire françois, in fol. *Paris* 1525. — & in 4. *Paris.... caracteres gothiques.*

Histoire de Maugis d'Aigremont & de Vivian son frere, in 4. *Paris* 1527. — & 1584.

Le triomphe des neuf Preux, auquel sont contenus tous les faits qu'ils ont achevé durant leurs vies, avec l'Histoire de Bertrand du Guesclin, in fol. *Abbeville* 1487.

Les neuf Preux & leurs triomphes, in fol. *Paris* 1507.

§. III.

ROMANS

DE CHEVALERIE
d'Amadis & la suite:

Espagnols.

LOs quatro Libros del Cavallero Amadis de Gaula, con Estampas, in fol. *en Sevilla* 1526. —— & 1552. —— & *Salamanca* 1575.

—— El mismo in folio, *en Venetia* 1533. L'Auteur des quatre premiers Livres d'Amadis est inconnu; on doute même s'ils sont d'origine Espagnole, ou si ce n'est pas une Traduction du Flamand, ou du Gaulois. Ces quatre Livres ont été corrigés & mis en meilleur Langage Espagnol par *Garcias* ORDOÑEZ DE MONTALBO *Auteur du cinquième Volume qui suit & qui fit imprimer en même-tems les quatre premiers à Seville.*

Quinto Libro de Amadis de Gaula, o las Sergas (ou Ergas) del Cavalle-

ro Esplandian hijo de Amadis de Gaula, por Garcias ORDOÑEZ DE MONTALBO, in fol. *en Sevilla* 1526. *Cet Ouvrage d'Ordoñez de Montalbo est encore imprimé sous le Titre qui suit :*
—— El ramo que de los quatro Libros de Amadis de Gaula sale, Llamado las Sergas del Cavallero Esplandian hijo del Rey Amadis de Gaula, in fol. *en Sevilla* 1542. —— *en Zaragoça* 1587. —— *en Alcala* 1588. *Nicolas Antonio avoüe qu'il n'entend pas le mot de* las Sergas, *qui n'est point Espagnol, non plus que celui de* las Ergas, *à moins que ce dernier ne signifie de grandes actions, alors ce seroit un mot grec qu'Ordoñez auroit accommodé à l'Espagnol.*
—— Sexto Libro de Amadis el qual trato de los grandes fechos del muy valiente Cavallero Florisando, in fol. *en Salamanca* 1510. —— *en Sevilla* 1526. *L'Auteur de ce Volume se nommoit Pelage de* RIBERA.
—— Chronica de los famosos esforçados Cavalleros Lisuarte de Grecia hijo d'Esplandian Emperador de Constantinopla y de Perion de Gaula hijo del valiente y esforçado Cavallero Amadis de Gaula, Rey de la Gran Bretania, en laqual se hallava el estraño nascimento

mento del Cavallero del ardente Espada, in fol. *en Sevilla* 1525. —— *en Toledo* 1539. —— *en Lisbona* 1587. —— *& en Zaragoça* 1587. *L'Auteur de ce volume est anonyme.*

—— El octavo Libro de Amadis, que trata de las estrañas aventuras y grandes proesas de l'invicto Cavallero Liswarte y de la muerte del inclito Rey Amadis, in fol. *en Sevilla* 1526. *L'Auteur de ce volume se nommoit Jean* DIAZ *Bachelier en Droit canonique.*

—— Amadis de Grecia hijo de Don Liswarte y los hechos de Don Florisel de Niquea, o nono Libro de Amadis, in fol. *en Burgos* 1535. —— *& Lisbona* 1596.

—— El deceno Libro de Amadis que es la Coronica de Don Florisel de Niquea y Anaxarte hijos de Amadis de Grecia, emendada del stilo antiguo segun que la escrivio Cirfea Reina de Argivès, por el muy nobile Cavallero Feliciano de SILVA, in fol. *en Valladolid* 1532. —— *en Lisbona* 1566. —— *en Zaragoça* 1568. —— & 1584 4 volumes.

—— El onzeno Libro de Amadis de Gaula, que es la tertia parte de la Coronica de Don Florisel de Niquea, en laqual se trata de Don Rogel de Grecia

cia y Agesilas de Colchos hijos de Don Florisel de Niquea, in fol. *en Sevilla* 1536. — & 1546. — & *en Evora* 15...

——— El dozeno Libro de Amadis, en el qual se trata delos hechos de Amadis de Grecia, llamado el Cavallero de la ardente Spada, in folio primera y segunda Parte.

——— El decimo tertio Libro de Amadis, que contiene los hechos de Silvio de la Silva hijo de Amadis de Grecia, in folio.....

Nicolas Antonio paroit ne pas connoitre d'autre suite des Amadis que ces treize Livres: cependant nous en avons en François 24 volumes traduits de l'Espagnol, à ce que disent nos Auteurs, sans y comprendre quelques-autres qui sont doubles & qui sont originairement François.

——— La primera Parte de la quarta de la Coronica del Excellentissimo Principe Don Florisel de Niquea que fue escrita en Griego, por GALERSIS, y sacada en Latin, por PHILASTES COMPANEO, in fol. *en Salamanca* 1551. *C'est l'Histoire de Don Rogel de Grece.*

——— Libro segundo de la quarta y gran Parte del excellente Principe Don Florisel de Niquea, en que se trata
principal-

principalmente de los amores del Principe Don Rogel y de la muy Hermosa Archisidea, in folio, *en Salamanca* 1551.

—— La tertia Parte de la quarta de la Coronica de l'excellente Principe Don Florisel de Niquea en que se trata de los hechos de Don Silvis de la Silva, in fol. *en Salamanca* 1551.

Libro del valeroso Principe Don Belianis de Grecia, sacada del Griego, en que fue escrita por el Sabio FRISTON, in fol. *en Amberes* 1564. *Ouvrage estimé par les habiles Connoisseurs en ce genre de litterature.*

Libro del famoso Cavallero Palmerin de Oliva y de sus grandes fechos in armas, in fol. *en Venezia* 1526. — 1576. —— & *en Toledo* 1580. *L'Ouvrage est anonyme; on sçait seulement qu'il est d'une Dame d'esprit Espagnole ou Portugaise; c'est ce qui n'importe en rien dès qu'on en ignore le nom.*

Los tres Libros del muy esforzado Cavallero Primaleon y Polendos su Hermano, hijos del Emperador Palmerin de Oliva, traduzidos da Griego en Romance Castellano, y corregidos por Franc. DELICADO, in fol. *en Venezia* 1534.

Historia del'invincible Cavallero Don Polindo, hijo del Rey Paciano, Rey de Numidia y de sus amores de la Princessa Belisia, in fol. *en Toledo* 1526.

Los quatro Libros del valerosissimo Cavallero Felix Magno, hijo del Rey Falangrio de la Gran Bretana y de la Reyna Clarinea, in fol. *en Barcelona* 1531. — in fol. *en Sevilla* 1549.

Libro del famosissimo y muy valeroso Cavallero Palmerin de Ingalaterra, hijo del Rey Don Duarte, in folio..... *Le Roman passe pour le plus parfait de ceux qui ont paru sur l'ancienne Chevalerie romanesque ; on le croit composé par un Roy de Portugal.*

Historia del muy valiente y esforzado Cavallero Platir hijo del Emperador Primaleon, in fol. *Pinta* 1533. *Auteur anonyme.*

Los quatro Libros del valeroso Cavallero Don Cirongilio de Tracia, hijo del noble Rey Elesfron de Macedonia, por Bernardo de VARGAS, in fol. *en Sevilla* 1545. *L'Auteur dit impunément, selon l'usage de son tems, que ce Livre fut fait d'abord en Grec, puis en Latin, & qu'il n'en a été que le Traducteur ; mais seroit bien sot qui l'en croiroit sur sa parole.*

Libro

Libro primero del invincible Cavallero Lepolemo hijo del Emperador de Alemaña y delos hechos, que hizo llamadofe el Cavallero de la Cruz, in fol. *en Toledo 1563.*

Hiftoria del valiente Cavallero Florambel de Lucea hijo del Rey Florineo de Efcocia, in folio.....

Hiftoria del valerofo Cavallero Polifman......

Hiftorias de los nobles Cavalleros Oliveros de Caftilla, y Artus de Algarbe, in fol. *en Valladolid 1501.* — in fol. *en Sevilla 1507.*

Efpejo de Principes y Cavalleros, o amores de Cavallero de Febo, y de fu Herman Roficler, por Diego Ortuñez, in fol. *en Zaragoça 1580.* — & 1617. 2 volumes. *Il paroit que Nicolas Antonio voudroit donner cet Ouvrage à Don Hurtado de Mendoça, & dans un autre endroit il femble le donner à Don Pedro de la Sierra; mais quoique l'Ouvrage foit très-eftimé, il importe peu dans le doute de favoir qui en eft le pere.*

Tercera y quarta Parte del Efpejo de Principes y Cavalleros, donde fe cuentan los altos hechos de los hijos y Nietos del Emperador Trebacio con las

Cavallerias de las belicofas damas, por Marcos MARTINEZ; la quarta Parte por Feliciano de SILVA, in fol. *en Alcala* 1589. — & *en Zaragoça* 1623. *C'eſt une ſorte de ſuite des Amadis. Don Nicolas Antonio, qui n'avoit pas une exacte connoiſſance des Romans de ſa Nation, doute s'il ne faut pas diviſer cet Ouvrage en deux, parce qu'il l'avoit trouvé ſans doute énoncé en divers Catalogues, ſous des Titres plus ou moins étendus.*

Chronica de los Cavalleros Don Chriſtalian de Eſpaña y de Don Luzeſcanio, ſu Hermano, hijos del Emperador Lindelel; in fol. *en Valencia* 1545. 4 Part. 2 volum. — & in folio *Alcala* 1566. 4 Part. 2 vol. *Ce Roman vient de Doña Beatrix* BERNAL, *Dame de mérite, mais qui n'eſt connuë que par cet Ouvrage.*

Libro primero del esforzado Cavallero Don Clarian de Landanis hijo del noble Rey Lantedon de Suecia, in fol. *Sevilla* 1527.

Libro ſegundo de Don Clarian y de ſu hijo Floramente de Coloña, por Geronimo LOPEZ, in fol. *en Sevilla* 1550.

Cronica del valentiſſimo Cavallero Lidaman de Ganaïl hijo de Rivamonde de Ganaïl y de la Princeſſa Daribes, en qual ſe cuentan las proeſas de los Cavalleros de la Corte del Emperador Don Clarian nuevamente, tranſladada de Aleman en vulgar Caſtellano, por Geronimo LOPEZ, in fol. *en Liſbona* 1528. — & *Toledo* 1528. *C'eſt la quatriéme Partie du Roman de Don Clarian de Landanis.*

Hiſtoria del valeroſo Cavallero Lydamor de Eſcocia, por Maeſtro Juan de CORDOUA, in fol. *en Salamanca* 1539.

Hiſtoria de Henrique hijo de Don Oliva Rey de Geruſalem y Emperador de Conſtantinople, in 4. *en Sevilla* 1533.

Los famoſos hechos del Principe Don Celidon de Ibernia, por Gonzalez GOMEZ DE LUQUE, in 8. *en Alcala* 1584. *C'eſt un Poëme heroïque ou Roman de Chevalerie.*

Don Clarinel de las Florès, por Geronimo de URREA, in fol. *en Zaragoça*..... 3 volum. *Ouvrage fait à l'exemple des Amadis par Jerôme de Urrea, qui étoit un rejetton enté ſur l'illuſtre Maiſon d'Aranda en Arragon. C'eſt dire d'une maniere indirecte qu'il n'étoit pas tout-à-fait légitime; mais ſans doute*

que sa posterité le sera devenuë. Le mê‑
me Auteur a fait encore un Roman sous
le Titre de la Famosa Epila.

Historia del Principe Felix Marte de
Hircania, por Don Melchior de Or‑
tegua, in fol. *Pinciæ* 1556.

AMADIS ITALIENS.

Quatro Libri d'Amadis di Gaula,
tradotti dal Spagnolo in Italia‑
no, in 8. *in Venetia* 1581.

—— Splandiano e le sue prodezze, le‑
quali seguono i quatro Libri de Ama‑
dis de Gaula suo Padre, in 8. *in Ve‑
nezia* 1560.

—— Aggiunta al quarto Libro dell'
Historia d'Amadis de Gaula, in 8. *in
Venetia* 1609.

—— Historia & gran prodezze in arme
di Don Florizando, in 8. *in Venezia* 1551.

—— Lisvarte di Grecia Figlivolo del
Imperatore Splandiano, in 8. *in Ve‑
nezia* 1567.

—— L'Historia di Amadis, de Gre‑
cia, Cavallier dell' ardente Spada,
tradotta dal Spagnolo da Michiele
Tramessino, in 8. *in Venetia* 1565. ——
1592. —— & 1606. 3 tom. 1 volum.

—— L'Historia de Don Florisel de Ni‑
quea

quea e Anaſſarte Figlivoli del gran Principe Amadis di Grecia, tradotta dal Spagnolo, in 8. *in Venetia* 1575. — & 1609.

—— L'Amadigi di Bernardo TASSO, in 4 *in Venetia Giolito* 1560. *Poëme romanesque extrêmement rare.*

—— L'Hiſtoria di Don Floriſello de Niquea, Libro III. in 8. *in Venezia....*

Il Palmerino de Oliva, da Lodovico DOLCE, in 4. *in Venezia* 1561.

Primaleone de' valeroſi geſti di Primaleone, di Polindo, ſuo Fratello, & di molti altri Cavallieri Stranieri, tradotto in volgare, in 8. *in Venezia* 1597. 3 volumes. *On prétend que le Traducteur eſt Mambrino Roſeo, connu par d'autres Ouvrages Italiens beaucoup plus ſérieux.*

Il Primaleone ridotto, in ottava rima, da Lodovico DOLCE, in 4. *in Venezia* 1597.

Palmerino d'Inghilterra, tradotto di Spagnolo in Italiano, in 8. *in Venezia* 1555. 3 volumes —— 1584. —— 1609. 3 volumes.

Hiſtoria del invitto Cavaliero Platir Figlivolo del Imperador Primaleone, in 8. *Venetia* 1559.

Hiſtoria

Historia di Polisman, tradotta dal Spagnolo, in 8. *in Venezia* 1573.

Historia del Cavaliero della Croce, tradotta di Spagnolo nella Lingua Italiana, in 8. *in Venezia* 1580.

Historia del Cavalier Flortir Figlivolo dell' Imperator Platir dove si ragiona de' suoi valorosi gesti & amori, in 8. *in Venezia* 1580. 2 volum. —— 1608. 2 volumes.

Floridante Poema non finito di Bernardo TASSO, in 4. *in Bologna* 1587. *Ce Poëme ou Roman, qui est imparfait, fut imprimé après la mort du Tasse par les soins du Torquato Tasso son fils.*

Historia di valoroso Principe Sferamonte de Grecia, tradotta in volgare da Mambrino ROSEO, in 8. *in Venetia*..... 5 volumes.

AMADIS FRANÇOIS.

AMadis de Gaule, traduit de l'Espagnol en François par Nicolas de Herberai, Sr DESESSARTS, in folio *Paris* 1543. &c. 12 volumes, *qui se relient ordinairement en trois ou quatre.*

—— Idem in 8. *Paris* 1543. &c. 14 volumes. *Ce sont les quatorze premiers Livres*

vres qui font in 8. auſſi bien que les tomes 22, 23 & 24. les autres ont été faits feulement en forme in 16 ou in 18.

Amadis de Gaule, in 4. Anvers 1561. —— & 1574. 15 volumes, reliés ordinairement en 4 tomes. *Il n'y a dans cette forme que les quinze premiers Livres. L'impreſſion même en eſt trop menuë pour un volume in 4.*

Amadis de Gaule, *Lyon, Paris, Turin* & *Anvers* 1575. —— 1577. in 16. 21 volumes. *Plus, un volume fort gros qui ſe diviſe en deux Parties ſous le titre de* Treſor des Amadis, *in 16.*

Ce Treſor eſt un Recueil de toutes les Lettres & Harangues qui ſont contenuës dans les Amadis.

—— Idem, autre Verſion du Tome XVI. in 16. *Paris*.....

—— Idem, autre Verſion du Tome XIX. in 16. *Paris*.....

—— Idem, autre Verſion du Tome XX. in 16. *Paris*.....

Amadis Tome XXII. XXIII. & XXIV. in 8. *Paris*..... 3 volumes. *Ces trois derniers Volumes n'ont pas été imprimés en une autre forme.*

Jamais Roman n'a eu plus de vogue que celui des Amadis, il ſe ſoutient encore depuis près de deux cens ans, mal-

gré les changemens qui sont arrivés à notre Langue depuis le Régne de François I. que l'on a commencé à l'imprimer. Il faut avoüer aussi que c'est le meilleur de tous les Romans de Chevalerie, le plus amusant & le mieux écrit en son genre. Cependant il ne se soutient point également par-tout & commence fort à décliner au treiziéme volume. Néanmoins les volumes ne sont pas également recherchés. Nicolas Desessarts n'a traduit que les huit premiers ; comme c'étoit l'Ecrivain le plus poli de son tems, il releva encore par l'élegance & la pureté de son stile la consideration que l'on avoit pour cet Ouvrage.

Le Tome IX. est de Gilles Boilleau ou de Claude Collet ; car tous deux s'en sont dits les Traducteurs. Les X. & XIme sont de Jacques Gohorri, qui n'est pas moins Auteur que Traducteur, tant il s'est donné de licence. Le XIIme volume fut traduit en 1560. par Guillaume Aubert de Poitiers, Avocat en Parlement. Le XIIIme est encore de Jacques Gohorri. Les XV. XVI. XVII. XVIII. XIX. XX. & XXIme sont traduits de l'Espagnol par Gabriel Chapuis l'un des plus laborieux Ecrivains du XVI. siécle ; mais le Tome XVI. est double ; car

outre

outre la Version de Chapuis, Nicolas de Montreux Gentilhomme du Mans tira ce volume de son imagination, feignant néanmoins qu'il l'avoit traduit de l'Espagnol & le fit imprimer à Paris en 1577. & ce volume est assez rare. Voyez la Croix du Maine dans sa Bibliotheque Françoise. Il y a de plus deux Versions differentes du XIX. & du XX.me Volume des Amadis.

On trouve aussi une Traduction Allemande des Amadis en 30 volum. in 8.....

L'Amadis de Gaule de Pierre Marcassus, in 8. *Paris* 1629. *Mauvais Ecrivain.*

Histoire du très-vaillant & très-redouté Don Floris de Grece, surnommé le Chevalier des Cignes, second fils d'Esplandian Empereur de Constantinople, traduite du vieil langage en langue moderne, par Nicolas d'Herberay Sieur Desessarts, in fol. *Paris* 1552. — & 1555.

——— Idem in 8. *Paris* 1573.

L'admirable Histoire du Chevalier du Soleil, traduite du Castillan en François, par François de Rosset & Loüis Douet, in 8. *Paris* 1620. — & 1625. 8 volumes.

L'Histoire de Don Belianis de Grece,

ce, traduite de l'Espagnol par Cl. de BUEIL, in 8. *Paris 1625. Des quatre volumes que devoit avoir cet Ouvrage, il n'y a eu que le premier de traduit.*

Le Roman des Romans, ou la conclusion de l'Amadis du Chevalier du Soleil, & autres Romans de Chevalerie, par du VERDIER, in 8. *Paris 1626.* 7 volumes. *Quoique ce Roman ne soit pas aussi bien écrit que les Amadis, il ne laisse pas d'être recherché, parce que n'ayant, comme je crois, été imprimé qu'une fois, il est devenu très-rare ; s'il étoit réimprimé à peine le garderoit-on ; ainsi qu'on fait à des Livres beaucoup meilleurs.*

Histoire de Palmerin d'Olive fils du Roi Florendos de Macedone, & de la belle Griane fille de Remicius Empereur de Constantinople, traduite du Castillan par Jean MAUGIN, dit le petit Angevin, in folio, *Paris 1546.* — 1549. — 1553. — & 1586.

—— Idem in 8. *Paris 1573.* 2. volumes.

—— Idem in 16. *Lyon 1619.* 2 volumes.

Histoire de Primaleon de Grece fils de Palmerin d'Olive Empereur de Constantinople, traduit de l'Espagnol par François de VERNASSAL, tome I.

in folio, *Paris* 1530. — & 1550.

—— Idem in 8. *Paris* 1572. 2 volumes.

—— Du même Roman, le deuxiéme volume traduit par Guillaume Landré, in 8. *Paris* 1577. & in 16. *Lyon* 1580.

—— Du même Roman, tomes 3 & 4. traduits par Gabriel CHAPUIS, in 8. *Lyon* 1580.

—— Le même Primaleon de Grece entier, in 16. *Lyon* 1618. 4 volumes.

Histoire du preux Chevalier Palmerin d'Angleterre, fils du Roy Edouard, ensemble les Proüesses admirables des Princes Florian du Desert & Florendos fils de Primaleon de Grece, traduite du Castillan en François par Jacques VINCENT, in folio, *Paris* .... — & *Lyon* 1552. 2 tomes, 1 volume.

—— Idem in 8. *Paris* 1574. 2 volumes.

Histoire d'Olivier de Castille & Artus d'Algarbe, son loyal Compagnon & de Heleine fille au Roy d'Angleterre, & de Henry fils dudit Olivier, qui grands faits d'armes firent en leurs tems, translatée du Latin par

par Philippe Camus, in folio, *gothique.*

—— Idem in 4. *Lyon* 1546.
—— Idem in 4. *Paris* 1587.

Histoire Palladienne, traitant des gestes & faits d'armes & d'amours de Palladien fils du Roi Milanor d'Angleterre, traduite de l'Espagnol par Claude Collet, in folio, *Paris* 1555. Galehaut le Brun. *Manuscrit.*

§. IV.

AUTRES ROMANS de Chevallerie melangez Espagnols & Italiens.

Los famosos y eroycos hechos del invincible y esforçado Cavallero Onra y Flor de las Españas, el Cid Ruy Diaz de Bivar con los de otros Varones ilustres, por Diego Ximenez Ayllon, in 4. *Sine loco* 1568. —— *La même sous le titre suivant.*

Cronica del Cavallero el Cid Ruy Diaz Campeador, in 16. *Bruffellas* 1589. *Le Cid est cet illustre guerrier sur qui le grand Corneille a fait cette Piece admirable pour les sentimens, & qui a fait*

fait l'admiration de son tems ; jusqu'à faire dire proverbialement beau comme le Cid. *Ce Roman original n'est point à beaucoup près aussi parfait que la Piece de Corneille ; le Cid vivoit, à ce qu'on croit, au onziéme siecle. Le Catalogue de* M. PAW *d'Amsterdam marque une Edition de ce Livre in* 12. *Bruxelles de l'an* 1558. *Mais c'est peutêtre une faute de chiffre au lieu de* 1589....

Historia del noble Cavallero el Conde Fernan Gonzalez, con la muerte de los Siete Infantes de Lara, in 4.....

El esforçado Cavallero Alderique, in folio, *en Valencia* 1517.

Historia del Principe Don Policisne de Boecia hijo de Minandro, y Guemedela Reyes de Boecia, in folio, *Pinciæ* 1602.

Don Claribalte, Cavallero de la Fortuna, in folio, *en Valencia* 1519.

Historia Tragicomica de Don Henrique de Castro, en que se veen los prodigiosos effectos de l'amor y de la guerra, por Fr. LOUBAISSIN de la MARCA, in 8. en *Paris* 1617.

La Coronica de los notables Cavalleros Tablante de Ricamonte y
Jofre

Jofre hijo del Conde de Nason, sacada de las Coronicas Franceses, por Filippo CAMUS, in folio, *en Sevilla* 1629.

Chronica de los Cavalleros Tablante de Ricamonte y Jofre hijo del Conde Denason, por Nuño de GARAY, in 4....

Don Olivante de Laura, por Antonio de TORQUEMADA, in......
Nicolas ANTONIO *qui parle de ce Roman, n'en dit pas davantage que ce que j'en raporte ici.*

Cronica do Emperador Clarimondo donde os Reys de Portugal descendem, in folio....

Historia de los Bandos de los Zegries y Abencerrages, Cavalleros moros de Grenada, y las guerras Civiles que huva en ella; por Haben Amin ARAVIGO, natural de Grenada, in 8. *en Alcala* 1604. — *en Valencia* 1623. — *en Madrid* 1631. — & 1655. 2 tomes en un volume. *L'Auteur qui se nommoit Genez Perez de la Hita, voudroit persuader qu'il a traduit ce Livre de l'Arabe; mais ses Compatriotes même n'osent le croire. C'est à peu près ce que dit le celebre Nicolas* ANTONIO *dans sa Bibliotheque Espagnole.*

Vida

Vida y hechos del ingenioso hidalgo Don Quixotte de la Mancha, por Miguel de CERVANTES Saavedra, in 4. *Madrid 1605.* — *1608* — *1615.* *1647.* — *1655.* 2 volumes.

——— La misma in 8. *en Bruxellas 1611.* — *1616.* — *1617.* — *1662.* 2 volumes. *L'Edition de 1662. est la plus belle & la plus recherchée. On prétend néanmoins que les Editions faites en Espagne sont moins fautives, quoique moins belles; mais elles sont plus rares.*

——— La misma in 8. *en Amberes 1672.* — *1697.* 2 volumes.

——— La misma in 4. *Lisbona 1605.*

L'ingenioso Cittadino Don Chisciotte della Mancia, tradotto dal Spagnolo di Michel CERVANTES Saavedra, da Lorenzo FRANCIOSINI, in 8. *in Venezia 1622* — *& 1625.* 2 volum. *Il y en a aussi une Traduction Angloise imprimée à Londres en 1620.*

Histoire de l'ingenieux & redoutable Chevalier Don Guichotte de la Manche, traduite de l'Espagnol par François de ROSSET, in 8. *Paris 1618.* 2 volumes. *Traduction médiocre & qui n'est plus aujourd'hui recherchée que par quelques amateurs de certains vieux Livres.*

——— La même traduite de l'Espagnol par

par Cesar OUDIN, in 8. *Paris 1620.* 2 volum. *Passable, mais peu recherché.*

Histoire de l'admirable Don Guichot de la Manche, traduit de l'Espagnol en François (par M. Filleau SAINT MARTIN) in 12. *Paris 1679.* 4 volumes. *Cette Edition & les deux suivantes sont fort estimées.*

——— Idem in 12. *Paris 1695.* 5 volum.

——— Idem in 12. *Paris 1699.* 5 volum.

——— Idem in 12. *Paris 1700.* 7 volum.

——— Idem in 12. *Paris 1713.* —— 1717. 14 volumes.

——— Idem in 12. *Amsterdam 1696.* —— 1699. 5 volumes. *Ces deux Editions sont très-bonnes.*

——— Idem in 8. *Bruxelles 1706.* 2 volumes. *Belle & bonne Edition, avec des figures.*

Alonzo Fernandez de AVELLANEDA de l'ingenioso hidalgo Don Quixotte de la Mancha, in 8. *Tarragona 1614.*

Nouvelles Avantures de l'admirable Don Guichotte de la Manche, traduites de l'Espagnol d'Alonzo Fernandez de AVELLANEDA (par le Sr le SAGE) in 12. *Paris 1704.* —— & 1716. 2 volumes.

——— Idem in 12. *Bruxelles 1707.* 2 vol.

Le Desespoir amoureux, avec les nouvelles Visions de Don Guichotte de la Manche, Histoire Espagnole, in 12. *Amsterdam* 1715. 2 tomes en 1 volume.

L'Amore di Trolio & Griseïda, ove si tratta in buona parte la guerra di Troja, di Angelo Leonico, in 8. *in Venetia* 1553.

Tragici Auvenimenti di Amilcare di Cipri, Prencipe di Amatonta, descritti da lui & consecrati alla Bellissima Amaltea, tradotti di Lingua Greca nell' Italiana, da Fulvio de Rossi, in 8. *in Venetia* 1622.

Libro Chiamato Reali di Franza, nel quale si contiene la generatione di Tutti li Rè, Duchi Principi e Baroni di Franza e delli Paladini con le Battaglie da Loro Fatte, in 4. *in Venetia* 1537.

La nobile Historia del Felice Innamoramento del Delfino di Francia & di Angelina Loria nobile Siciliana, tradotta della Lingua Normanna nell' Italiana, da Giulio Philoteo di Amadeo Siciliano, in 8. *in Venetia* 1562. 3 volumes.

Il magno Vitei di Lodov. Arrivabene, o vero Narratione delle alte Cavallerie del glorioso Vitei primo

Rè della China, in 4. in *Verona* 1597.

Historia del Cavalliere Perduto di Pace PASINI, in 4. *in Venetia* 1644.

La Vie de l'Empereur Maximilien premier, écrite par lui-même en rime allemande sous ce titre : Les Avantures périlleuses & l'Histoire du loüable & vaillant Chevalier Tewrdannckh, ornée de figures en bois d'Albert Durer. *Imprimé à Augsbourg l'an* 1519. *in fol. Livre rarissime. Il est en Allemand & fut fait sous les auspices de cet Empereur par son Chapelain.*

AUTRES ROMANS
de Chevalerie mélangés François.

Millès & Amis, lequel raconte les gestes & hauts faits du Chevalier Millès & de Amis, lesquels ont eû renommée des plus triomphantes victoires, tant en guerre que dans la Chevalerie, in fol. *Paris Verard, en lettres gothiques.*

La Vie du preux & vaillant Hercules, où sont déduites par Histoire, ses illustres proüesses, noblesse & liberalités, in 4. *Lyon, sans date.*

—— Idem in 4. *Paris* 1500. —— & 1511.

La Destruction de Troyes la Grande &

& le Raviſſement d'Helene en rime, par Jean de MEUN, in fol. *Lyon* 1491.
—— & 1544.

Le Roman de Jaſon, in fol. .... *gothique.*

Le Roman d'Edipus fils du Roy Layus, in fol. *Paris.* .... *gothique.*

Les Amours & les Armes des Princes de Grece par du VERDIER, in 8. *Paris* 1628.

Le Roman d'Alexandre le Grand, in 4. *Paris* ..... *gothique.*

Hiſtoire du Roy Florimond fils du Duc d'Albanie, in 4. *Paris* 1528.

Hiſtoire du Chevalier Berinus & du vaillant Champion Aigres de l'Aymant ſon fils, in 4. *Paris.* .... *en lettres gothiques.*

Jourdan de Blaves, in fol. *Paris* 1520.
—— & in fol. *Lyon.* .... *gothique.*

Cleriadus fils du Comte de Sture, in 4. *Paris gothique.*

Hiſtoire du Chevalier aux Armes dorées & de Bethidès, & de la Pucelle ſurnommée Cœur d'acier, in 4. *Paris.* .... *en lettres gothiques.*
—— Idem in 16. *Lyon* 1577.

Hiſtoire des geſtes & faits de Salladien & de la belle Sallerine, traduite en François par Claude COLET, in fol. *Paris* 1555.

Les trois Grands ; savoir, Alexandre, Pompée & Charlemagne, in 4.... *gothique.*

Le Livre des trois Fils de Roy, de France, d'Angleterre & d'Ecosse, in fol. *Lyon* 1501.
—— Idem in 4..... *Manuscrit.*
—— Idem in 8. *Lyon* 1579.

Les faits merveilleux de Virgile fils d'un Chevalier des Ardennes, in 4. *Paris.....gothique.*

Histoire du Chevalier Guillaume de Palerne & de la belle Melior, in fol. *Paris.....gothique.* —— & in 4. *Roüen....*

Le Roman héroique où sont contenus les mémorables faits d'armes de Don Rosidor Prince de Constantinople & de Clarisel le Fortuné ; avec la suite contenant l'Histoire des Princes de Constantinople & les travaux du Prince inconnu ; écrit à la façon des anciens Romans, par le Sieur de LOGEAS, in 8. *Paris* 1632. —— & 1634. 3 volumes.

Les Avantures héroiques du Comte Raymond de Toulouse & de Don Roderic de Vivar, par François LOUBAISSIN de la MARQUE, in 8. *Paris* 1619.

Robert le Diable, in 4. *Paris....gothique.* —— Idem in 4. *Lyon* 1496. *en caracteres*

caracteres gothiques. Ce Livre, qui est singulier & ancien, entre à present dans ce qu'on apelle la Bibliotheque bleuë, où on la trouvera.

La Vida de Roberto el Diablo, después de su Conversion ; llamado hombre de Dios, por Filippo CAMUS, in 8. *Jaen* 1628.

Histoire de Richard sans Peur qui fut fils de Robert le Diable, in 4. *Paris*..... *Gothique*. — & in 8. *Lyon* 1597. — & 1601.

Histoire & Cronique de Gerard d'Euphrate, in fol. *Paris* 1549.

Les Passages d'Outremer faits par les François, par Sebastien MAMEROT, in folio, *Paris* 1528.

Les faits & gestes du preux Godefroy de Boüillon & de ses valeureux freres Beaudoüin & Eustache, issus de la noble lignée du Chevalier aux Cignes, avec leur généalogie, par Pierre DESREY de Troyes en Champagne, in fol..... *gothique, sans date*.
— Idem in 4..... *gothique, sans date*.
— Idem in 8. *Lyon* 1580.

Chriserionte de Gaule, Histoire mémorable & miraculeusement trouvée en la Terre Sainte, par le Sieur de SONAN, in 8. *Lyon* 1620.

K 3   Le

Le Chevalier fans reproche, ou l'Histoire de Loüis & Charles de la Trimouille, faite en forme de Roman, par Me Jean BOUCHET, in 4. *Poitiers* 1527.

Le Livre de Baudoüin Comte de Flandres, lequel épousa le Diable, & de Ferrant fils du Roy de Portugal, qui après fut Comte de Flandres, contenant aucunes Chroniques du Roi Philippe de France & de ses quatre fils, & aussi du Roi Saint Loüis & de son fils, Jean TRISTAN, in folio, *Lyon* 1474. —— & 1478.

—— Idem in folio, *Chamberry* 1484. *Le même aussi se trouve manuscrit dans plusieurs Bibliotheques.*

L'Histoire de Gerard Comte de Nevers & de Rethel & de la Princesse Euriane de Savoye, in 4. *Paris* 1520. Gothique. —— Idem in 12. *Paris* 1727. 2 volumes.

Guy de Warwick Chevalier d'Angleterre & de la belle fille Felix sa Mie, in folio, *Paris* 1525. —— & in 4. *Paris* 1526.

Le Chevalier de la Tour & le Guidon des Guerres, in 4. *Paris, sans date, mais vers l'an* 1500.

—— Idem in 4. *Paris* 1514. Ouvrage
de

de Geoffroy de la Tour-Landry, qui vivoit en 1371. Livre assez moral pour l'Instruction des femmes mariées ou à marier.

Le Roman de Jean de Paris, in 8. Lyon....

Florent & Lyon, in 4. Paris....
gothique.

La Chronique du petit Jean de Saintré & de la jeune Dame aux belles Cousines, par Antoine de la SALLE, in folio, Paris 1517.

—— Idem in 4. Paris 1523.

—— Idem in 4. Paris 1528. —— & 1553.

—— Idem in 12. Paris 1724. 3 volumes.

Ce Roman qui étoit assez rare a plutôt l'air d'une Histoire médiocre, que d'un Roman suportable. L'Auteur nommé Antoine de la Salle étoit Secretaire de René d'Anjou Roi de Sicile & Duc de Lorraine. Il fit ce Livre en Brabant l'an 1459. On le recherchoit avant la réimpression : mais depuis ce temps-là il est négligé.

Histoire de Bertrand du Guesclin, in 4. Paris 1618. C'est une espece de Roman de Chevalerie, dont l'Original est de l'an 1387.

Les Faits & Gestes de Bertrand du Guesclin, en rime, in fol..... *Manuscrit*, 2 volumes.

Histoires des Proüesses de Bertrand du Guesclin, jadis Connétable de France, Seigneur de Longueville, en prose, in 4. *Paris* 1529. *Bertrand du Guesclin a été un si grand homme, que nos anciens Auteurs n'ont pas cru lui faire plus d'honneur que de mettre son Histoire en Roman, soit en vers, soit en prose. Ainsi chacun l'a glosé à sa maniere.*

La Vie & les Gestes du preux & vaillant Chevalier Bayart Dauphinois, par Symphorien CHAMPIER, in 4. *Paris* 1515. — & 1526. — Idem in 4. *Lyon* 1525.

Le Pandarnassus fils du vaillant Galimassuë, qui fut transporté en Faerie par Oberon, lequel y fit de belles vaillances, puis amené à Paris par son pere, là où il tint conclusion publique & du triomphe qui lui fut fait après la disputation, in 8. *Lyon*..... *Il paroît que c'est-là quelque morceau de Rabelais, ou du moins un Ouvrage dans son goût.*

La Chronique de Florimond fils de noble & vaillant Mataquas Duc d'Albanie, in 4 *Paris*.....

Theatre d'Histoires, ou les grandes Proüesses

Proüesses & Avantures étranges du Chevalier Polimantes Prince d'Arfine, par Philippe de BELLEVILLE, in 4. *Bruxelles* 1610.

Le Roman des Chevaliers de la Gloire, contenant plusieurs Avantures des Princes & Chevaliers qui parurent aux Courses de la Place Royale pour la Fête des Alliances de France & d'Espagne, par François de ROSSET, in 4. *Paris* 1613.

Plusieurs de nos anciens Romans, sur tout ceux qui sont les plus amusans, ont été imprimés à Troyes & ailleurs, & se réimpriment même assez souvent : & c'est ce qu'on apelle la Bibliotheque bleuë. Ils sont devenus les Livres du Peuple ; mais ils n'en sont pas moins amusans. En voici la Liste :

Huon de Bordeaux, in 4.
Les quatre Fils Aymon, in 4.
Valentin & Orson, in 4.
Galien Restauré, in 4.
Maugis d'Aigremont, in 4.
Charlemagne & les Pairs de France, in 4.
Histoire de Merlusine, in 4.

Les suivans sont in 8. Sçavoir,
Robert le Diable, in 8.

Richard sans Peur, in 8.
Charlemagne & les douze Pairs de France, in 8.
Jean de Paris, in 8.
Fortunatus, in 8.
Les merveilles de Merlin, in 8.
Chronique de Gargantua, in 8.
Pierre de Provence, in 8.
La belle-Helene, in 8.
Tiel Ulespiegle, in 8.

ARTICLE VIII.

ROMANS ANTIQUES en Vers François imprimés ou Manuscrits, dont les dates sont connuës.

LE Roman de Florimon en vers, in 4. *Manuscrit vers l'an 1228. se trouve aussi in folio Manuscrit dans la Bibliotheque du Roy.*

Le Brut d'Angleterre, Roman en vers par EUSTACE, EUSTACHE, WISTACE ou HUISTACE, *Manuscrit en 1155. c'est la date qu'il met lui-même à la fin de son Roman, & Fauchet croit que c'est-là notre premier Roman en vers.*

Le Roman le Rou & les Vies des
Ducs

Ducs de Normandie en vers en 1160. par Mᶜ WACE (ou GACE) Clerc de Caën, natif de l'Isle de Gersey. *Gilles André de la* ROQUE *dans ses preuves de l'Histoire genealogique de la Maison d'Harcour, raporte de longs fragmens de ce Roman, qui est Manuscrit, dans la Bibliotheque du Roy. Le Pere* LABBE' *Tome I. de son alliance chronologique in* 4. *en donne aussi des extraits.*

Le Roman des Rois d'Angleterre en vers, par M. GACE, in fol. *Manuscrit. C'est peut-être le même Roman que le précedent.*

Le Roman de Thiebaut de Mailli, in fol. *Manuscrit en vers ; on le croit de l'an* 1170. *ou environ, selon Fauchet.*

Le Roman de Garin de Loherans en prose, in fol. *Manuscrit au Château d'Anet en* 1724. *& in folio en la Bibliotheque du Chancelier Seguier & dans celle du Roy.*

Le Roman de Garin de Loherans en vers, in fol. *Manuscrit sous Louïs le Jeune.*

Le Roman du Chevalier à l'Espée en vers, par CHRESTIEN DE TROYES, in fol. *vers l'an* 1190. *Manuscrit.*

Le Roman d'Alexandre & de Cligès son fils, mis en rime par CHRESTIEN

DE TROYES, in fol. *Manuscrit.*

Le Roman d'Erée & d'Enide, mis en rime par CHRESTIEN DE TROYES, in fol. *Manuscrit.*

Le Chevalier au Lyon par CHRESTIEN DE TROYES, en vers, in fol. *Manuscrit. C'est encore un des Romans de la Table Ronde.*

Le Roman de Perseval le Galois, par CHRESTIEN DE TROYES, en vers, in fol. *Manuscrit ; regarde aussi la Table Ronde, & se trouve dans la Bibliotheque du Roy.*

Le Roman du Graal, par CHRESTIEN DE TROYES, en vers, in fol. *manuscrit : C'est ce que nous apellons le Saint Graal, qui est le fondement des Romans de la Table Ronde, se trouve dans la Bibliotheque du Roy & en plusieurs Cabinets de Curieux.*

Le Roman de la Charette ou de Lancelot, commencé par CHRESTIEN DE TROYES, & continué par GEOFROY ou GODEFROY DE LEIGNI, en vers, in fol. *manuscrit. C'est encore un des plus celebres Romans de la Table Ronde. Chrestien de Troyes, qui en fut le premier Auteur, mourut en 1191.*

Historia fabulosa incerti auctoris de Alexandri Magni Præliis, in fol. . . . . 1494.

des Romans.

1494. *Se trouve aussi dans la derniere Edition des Commentaires de César donnée par* GREVIUS, in 8. *sous le nom de* Variorum.

Le Roman d'Alexandre le Grand, traduit du Latin en vers François par Lambert LICORS ou LE COURT Prêtre, natif de Châteaudun en Beauce, *manuscrit en* 1193. *il eut pour associé dans la fabrique de ce Roman Alexandre de* BERNAY, *dit de* PARIS.

——— Idem in 4. *Paris......gothique.*

Alexandre le Grand, traduit du Latin en vers François par Alexandre de BERNAY, surnommé PARIS, en 1193. *manuscrit. C'est le même Roman que le précedent.*

La Vengeance d'Alexandre, par Jean LI NEVELOIS, en vers de 12 sillabes, *manuscrit en* 1193. *C'est la conjecture de M. Claude Fauchet dans son Traité de l'Origine de la Poësie Françoise.*

Le Roman d'Athys & de Prophilias, rimé par Alexandre de BERNAY, surnommé de PARIS, in fol. *manuscrit dans la Bibliotheque du Roy.*

Le Roman du Paon en vers, in 4. *manuscrit. C'est une continuation des Faits d'Alexandre, comme le remarque Fauchet.*

Le Roman de la Charité en vers,
par

par le RECLUS ou Moine de MO-
LIENS, *vers l'an* 1200. *Piece fort satirique, même contre la Cour de Rome, il y avoit matiere en ce tems-là comme dans celui-ci.*

Le Roman de Meraugis de Porlesguez en vers, par Raoul de HOUDANC, in fol. *vers l'an* 1200. *manuscrit*

Le Roman des Elles ou des Aelles en vers, par Raoul de HOUDANC, in fol. ou in 4. *manuscrit vers l'an* 1200. *Raoul de Houdanc étoit mort, selon Fauchet, avant l'an* 1227. *se trouve quelquefois sous le nom de* Roman des Isles; *mais c'est une faute de Copiste.*

Renaud de Montauban en vers, par Huon de VILLENEUVE, in fol. & in 4. *vers l'an* 1200.

Doon de Nantuel ou de Nanteuil en vers, par Huon de VILLENEUVE, in fol. & in 4. *manuscrit.*

Guyot de Nantuel ou de Nanteuil en vers, par Huon de VILLENEUVE, in fol. & in 4. *manuscrit.*

Aye d'Avignon & Garnier de Nantuel en vers, par Huon de VILLENEUVE, in fol. *manuscrit.*

Roman de Gautier d'Avignon en vers, in 4. *vers l'an* 1200. *manuscrit.*

Seperis de Vineaux en vers, in 4.
vers

vers l'an 1210. *ou* 1220. *manuscrit.*

Guyot de Provins ou la Bible Guyot : *Roman satirique en vers, où sont censurés les vices de tous les Etats, sans épargner même les Princes. Voyez Duverdier en sa Bibliotheque pag.* 534. *L'Auteur de cette Satyre ou Roman, qui est Hugues de Berci, vivoit l'an* 1260. *Fauchet croit cependant qu'il a fait son Roman vers l'an* 1200. *Ce Roman est extrêmement rare dans les Biblioteques, peut-être se trouvera-t-il dans quelques-unes de nos Provinces, ou même dans quelques Recueils de Romans ; Fauchet qui le possedoit en cite beaucoup de vers.*

Dolopatos, ou le Roman des sept Sages en vers, in fol. *manuscrit. Ce Roman est tiré du Latin d'un Moine de l'Abbaye d'Haulte-Selve. Boccace en a imité plusieurs Contes, & le Roman d'Erastus en a été tiré. Fauchet croit que le Poëte Hebers qui l'a mis en vers vivoit en* 1220. *ou environ. Il étoit au Château d'Anet en* 1724. *& se trouve dans la Bibliotheque du Chancelier Seguier, & même dans celle du Roi.*

Le Roman du Chastelain de Coucy en rime, in fol. *manuscrit. Ce sont les Amours de ce Chevalier avec une belle & bonne Dame nommée la Dame Fayel, vers l'an* 1228.

TOURNOY

Tournoy ou Tournoyement de l'Antechrift en vers, in fol. *manufcrit*, *en* 1228. *par Huon de* MESY *Moine de S. Germain des Prez. Roman fatirique, où l'on trouve un combat des vertus & des vices. C'eft ce que marque Fauchet.*

Le Roman de la Mappemonde en vers, par Gautier de METZ, in fol. *manufcrit, en* 1245.

Roman de l'Image du Monde, compofé par OSMONT natif de Metz, in fol. & in 8. *en* 1248. *manufcrit dans la Bibliotheque du Chancelier Seguier.*

Meliadius en vers, par GIRARD ou GIRARDIN D'AMIENS, in fol. *manufcrit, vers l'an* 1260.

Ogier le Danois en vers, in fol. *manufcrit, vers l'an* 1270. *par le Poëte* ADENEZ, *qui dans fon Roman de Cleomades témoigne lui-même qu'il a fait les Romans d'Ogier le Danois, de Bertin & de Cleomades.*

Ogier le Danois en vers Leonin, in 4. *manufcrit. Je doute que ce foit la même chofe que le précedent, je le mets toujours ici à bon compte ; l'examinera qui poura.*

Le Roman de Bertin en vers, par ADENEZ, in fol. *manufcrit, vers l'an* 1270.

Le Roman de Cleomades en vers, par ADENEZ, in fol. *manuscrit, vers l'an 1270. ou environ. Ce Roman qui est assez estimé fut dicté par Madame Marie Reine de France, épouse de Philippe le Hardi fils de S. Loüis.*

Judas Macchabée en vers, commencé par Gaultier de BELLEPERCHE, & continué par Pierre du RIEZ, *tous deux vivans en* 1280. in fol. *manuscrit.*

Le nouveau Regnard en vers, par Jacque-Mars GIELE'E de Lille en Flandre. *Satire fort vive de tous les Etats de la vie, in* 4. *manuscrit, en* 1290. *C'est la date que l'Auteur marque lui-même à la fin de son Roman, il se trouvoit en* 1724. *dans le Château d'Anet, in fol. manuscrit.*

Le Roman de Kanor en prose, in fol. *manuscrit, l'an* 1294.

Le Roman de la Rose, où tout l'Art d'amour est enclose, par Guillaume de LORIS & Jean de MEUNG, surnommé CLOPINEL, in fol. *Paris, ancienne Edition sans date, caractères gothiques.*

Le Roman de la Rose nouvellement revu, in fol. *Paris Galliot Dupré* 1527.

―――― Idem in 8. *Paris Galliot Dupré* 1529.

1529. *C'eſt la ſeule Edition qui ſoit en lettres rondes.*

——— Idem in fol. *Paris Galliot Dupré* 1536. *caractere gothique.*

——— Idem in 8. *Paris* 1538.

Le Roman de la Roſe, par Guillaume de LORIS & Jean de MEUNG, dit CLOPINEL, avec le Codicile, le Teſtament & la Remontrance de Nature à l'Alchimiſte, nouvelle Edition, accompagnée d'une Préface & d'un Gloſſaire des anciens mots, in 12. *Amſterdam* 1734. 3 volum. *Dieu ſoit loüé : Voici une nouvelle Edition de ce Roman ſi celebre. Elle eſt faite ſur les plus anciennes Editions & non ſur celles de Clement Marot, qui s'étoit aviſé d'en changer le ſtile pour le rendre plus intelligible. Cette Edition eſt même plus entiere qu'aucune des précedentes ; car outre le Codicile & le Teſtament de Jean de Meung, on y a joint encore la Remontrance de Dame Nature, qui eſt un Traité de Chimie extrêmement rare ; & qui plus eſt, on y a mis un Gloſſaire pour l'explication des vieux mots de notre Langue qui ſe trouvent dans ce Roman. Cette Edition eſt belle & peut tenir lieu de toutes les autres, même de celles de Clement Marot qui eſt très-rare & dont les*

les differences sont raportées à la fin du troisiéme volume Ce Livre a des beautés à qui les sçait bien connoître ; il y a une ingénuité qui fait plaisir ; il ne manque pas de traits spirituels & de quelques endroits satiriques qui feront toujours plaisir.

C'est le Roman de la Rose, moralisé, cler & net, translaté de rime en prose, par votre humble MOLINET.

Tel est le titre de ce Livre donné par Jean MOLINET *Chanoine de Valenciennes*, in fol. *Lyon* 1503. —— & in fol. *Paris* 1521.

Guillaume Guyart, le Roman des Royaux lignages en vers, in fol. *manuscrit*, vers l'an 1306.

Roman de Fauvel en vers, l'an 1310. in 4. *manuscrit*.

Le Roman du Regnard contrefait, in fol. *manuscrit*, commencé en 1319. & fini en 1328. *L'Auteur qui est anonime le commença en vers & l'a terminé en prose. C'est une espece d'Histoire universelle, où il y a quelques traits assez jolis, & sur tout quelques endroits satiriques contre les gens d'Eglise. C'est bien fait.*

Le Roman de Fortune, par Boëce en

en vers, in fol. *manuscrit*, vers l'an 1336. au Château d'Anet en 1724.

Le Pelerinage de la Vie humaine en vers, par frere GUILLAUME Moine de Chaalis, près la Cité de Senlis, in fol. *manuscrit*, en 1348. *Se trouve dans la Bibliotheque du Roy, & l'an 1724. étoit dans celle du Château d'Anet, sous le titre de Pelerin de la Vie humaine.*

Le Roman du Riche Homme & du Ladre en vers, *manuscrit*, par un Chanoine de la Fere en 1352.

Le Roman de Gace de la BIGNE premier Chapelain du Roi Jean, in fol. *manuscrit*, en 1359.

Le Roman des Trois Maries en vers, par Jean VENETTE Carme de Paris, in fol. *manuscrit*, en 1362.

Breviario d'Amor en vers Provenceaux, par Frere HERMENGAUT DE BEZIERS, en 1388. in fol. *manuscrit. Se trouvoit dans la Bibliotheque du Château d'Anet en 1724. Un Exemplaire du même Livre se trouve dans la Bibliotheque du Baron de Hohendorf qui apartient aujourd'hui à sa Majesté Impériale.*

Le Roman de Bertrand du Guesclin, jadis Connétable de France, *manuscrit*, in 8. *au Château d'Anet en* 1724. *& in fol. dans la Bibliotheque du Roy.* Le Pere Martene a imprimé un morceau, partie Histoire, partie Roman, sur ce Connétable.

Les Cent Histoires de Troyes en rime, avec Allégories en prose par Chrestien de PISE, in fol. *Paris* 1522. — & in 4. *Paris, caractere gothique.*

Histoire des Grecs & des Troyens en prose, écrite par Jean de COURCY Chevalier Normand, l'an 1416. in fol. *manuscrit,* 2 volumes, *dans la Bibliotheque du Roi.*

Le Recueil des Histoires Troyennes, où est contenu la Généalogie de Saturne & de Jupiter son fils, avec leurs gestes, les prouesses d'Hercules & la maniere comme il détruit Troyes par deux fois. La rédification faite par le Roy Priam, & finalement la totale destruction d'icelle faite par les Grecs, par Raoul le FEVRE Chapelain de Philippe Duc de Bourgogne, en 1464. in fol. *Lyon* 1490. — & 1494. — & in 4. *Paris* 1532. *On en trouve encore plusieurs Manuscrits dans les Bibliotheques, ou dans les Cabinets des Curieux.*

Le Roman de Paris & de Vienne, in fol. *manuscrit, écrit l'an* 1432. *& un autre en* 1443. *au Château d'Anet en* 1724.

Le Roman des deux Amans Polemon & Arcita, & de la belle & sage Emilia en vers, par Demoiselle Anne de GRAVILLE, fille de Jacques de Graville Amiral de France. *Ce Roman est originairement en prose, & c'en est ici une Version poëtique.*

Guichard & Segismonde, fils de Tancredus Prince de Salerne, mis en en Latin par Leonard ARETIN, & traduit en vers François par Jean FLEURY, dit FLORIDUS, in 4. *Paris..... gothique.*

Le Chevalier déliberé, contenant la mort du Duc de Bourgogne tué devant Nancy, en vers, par Georges CHASTELAIN, in 4. *Paris* 1489. & in fol. *lettres gothiques, se trouve aussi manuscrit dans la Bibliotheque du Roy.*

La Pandore, faite en Latin par Jean OLIVIER Evêque d'Angers, traduite en vers François par Pierre (ou peut-être Jean) BOUCHET, in 8. *Poitiers* 1548. *C'est une fiction poëtique de l'origine des femmes, comme causes des maux qui sont survenus au monde ; je pense*

pense que le bon Evêque vouloit nous en faire accroire, il ne disoit pas tout ce qu'il pensoit.

AUTRES

ANCIENS ROMANS
Manuscrits en vers & en prose depuis l'an 1250. jusqu'en 1450. par ordre alphabetique.

A

LE Roman de l'Abusé en Cour, in fol. *manuscrit.*

Roman d'Agravains du tems du Roy Artus, in fol. *dans la Bibliotheque du Roy.*

Histoire d'Aimery de Beaulande & de Guillaume au Court-nez en vers, in fol. *manuscrit.*

—— Le même translaté de rime en prose, in fol. *manuscrit.*

Le Roman d'Aiol & Mirabel en rime, in fol. *manuscrit.*

Le Roman du noble Roy Alphonse, in fol. *manuscrit*, *au Château d'Anet en* 1724.

L'Amoureux transi sans espoir en vers, in 4. *manuscrit.*

Les

Les Amours du Comte d'Artois, in fol. *manuscrit.*

La Vie d'Andronic fils du Roy de Hongrie, surnommé S. Honoré de Lirins, en rime provençale par Raymond FERAULT, in fol. *manuscrit.*

Le Livre du Roy Artus, avec l'Histoire des autres Chevaliers de la Table Ronde, in fol. 3 vol. *manuscrit.*

Le Roman d'Artus & la naissance des Rois d'Angleterre & de Bretagne en vers, in 4. *manuscrit.*

Le Roman d'Auberi & de Lambert d'Oridoux, in fol. *manuscrit.*

Le Roman d'Aubry le Bourguignon en vers, in fol. *manuscrit.*

Histoire des quatre Fils Aymon, in fol. *manuscrit, dans la Bibliotheque du Chancelier Seguier.*

B

Roman des Rois Bans & Beors Freres Germains, in fol. *manuscrit, dans la Bibliotheque du Roy.*

Roman du Roy Barans, in fol. *manuscrit, dans la Bibliotheque du Roy.*

Le Roman du Barril, in 4. *manuscrit.*

Roman du Chevalier au Barisel, in 4. *manuscrit.*

Roman de Berinus & de Aigres son fils, in fol. *manuscrit, dans la Bibliotheque du Roy.*

Le Roman de Beuves de Hantonne, in fol. *manuscrit, au Château d'Anet en* 1724.

—— Idem in 4. *Paris* 1502. *gothique.*

Le Roman de Beuves & Rosiane en rime, in fol. *manuscrit.*

Le Roman du Roy de Blanche, in fol. *manuscrit, au Château d'Anet en* 1724.

Le Roman de Brun de la Montagne, in 4. *Manuscrit.*

Histoire de Buccalus en vers, in 4. *manuscrit.*

C

Le Roman de Caquederet, in fol. *manuscrit, au Château d'Anet, en* 1724.

La Chronique de Celion ou Uranus pere de Saturne, in fol. *manuscrit, au Château d'Anet en* 1724.

Roman des Champs Faez, in 4. *manuscrit.*

Le Chariot de Nismes, ou le Roman de GUILLAUME au COURT-NEZ en vers, in 4. *manuscrit.*

Le Roman de la Chasse du Berger, in fol. *manuscrit.*

Tome II. L Le

Le Dit du Chevalier, Roman en vers, *manuscrit*.

Le Chevalier de la Charette en rime, in folio, *manuscrit*.

Roman du Chevalier aux Cignes en vers, in fol. *manuscrit, dans la Bibliotheque du Roy.*

Le Chevalier de la Croix en vers, in 4. *manuscrit*.

Le Chevalier aux Dames en vers, in 4. *manuscrit*.

La plaisante & amoureuse Histoire du Chevalier Doré & de la Pucelle surnommée Cœur d'Acier en vers, in 4. *manuscrit*.

Le Livre du Chevalier de la Tour, pour l'enseignement des Dames & Demoiselles, lesquelles par le moyen d'icelui seront toutes bonnes & belles, in fol. *manuscrit*.

Le Roman de Cleino fille d'Antoine Roy de Constantinople, in fol. *manuscrit, au Château d'Anet en* 1724.

Le Roman de Cleriadus & de Meliadus, in 4. *manuscrit*, & in fol. *manuscrit, dans la Bibliotheque du Roy.*

Le Roman de Cliges en rime, in fol. *manuscrit*.

Roman de la Conquête de Bretagne, in fol. *manuscrit*.

Roman de la Conquête d'outre-mer, in fol. *manuscrit.*

Le Roman de Constant, par Butors, in fol. *manuscrit.*

D

La Destruction de Roncevaux en vers, in 4. *manuscrit.*

La Destruction de la Table Ronde, in fol. *manuscrit*, dans la Bibliotheque du Roy.

Histoire de la Destruction de Troyes, en laquelle est contenu l'Arbre de la Lignée de France, par Jacques Millet, in fol. *manuscrit.*

E

Histoire du Prince Erastus fils de l'Empereur Diocletien en prose, en 4 volumes in fol. *manuscrit*, se trouvoit au Château d'Anet dans la Bibliotheque de Madame la Princesse de Condé en 1724.

Le Roman du Chevalier Eric fils du Roy Lac, *manuscrit.* Voyez Duverdier en sa Bibliotheque page 585.

Le Roman de Messire Herec fils du Roy Lac en Galles, Chevalier de la

Table Ronde, en vers, in 4. manuscrit.
Je croi que c'est le même que le précedent.

Le Roman de l'Espinace en vers, in 4. manuscrit.

F

Le Roman de Florent & de Tumien, in fol. manuscrit, au Château d'Anet en 1724.

Florian & la belle Elinde, in 4.

Le Roman de Florimont ou de Philippes de Macedoine, in fol. manuscrit, au Château d'Anet en 1724.

Le Roman de Fortune & de Felicité en vers, in 4. manuscrit.

G

Roman du Duc de Gaides en vers, in fol. manuscrit, dans la Bibliotheque du Roy.

Le Roman de Galehau, in fol. manuscrit.

Le Roman de Garnier, in 4. manuscrit.

Roman de la Reine Genevre, in folio, manuscrit, dans la Bibliotheque du Roy.

Gerard de Rossillon en vers, manuscrit.

Giglan fils de Gauvain en vers, in 4. *manuscrit.*

Giron le Courtois, in fol. *manuscrit, dans la Bibliotheque du Chancelier Seguier & Bibliotheque du Roy.*

Histoire ou Roman de Godefroy d'Alençon & de Paris son gendre, in 4. *manuscrit, en la Bibliotheque du Chancelier Seguier, & in fol. en celle du Roy.*

Histoire de Godefroy de Boüillon, in fol. *manuscrit, dans la Bibliotheque du Chancelier Seguier.*

Roman de Griselidis, Marquise de Saluces, in fol. *manuscrit, dans la Bibliotheque du Roy.*

Guerin Mesquin en vers, in fol. *manuscrit.*

Roman du Guerin de Montbrun en vers, in 4. *manuscrit, Bibliotheque du Roy.*

Guerin de Montglaive en vers, *manuscrit.*

Le Roman de Guillaume au Court-nez en vers, in fol. *manuscrit, au Château d'Anet en* 1724.

Guillaume de Dole en vers, in 4. *manuscrit.*

Le Roman de Guillaume Comte de Haynault en rime, in fol. *manuscrit.*

Guillaume de Palerme & la belle

Melior en vers, *manuscrit.*

—— Le même in 4. *Paris*..... *gothique.*

Le Roman de Guyon d'Aistone en vers, in fol. *manuscrit.*

H

Le Roman de Hallin de Bordeaux, in fol. *manuscrit, au Château d'Anet en* 1724.

Hector de Troyes, in fol. *Paris*....

Le Roman de la belle Helene en vers, in fol. *manuscrit, dans la Biblioteque du Chancelier Seguier, où il s'en trouve plusieurs exemplaires.*

Le Livre ou Roman d'Helene, in 4. *manuscrit.*

J

Petit Roman de JEAN DE MEUN, in fol. *manuscrit, dans la Bibliotheque du Roy.*

Joseph d'Arimathie, qui est le fondement de la Table Ronde & finit à Merlin, in fol. *manuscrit, dans la Bibliotheque du Roy.*

Le Jouvencel introduit aux armes, in fol. *manuscrit, dans la Bibliotheque du Roy.*

Le Jouvencel Roman, *Paris* 1493.

— & 1497. imprimé sur velin, in fol.

Le Roman de Juglean ou du Trabeur, in 4. manuscrit.

Le Roman de Juliens de Saint Gilles en rime, in fol. manuscrit.

L

Le Roman de Lancelot du Lac, in fol. 3 volumes, manuscrit, au Château d'Anet en 1724. & dans la Bibliotheque du Chancelier Seguier, & plusieurs fois dans la Bibliotheque du Roy, en 4. volumes in folio.

Roman de Lancelot & Galleon, in fol. 2 volumes, manuscrit, au Château d'Anet en 1724.

Le Roman de Latre Perilloux, in 4. manuscrit.

Roman de Lusignan ou de Parthenay en vers, in fol. manuscrit, dans la Bibliotheque du Roy.

Le Roman de Lye en rime, in fol. manuscrit.

Roman du Lyon fils du Duc de Bourges, in fol. manuscrit, dans la Bibliotheque du Roy.

M

Le Roman de Mabrian en vers, in 4. manuscrit.

Le Roman du Roy Marc fils du Roy Felis, in fol. *manuscrit*.

Roman de Maugis cousin des quatre Fils Aymon en vers, in fol. *manuscrit, dans la Bibliotheque du Roy*.

Maugis d'Aigremont en vers, in 4. *manuscrit*.

Roman de Meliadus & de Guiron (ou Giron) le Courtois, in fol. *manuscrit, dans la Bibliotheque du Roy*.

Le Roman de Melibée & de sa femme Prudence en vers, in fol. *manuscrit, & in 4. dans la Bibliotheque Seguier*.

Le Roman de Melibée en prose, in folio, *manuscrit, au Château d'Anet en 1724*.

Le Dit de Melibée & de Prudence, in 8. *manuscrit, au Château d'Anet en 1724*.

Robert de Bourron, Roman de Merlin, en prose, in fol. *manuscrit*.

Histoire de Merlusine, in fol. *manuscrit, en la Bibliotheque du Chancelier Seguier*.

Le Roman de Merlusine, in fol. *manuscrit*.

Le Roman de la Mule sans frein en vers, par PLAISANT DE MEZIERES, in 4. *manuscrit*.

O

Visions d'Ogier le Danois au Royaume de Faerie en vers françois, in 8. *Paris* 1548.

Le Roman d'Orian & de Girard, in fol. *manuscrit, dans la Bibliotheque du Chancelier Seguier.*

Le Roman d'Orthea, de la droite Chevalerie de la vie humaine, par CHRISTINE PISAN, in fol. *manuscrit, dans la Bibliotheque du Roy; on trouve aussi dans la même Bibliotheque une Lettre en vers d'Orthea à Hector par la même Christine Pisan.*

P

Le Roman des douze Pairs de France, in fol. *manuscrit, au Château d'Anet en* 1724.

Le Roman de Palladien fils de Milanor Roy de la Grande Bretagne, par Gabriel CHAPUYS Tourangeau, in....

Le Roman de Passavant en vers, in 4. *manuscrit.*

Histoire ou Roman de Pelée, in fol. *manuscrit, dans la Bibliotheque du Chancelier Seguier.*

Histoire de Pepin & de Berthe sa femme en vers, in fol. *manuscrit*, dans la Bibliotheque du Roy.

Le Peregrin Roman, in fol. *manuscrit*, dans la Bibliotheque Seguier.

Roman de Perseval le Galois, composé de plus de 60 mille vers, in fol. *manuscrit*.

Le Roman de Philippe de Madian, autrement dit le Chevalier à l'Espervier blanc, ou la Conquête de Grece, par PERRINET DU PIN, in 4. *Paris* 1527.

Roman de Pierre de Blois en vers, in 4. *manuscrit*.

Roman de Pontus fils du Roy de Galice, in fol. *manuscrit*, dans la Bibliotheque du Roy.

Q

Les Quatre Dames, ou le Joyeux Desespoir, Roman en vers, in fol. *manuscrit*, dans la Bibliotheque du Roy.

R

Le Roman de Regnaud de Montauban, in folio, *manuscrit*, au Château d'Anet en 1724.

Roman du nouveau Renaud en vers, in fol. *manuscrit*.

Amours de René d'Anjou Roy de Sicile & de Jeanne de Laval, qu'il épousa en secondes noces, in fol. *manuscrit, dans la Bibliotheque Seguier*.

Le Roman du Répit de la mort en vers, in fol. *manuscrit, au Château d'Anet en* 1724.

Le Roman de Robert le Diable en rime, in fol. *manuscrit*.

Le Roman des Rois & Barons de Bretagne en vers. in fol. *manuscrit*.

S

Histoire du Saint-Graal, traduite en François par LUCES, Chevalier, Sieur du Chastel de Salesbieres (ou Salisberi) in fol. *manuscrit, étoit dans la Bibliotheque d'Anet en* 1724. *& dans la Bibliotheque du Roy*.

Roman des Sept Sages & de Marc fils de Caton, in fol. *manuscrit, dans la Bibliotheque du Roy*.

Roman de Sydrac, in fol. *manuscrit, dans la Bibliotheque du Roy*.

T

Le Roman de Thebes & d'Eneas en vers,

vers, in fol. *manuscrit, se trouvoit en 1724. au Château d'Anet.*

Roman de Theophile en vers, in fol. *manuscrit, dans la Bibliotheque du Roy.*

Les nobles faits du très-preux & bon Chevalier Messire Tristan & Galaad, Lancelot & Palamedes, Compagnons de la Table Ronde, translatés de Latin en François par LUCES Seigneur du Châtel de Salesberi, in fol. *manuscrit, au Château d'Anet en 1724. & dans la Bibliotheque du Roy.*

Le Roman de Tristan, que l'on apelle le Bret, traduit du Latin en François par Robert BORON (ou de Bourron) in fol. *manuscrit, au Château d'Anet en 1724.*

Le Roman du Chevalier Tristan de Leonnois Compagnon de la Table Ronde, in fol. 4 volum. *manuscrit, écrit l'an 1509. se trouvoit dans la Bibliotheque du Château d'Anet en 1724.*

La grande Histoire de Monseigneur Tristan, in fol. *manuscrit.*

Roman des Trois Preux, in fol. *manuscrit, qui est le plus ancien Roman Breton que nous ayons.*

Le Roman de Troyes, par Benoist de SAINTE-MAURE, in fol. *manuscrit.*

Le

Le Roman de Troyes en vers, in fol. *manuscrit.*

Le Roman de Troylus, in fol. *manuscrit, au Château d'Anet en 1724. & dans la Bibliotheque du Roy.*

V

Les Vœux du Paon & les Accomplissemens & le Mariage des Pucelles, in fol. *manuscrit, dans la Bibliotheque du Roy.*

Y

Le Roman d'Yvain, in fol. *manuscrit.*

ARTICLE IX.

ROMANS SATYRIQUES.

PETRONE Latin & François, traduction entiere suivant les Manuscrits trouvés à Belgrade en 1688. par M. François NODOT, in 8. avec des figures, *Paris* 1688. 2 volumes. *Nous avons déja parlé de ce Roman à la fin de l'Art. I. de cette Bibliotheque.*

Euphormionis Luscinini, sive Jo. BARCLAII

CLAII Satyricon, cum clave, accessit Conspiratio Anglicana, in 12. *Lugd. Bat. Elzevir* 1630.

—— Idem in 12. *Lugduni Batavorum Elzevir* 1637.

—— Idem cum Notis Variorum, in 8. *Amstelodami* 1674. *Il y a du curieux dans ce Livre. L'Edition dite* de Variorum *est la plus belle & la plus complette, & n'est pas même commune.*

Histoire macaronique de Merlin Coccaie, Prototype de Rabelais, où il est traité des ruses de Cingar, les tours de Boccal, les avantures de Leonard, les forts de Francasse, enchantemens de Gelfore & Pendagruë, & les rencontres heureuses de Balde ; plus l'horrible Bataille entre les mouches & les fourmis, in 12. *Paris* 1606.

La plaisante & joyeuse Histoire du grand Geant Gargantua, par François RABELAIS, in 16 *Valence* 1547. *C'est une des premieres Editions de la Satyre de ce grotesque Ecrivain, homme de beaucoup d'esprit ; mais de mœurs très-dépravées.*

Les Oeuvres de Me François RABELAIS, ou Histoire satyrique de son tems sous les noms de Gargantua, Pantagruel, Panurge, &c. in 12. *Amsterdam*

Amsterdam 1663. (*Elzevir*) 2 volumes. *Belle & magnifique Edition.*

―――― Idem in 12. *Amsterdam* 1666. 2 volumes. *Edition passable.*

Oeuvres de Mᵉ François RABELAIS, avec des Remarques par Messieurs de la MONNOYE & le DUCHAT, in 12. *Amsterdam* 1711. 5 volumes.

―――― Idem in 8. *Amsterdam* (*Paris chez Pierre Prault*) 1733. 5 volum. *Les Notes de M. de la Monnoye & de M. le Duchat sont plus grammaticales qu'historiques ; aussi ne sont-elles pas extrêmement estimées. Ces deux excellens Commentateurs auroient dû faire des Remarques historiques, critiques & même satyriques ; il y a occasion d'en faire de toutes les sortes dans cet Ouvrage, où parmi un nombre infini de choses très-mauvaises, il s'en trouve d'admirable, sur-tout par raport à l'Histoire de son tems, aux impertinences des sciences qu'il y a dévelopées, & sur les mœurs des Moines, & même de la nation.*

―――― Le même traduit en Anglois, avec des Remarques par Thomas URCHARD & Pierre MOTTEUX, in 8. *Londres* 1708. 2 volumes. *Les Remarques de cette Edition sont assez estimées,*

mées, & quelques-unes meriteroient de voir le jour en notre Langue.

Les Songes drolatiques de Pantagruel, où sont contenuës plusieurs figures de l'invention de Me François RABELAIS, & derniere Oeuvre d'icelui, pour la récreation des bons esprits, in 8. *Paris* 1565. avec des figures.

Le nouveau Panurge, avec sa navigation en l'Isle imaginaire, son rajeunissement en l'autre monde, in 12. *la Rochelle*,....

Le Voyage & Navigation de Panurge Disciple de Pantagruel aux Isles inconnuës & étranges, suplément des Oeuvres de François Rabelais, in 12. *Orleans* 1571.

Les faits & gestes très-véritables & merveilleuses du grand Gargantua & Pantagruel Roy des Dipsodes, in 16.....

Quinze joyes de mariage, par François de ROSSEL, in 12 *Paris* 1595.
—— & *Roüen* 1596.

—— Les mêmes, ausquels, &c. on a joint le Blason des Fausses Amours, le Loyer des Folles & le Triomphe des Muses contre l'Amour, in 12. *la Haye* 1726. Cette Edition est fort belle & accompagnée de petites Notes. (es Hiftoires amoureufes, qui font fort jolies, font, dit-on, tirées d'un Livre ancien, que l'on attribuë au Sieur François Roffel, qui n'eft gueres connu que par ce petit Ouvrage. C'eft beaucoup que de trouver quinze joyes dans le mariage, il y en a une qui en vaudroit un million d'autres fi elle pouvoit durer long-tems. On a joint à cette derniere Edition quelques anciennes Poëfies que l'on croyoit rares.

Fanfreluche & Gaudichon Mythiftoire Baragoüine de la valeur de dix Atomes, pour la récréation de tous bons Fanfreluchiftes, par Guillaume des AUTELS, in 8. *Lyon* 1559 — & in 16. *Lyon* 1560. Livre gaillard, facecieux & fatirique à l'imitation de Rabelais. Guillaume des Autels le fit en fa jeuneffe lorfqu'il étudioit en Droit à Valence.

La Navigation des Compagnons de la Bouteille, avec les proüeffes du merveilleux Geant Bringuenarille, in 16. *Troyes*......

Dialogo dove fi ragiona della bella creanza delle Donne, dello ftordito intronato, in 8. *in Milano* 1558. — in 12. *in Venetia* 1574. Livret extrêmement rare, qui vient d'Alexandre PICCOLOMINI. C'eft une Satire contre les femmes. Mais les femmes auroient un

beau

beau champ, si elles se mettoient à nous satiriser ; nous qu'elles font si souvent tomber dans le piége.

I Mondi del Doni, in 4. *in Venegia 1552. Livre comique & satirique d'un des Ecrivains les plus singuliers de toute l'Italie.*

Mondi celesti, terrestri & infernali, de gli Academici Pellegrini, composti dal Doni, Mondo piccolo, grande, misto, visible, imaginato. Inferno de gli Scolari, de Mal maritati, delle Putane & Ruffiani, Soldati & Capitani poltroni, Poeti & Compositori ignoranti, in 8. *in Venezia 1562.* —— 1568. —— 1583. *Livre bizarre, singulier & satirique.*

Les Mondes celestes, terrestres & infernaux : Le Monde petit, grand, mêlé, visible des sages & fols, & le très-grand. L'Enfer des Ecoliers, des Mal-mariés, des Putains & Ruffiens, des Soldats & Capitaines poltrons, des Pietres Docteurs, des Usuriers, des Poëtes & Compositeurs ignorans, tirez des Oeuvres de Doni, par Gabriel CHAPUYS, *Lyon 1580.* in 8. *Cette Edition qui est la seconde est augmentée du Monde des Cornus.*

—— Idem in 8. *Lyon 1583. Troisiéme Edi-*

Edition augmentée de l'Enfer des Ignorans.

Le Monde des Cornus, où est amplement traité de l'Origine des Cornes, traduit de l'Italien d'Antoine-François DONI, in 8. *Lyon* 1580. *Cet Ouvrage comique & satirique se trouve à la fin des deux Editions précedentes.*

La Zucca del Doni colle sue Chiacchiere, in 8. *in Venetia* 1551.

La Zucca del Doni, in 8. *Venetia* 1565. — & 1670.

Les Visions Italiennes, tirées du Sr DONI, in 8. *Paris* 1634.

La Piazza Universale di tutte le Professioni del Mondo, da Thomaso GARZONI, aggiuntovi in questa nuova Impressione alcune bellissime annotationi à discorso per discorso, in 4. *in Venetia* 1589 — 1610.

Opere di Tomaso GARZONI, cioé il Theatro de varii & diversi cervelli mondani; la Sinagoga de gli ignoranti & l'Hopitale de' Pazzi Incurabili, in 4. *in Venet.* 1605. — & 1617.

La Sinagoga de gl' ignoranti, nuovamente formata & posta in luce da Tomaso GARZONI, in 4. *Venet.* 1594. —— Del medesimo, l'Hopitale de Pazzi Incurabili, in 4. *in Ferrara* 1556.

Le Pazzie Amorose di Rodomonte secondo, por Mario TELLUCCINI, sopra nominato il BERNIA, in 4. *in Parma* 1568.

L'Enfer de la mere Cardine, traitant de la cruelle & terrible Bataille qui fut aux Enfers entre les Diables & les Maquerelles de Paris, aux nôces du Portier Cerberus & de Cardine; ajoûtée une Chanson de certaines Bourgeoises de Paris feignant d'aller en voyage, furent surprises au logis d'une Maquerelle à S. G. des Prez, in 8. 1598. *sine loco. Piece satirique extrêmement rare.*

Pierre de BOURDEILLE de BRANTOME, Mémoires contenant les Histoires des Dames Galantes de son tems, in 12. *Leyde* 1666. 2 volumes. *Il y a encore plusieurs autres Editions de ce Livre, rempli de singularités touchant l'Etat de la Cour amoureuse sous les Regnes de Henry II. Charles IX. & Henry III. Rois de France.*

Le Divorce satirique. *Il se trouve ordinairement avec le Journal de Henry III. Roi de France. C'est une Piece extrêmement satirique sur les Amours de Marguerite de Valois premiere femme de Henry IV.*

Les Avantures du Baron de Feneste en 4 Parties, par Theodore-Agrippa d'Aubigné, in 8. *au Desert* 1640.

——— Idem in 8. *Cologne* (*Roüen*) 1729. 2 volumes, avec la Vie du sieur d'Aubigné. *Cette derniere Edition contient quelques notes, ainsi elle est meilleure que celle de* 1640. *qui étoit auparavant la plus estimée. Celles de* 1619. *& de* 1630. *étoient les plus imparfaites.*

Galateo Español, destiero de Ignorancia, y Lazarillos de Tormés, in 12. *Valladolid.* 1603.

L'Anti-Joseph, ou bien plaisant & fidele narré d'un Ministre de la Religion prétenduë Réformée vendu publiquement à Clerac, ayant été enfermé en un coffre par une honnête Dame de ladite Ville à laquelle il faisoit l'Amour, in 8. *Agen* 1615. *Pourquoi ces bonnes gens ne feroient-ils pas aussi-bien l'Amour que les Ecclesiastiques Catholiques.*

Le grand Empire de l'un & l'autre Monde, divisé en trois Royaumes; le Royaume des Aveugles, le Royaume des Borgnes & le Royaume des Clairvoyans. ——— Histoire allégorique, par Jean de la Picore, in 8. *Paris* 1625.

Les Tromperies de ce Siecle, Histoire véritable arrivée de notre tems, in 8. *Paris* 1639.

L'Euphormion de Jean BARCLAY, traduit en François par Jean BERAUT, in 8. *Paris* 1640.

Avantures d'Euphormion, Histoire satirique, traduite du Latin de Jean BARCLAY, in 12. *Amsterdam* 1712. —— & 1713. 3 volumes.

Le Roman satirique par le Sieur de LANNEL, in 8. *Paris* 1637.

El Diablo Coivelo novella de la otra vida de Luis Velez de GUEVARA, in 8. *en Madrid* 1641. *Nicolas Antonio marque que l'Auteur de cet agréable Ouvrage est mort vers l'an* 1646.

Le Diable Boiteux, traduit de l'Espagnol, par le sieur le SAGE, in 12. *Paris* 1707. *Amsterdam* 1708. —— 1710. —— Idem in 12. *Paris* 1724. 2 vol.

Le premier volume de cet Ouvrage est beaucoup meilleur que le second, qui est tout de la composition de M. le Sage, au lieu que le premier est traduit de l'Espagnol.

Les Oeuvres de QUEVEDO, traduites d'Espagnol en François, in 12. *Bruxelles* 1698. —— 1700. —— 1718. 2 volumes. *Quevedo, l'un des plus beaux esprits*

des Romans.

esprits & des meilleurs Ecrivains de toute l'Espagne, a fait dans ses Ouvrages une Satire ingénieuse & romanesque de la plûpart des Etats de la vie, & c'est-là cette Partie que l'on a traduite dans ces deux volumes ; car il y en a beaucoup davantage dans les Originaux Espagnols. Il y a aussi une Version Françoise de quelques Oeuvres de Quevedo imprimées à Paris en 1664. en deux volumes in 12. Mais elle est bien moins belle & moins parfaite que celles de Bruxelles.

La Courtisane déchiffrée, in 8. Paris 1643.

Le Barbon, par BALSAC, in 8. Paris 1648. Livre assez comique & qui fait la Satyre d'un Pedant. Il y a près d'un siécle que ce Livre est fait, cependant le nombre de cette engeance n'est pas diminué.

Venus la populaire, ou Apologie des Maisons de joye, in 8. Londres 1727.

Passepartout de l'Eglise Romaine, ou Histoire des tromperies des Prêtres & Moines en Espagne, par Antoine GAVIN, in 12. Londres 1724. 2 volumes.

Les Loups ravissans, autrement le Doctrinal moral en prose & en vers,

par

par Me Robert Gobin Prêtre, Maître ès Arts, Licentié en Decrets, Doyen de Ligni sur Marne, in 4. Paris..... gothique. *Livre rare & satirique, sur tout contre la Cour de Rome & même contre les gens d'Eglise.*

L'Introduction au Traité de la Conformité des merveilles anciennes avec les modernes, ou Traité préparatif à l'Apologie pour Herodote, par Henry Estienne, in 8. Geneve 1566. *bonne Edition Mais comme il y en a plusieurs sous la même date, on ne connoît pas la bonne qu'à certains termes trop sales, qui sont même dans le Titre d'un des Chapitres du Livre & à la Page 280.*

—— Idem in 8. *de l'Imprimerie de Guillaume Maresc. 1572 Cette Edition est plus ample que celle de 1566. & contient encore, outre deux Additions, une Table des Matieres & une autre des Chapitres. Mais il est bon d'avoir les deux Editions ; car on trouve dans la premiere Henry Estienne dans tout son naturel ; il y a dans les autres des corrections que le Consistoire des Réformés l'obligea de faire dans certaines locutions trop burlesques dont il s'étoit servi.*

—— Idem in 8. 1576.

—— Idem in 8. 1582. *Il y en a encore dix*

dix ou douze autres Editions. Cette Satire vient du celebre Henry Estienne. Il est étonnant que l'on ait si souvent réimprimé cet Ouvrage, où il y a beaucoup plus de travail que d'esprit. Il n'a pas même été goûté des plus sages Protestans, quoiqu'il fut fait contre les Catholiques, & l'on obligea l'Auteur de retrancher certains termes sales, & qui ne conviennent dans aucune Communion. On estime fort l'Edition des Halles. Ce Livre d'ailleurs est connu sous le Titre d'Apologie pour Herodote.

Abbé en Belle-humeur, Nouvelle Galante, in 12. Cologne 1705. — 1709.

L'Abbé à sa Toilette, in 12. Cologne 1707. Hé pourquoi tant critiquer ces pauvres Abbez, les bonnes gens sont si utiles aux honnêtes Compagnies, qu'à peine pouroit-on s'en passer ; & s'il n'y en avoit pas on seroit obligé d'en faire faire qui leur ressemblassent.

Histoire des tromperies des Prêtres & des Moines, décrite dans un Voyage d'Italie par G. d'EMILIANE, in 8. Roterdam 1710. — & 1712. 2 vol.

De la Vie des Moines, & Memoires pour la vie des Moines, in 12..... 1676. A peine l'Auteur a-t-il pu effleurer sa matiere en un aussi petit volume.

Il faudroit pour y réussir une centaine de volumes bien étoffés; & si l'Ouvrage étoit bien fait, il seroit lu des Connoisseurs.

Le Moine sécularisé, in 12. Cologne 1676. — Maguelone 1677. — Amsterdam 1678. C'est une Satyre d'un Moine Renegat contre les Moines ses Confreres.

Les Avantures de la Madona & de François d'Assise, par Mr RENOULD, Amsterdam 1701. L'Auteur, jadis Cordelier, fut depuis Ministre à Londres: ce Livre, rempli de choses indécentes, est condamné même par les Protestans habiles.

Les Entretiens de la Grille, ou le Moine au Parloir, Historiette familiere, in 12. Cologne 1682.

Rasibus, ou le Procès fait à la Barbe des Capucins, in 12. Cologne 1680.

Marmite rétablie par les miracles du Pere Marc d'Aviano Capucin, in 12. Cologne 1684.

Jesuites & Moines en belle humeur, in 12. Cologne 1725.

Le Jesuite sécularisé, in 12. Cologne 1683.

Jesuites mis sur l'échafaut pour plusieurs crimes capitaux, par Pierre JARRIGE, in 12. Geneve 1649. — & Utrecht 1677.

Jesuites à tout faire, Histoire galante, in 12. *Liege* 1700.

Adamite, ou le Jesuite insensible, in 12. *Cologne* 1684.

Histoire du Pere la Chaise Jesuite & Confesseur du Roy Louïs XIV. in 12. *Cologne* 1693. 2 volumes. — & *la Haye* 1695. 2 volumes. *Satyre singuliere, mais extrêmement vive, & qui fait voir que le Pere de la Chaise étoit dans sa jeunesse un homme assez joyeux & assez agréable.*

Jean danse mieux que Pierre, Pierre danse mieux que Jean, ils dansent bien tous deux, in 12. *Tettonville* (ou *Hollande*) 1719. 5 volumes. *C'est une nouvelle Edition de l'Histoire du Pere de la Chaise.*

Histoire des Intrigues amoureuses du Pere Peters Jesuite, Confesseur de Jacques II. ci-devant Roy d'Angleterre, où l'on voit ses Avantures les plus particulieres & son véritable caractere, in 12. *Cologne* 1698. *Satyre encore plus infame que la précedente.*

Amours de Sainfroid Jesuite & d'Eulalie devote, in 12. *la Haye* 1729.

Venus dans le Cloître, ou la Religieuse en chemise, in 12. *Cologne* 1683. — & 1692. *Livre infame.*

Avantures de Joseph PIGNATA, échapé des Prisons de l'Inquisition de Rome, in 8. *Cologne* 1727.

Description du Païs de Jansenie, avec la Carte du Païs, in 12. *Bourg-Fontaine* 1688. *Petite Satyre assez agréable.*

Opere Schelte di Ferrante PALAVICINO, in 12. *Villafranca* 1673. 2 volumes. *On trouve plusieurs Romans satyriques de cet infortuné, mais ingenieux Ecrivain.*

Opere Schelte di Ferrante PALAVICINO, 6 volumes in 12. figures, *sine loco & anno.*

Le Courier dévalisé, publié par Ginifaccio SPIRONCINI (Ferrante PALAVICINO) tiré de l'Italien, in 12. *Villefranche* 1644.

La Taliclea di Ferrante PALAVICINO, Libri quattro, in 18. *Venetia* 1653.

La Guarduña de Sevilla y Anzuelo de las Bolzas, por Don Alonzo de CASTILLO SOLORÇANO, in 8. *en Madrid* 1642.

Divortio celeste cagionato delle dissolutezze de la Sposa Romana, di Ferrante PALAVICINO, in 12. *Villafranca* 1661.——1666.——1679. *C'est peu de chose.*

des Romans. 269

Le Divorce celeste causé par les dissolutions de l'Epouse Romaine, traduit de l'Italien de Ferrante PALAVICINO, in 12. *Villefranche* 1644.

Histoire de la Bastille, ou l'Inquisition Françoise, par Constantin de RENNEVILLE, in 12. *Amsterdam* 1724. 5 volumes, figures.

Recueil general des Caquets de l'Accouchée, mis par ordre en huit journées, in 8. 1624. *sine loco. Assez curieux & assez burlesque.*

Description de l'Isle des Hermaphrodites, nouvellement découverte, contenant les Mœurs, les Coûtumes & les Ordonnances de cette Isle, pour servir de suplément au Journal d'Henry III. in 8. *Cologne* 1726. *Satyre assez ingenieuse contre la Cour d'Henry III. & même contre celle d'Henry IV.*

Taureau Bannal de Paris, in 12. Cologne 1689. — & 1712.

Amours de Messaline Reine d'Albion, in 12. *Cologne* 1689.

Libertins en Campagne, Memoires tirés du Pere de la Joye ancien Aumônier de la Reine d'Yvetot, in 12..... 1710.

L'Infortuné Napolitain, ou la Vie ou Avantures du Seigneur Rozelli, in 12. *Paris* (*Hollande*) 1708. 2 volumes.

—— Idem in 12. *Amsterdam* 1719. 4 volumes —— & *Paris* (*Hollande*) 1722. 4 volumes.

Nouvelles Avantures de l'infortuné Napolitain, ou du Seigneur Rozelli, depuis son entrée en Hollande jusqu'à sa mort, in 8. *la Haye* 1722. 2 volum. *Ce nouvel Ouvrage forme les deux derniers volumes des Editions précedentes. D'ailleurs quoiqu'il y ait du vrai dans les Avantures du Sieur Rozelli, connu à la Haye & en beaucoup d'autres endroits, il ne laisse pas néanmoins d'y avoir beaucoup de faux ; mais d'un faux très-satyrique.*

ARTICLE X.

ROMANS DE POLITIQUE.

Vida y muerte de los Cortesanos, por el Señor de MOULERE Cavallero Gascon, in 12. *Paris* 1614.

Description de l'Isle d'Utopie, ou Miroir des Republiques du Monde, traduite du Latin de Thomas Morus,

RUS, in 8. *Paris* 1550.

L'Utopie de Thomas MORUS, contenant l'idée d'une République heureuse, traduite du Latin par M. GUEUDEVILLE, in 12. *Leyde* 1715. avec figures. *Ces Idées de Républiques imaginaires sont ordinairement peu recherchées.*

Histoire de Chelidonius Tigurinus sur l'Institution des Princes Chrétiens & Origine des Royaumes, par Pierre BOAISTEAU, in 8. *Paris* 1557. *Livre peu estimé & peu recherché.*

Il Rè Tiranno di Carlo TORRE, in 12. *in Venetia* 1642.

Joannis Barclaii Argenis, in 12. *Lugduni Batavorum* 1627. — 1630. — 1637. ——— Idem cum notis variorum, in 8. *Lugduni Batavorum* 1659. — 1662. *Cet Auteur a prétendu raporter sous des noms empruntés le fond de l'Histoire d'Henry III. & d'Henry IV. mais parmi les intrigues amoureuses il a soin d'y mêler des instructions de politique. On assure que le Cardinal de Richelieu avoit souvent ce Livre entre les mains. Je ne sçai s'il faisoit bien ; car aujourd'hui il est peu estimé.*

Joannis Barclaii Argenidis secunda & tertia Pars, in 8. *Lugduni Batavorum* 1669. *Cela fait le second volume de l'Edition dite* de variorum. *L'Auteur de* cette continuation, qui se nommoit Louïs-Gabriel BUGNOT, est mort en 1673. On y trouve de fort belles choses; & quelques personnes prétendent que c'est de-là que M. de Fenelon a tiré le fond de politique qu'il a si noblement employé dans son Telemaque.

Gabr. BUGNOTII Archombrotus Theopompus sive Argenidis secunda & tertia Pars, in 8. *Lugduni Batavorum* 1669.

―――― Il medesimo Libro (Argenis) tradotto per Francisco PONA, in 8. *Venetia* 1625.

La prodigiosa Historia de los dos Amantes Argenis y Poliarcho, in 4. en *Madrid* 1626. Tiré de l'Argenis de Barclaii par Don Gabriel CORREAL Docteur en Droit & Chanoine de Zamora. Cependant D. Nicolas Antonio la donne aussi à Don Joseph Pelizer.

―――― Le mismo transportado en Castellano, por Joseph PELLIZER de Salas, in 8. en *Madrid* 1626. Il y en a aussi une Version Allemande & une Angloise. Ainsi on voit par-là que ce Livre a été goûté par differentes Nations.

Argenis, continuada por el mismo D. Joseph PELLIZER, in 8......

Histoire de Poliarque & d'Argenis, abregée

abregée & traduite du Latin de Jean BARCLAY par Nicolas COEFFETEAU Evêque de Marseille, avec le Promenoir de la Reine à Compiegne, in 12. *Paris* 1628. — 1662. — & *Rouen* 1641.

L'Argenis de BARCLAY, traduite en François par Pierre DURIER, in 8. *Paris* 1623. — & 1638.

L'Argenis de Jean BARCLAY, avec la suite, traduite du Latin par le Sieur de Mouchemberg, in 8. *Paris* 1625. 2 volumes.

L'Argenis, ou les Amours de Polyarque & d'Argenis, traduites du Latin de Jean BARCLAY (par Pierre MARCASSUS) in 8. *Rouen* 1632. — & *Paris* 1633.

Argenis, Roman heroïque, in 12. *Paris* 1728.

Le même (Argenis) traduit nouvellement en François, par M. JOSSE Chanoine de la Cathedrale de Chartres, in 12. *Chartres* 1732. 3 volumes. *Ce Livre est fort bien traduit avec élégance & facilité ; mais il auroit été à souhaiter que M. l'Abbé Josse, homme d'esprit, eût exercé ses talens sur un Ouvrage moins ennuyeux & plus generalement utile.*

Adami KONTZEN Abissini Regis

Historia seu Methodus Doctrinæ Civilis, in 8. *Coloniæ Agrippinæ* 1628. *Le bon M. Tessier qui a donné une Histoire de divers Princes illustres, a eu la bonté de prendre ce Livre pour une véritable Histoire & cet Abissin pour un Roy réel; mais il y a long-tems qu'on lui a fait connoître que c'étoit un Roman de Politique sur un Prince imaginaire.*

Origine de la Royauté & du premier établissement de la Grandeur Royale, ou les Amours de Nembrot & d'Aphrosie, par le Sieur PELLISSERI, in 8. *Paris* 1684. *Mauvais Livre.*

Les Avantures de Telemaque fils d'Ulisse, par M. de la Mothe FENELON, depuis Archevêque de Cambray, avec des Remarques, in 12. *la Haye* 1711. — 1712.

——— Idem imprimé sur le Manuscrit original, avec les figures, in 4. *Paris* 1730.

——— Idem in 12. *Paris* 1717, 2 volum.

Les Editions de cet ingenieux Roman publiées depuis l'an 1717. *sont les plus fidéles & les plus conformes au Manuscrit de feu M. de Fenelon. L'Edition de Paris in* 4. *est fort belle, les figures bien dessinées; mais on en prépare encore une autre in* 4. *en Hollande dont l'impression sera*

sera magnifique & les figures proprement gravées.

Gl. Auvenimenti di Telemaco tradotti dal Francese, in 12. *Leyden* 1704.

Critique generale des Avantures de Telemaque, in 12. *Cologne* 1700. — & 1701. 2 volumes. *Cet Ouvrage est attribué au Sieur Gueudeville, ci-devant Benedictin & depuis Proselite réformé en Hollande. Il y a du bon, & quoique Gueudeville n'eut pas été capable de faire un Ouvrage de la beauté & de la délicatesse du Telemaque, il avoit assez d'esprit pour en faire une Critique raisonnable.*

La Telemacomanie, ou la Censure & critique du Roman intitulé les Avantures de Telemaque, in 12. *Eleuterople* 1700. *Ce Livre chargé d'une vaste & ennuyeuse érudition vient de M. l'Abbé Faydit, homme singulier en tout genre, & de qui nous avons encore plusieurs autres Ouvrages passables. Celui-ci n'est pas fort estimé.*

Les Avantures de Sophronime, avec quelques Dialogues, par l'Auteur du Telemaque, in 12......

Avantures d'Aristonous, in 12. *la Haye* 1696. *Les mêmes imprimées avec une Edition du Telemaque de Bruxelles de* 1700.

Voyage de l'Isle de Naudely, ou l'Idée d'un Régne heureux, in 12. Caseres 1703. — & Messine 1705. Ouvrage du Sieur LESCONVEL, dans lequel il prétendoit surpasser en beauté, en caracteres, en morale & en politique le Telemaque de M. l'Archevêque de Cambray. Le Public, qui n'est pas ordinairement la dupe du médiocre, lui a rendu bonne & briéve justice. Il a encore été imprimé sous le Titre suivant :

Voyage du Prince de Montberaud, ou Description de l'Isle de Naudely, in 12. . . . . . On a joint de fort jolies figures à la premiere Edition.

Avantures de Neoptoleme fils d'Achille, propres à former les mœurs d'un jeune Prince, par Mr CHANSIERES, in 12. Paris 1718. — in 12. la Haye 1719. Assez bon, mais fort au-dessous du Telemaque.

Ciro Politico di Filippo Maria BONINI, in 4. in Genova 1647.

Il Sileno, Historici & Politici Auvenimenti de Oratio CIACCOMARI, in 8. in Lione (Venetia) 1638.

Voyage de Cyrus, par Mr de RAMSAY, avec un Discours sur la Mythologie, in 12. Paris 1728. 2 volumes. — Idem in 4. Londres 1730. Ce Livre est

est écrit avec beaucoup d'élegance & de goût. Il y a du beau & de l'excellent, qui l'emporte sur quelques endroits plus foibles que des Critiques severes ont voulu reprocher à l'Auteur. Il suffit pour faire l'éloge de cet Ecrivain si poli de dire que c'est un des plus illustres Eleves de feu M. de Fenelon Archevêque de Cambray, l'un des plus sages, des plus vertueux, & même des plus habiles Prélats de l'Eglise de France.

Le Repos de Cyrus, in 8. Paris 1733. Ce Livre, qui est de M. l'Abbé PERNETTI, homme d'esprit & de merite, peut aussi-bien que le précedent passer pour un Roman de Politique. Il est écrit avec élegance & pureté. Peut-être l'Auteur y fait-il trop-tôt paroître l'amour; mais ce n'est pas un grand défaut quand il y est aussi sagement traité que dans cet Ouvrage, qui a eu du cours.

Sethos Roy d'Egypte, in 12. Paris 1731. 3 volumes. Ce Roman de Politique est de M. l'Abbé TERRASSON de l'Acadamie des Sciences & ensuite de la Françoise. Il est déja connu par d'autres ouvrages, sur-tout par une Dissertation très-ample sur Homere, & par deux Lettres très-curieuses sur le systeme des finances de l'an 1719. que l'on pouroit apeller

le

le Roman des Finances. Ce Livre, qui regarde la Politique, est écrit dans les mœurs Egiptiennes qui s'y trouvent rassemblées tant pour le gouvernement que pour l'usage de la vie civile. M. l'Abbé Terrasson feint qu'il a traduit ce Livre d'un Manuscrit Grec; on sçait ce que cela veut dire dans le stile de ses Confreres : cette particularité fait partie du Roman.

ARTICLE XI.

CONTES DES FE'ES & autres Contes merveilleux.

Histoire de Merlusine fille du Roy d'Albanie & de Madame Pressine, écrite en Latin par Jean d'ARRAS l'an 1387. & traduite en François, in fol. *Paris* 1500.
——— Idem in 4. *Lyon* 1500.
——— Idem in fol. *Lyon, gothique.*
——— La même Histoire revuë & mise en meilleur ordre, in 4. *Paris* 1584.
——— & *Troyes* 1639.
——— La même Histoire par L. M. D. M. in 8. *Paris* 1637. ——— & in 4. *Lyon* 1644.

1644. Cette Histoire se trouve aussi sous le Titre suivant :

Raymondin & Merlusine, in fol. *Paris*, gothique.

Histoire de Merlusine Chef de la Maison de Lusignan, par M. NODOT, in 12. *Paris* 1698. — & 1700. 2 vol. Ce Livre n'est pas écrit avec le goût convenable à cette nature de Romans ; le merveilleux n'en est ni assez gracieux ni assez surprenant. Ce que l'Auteur y mêle d'amours est assez mal arrangé. M. Nodot habile Munitionnaire d'armée n'étoit pas un parfait Munitionnaire d'amours; le peu qu'il en avoit n'étoit qu'ébauché. Ainsi il n'étoit gueres propre à en donner des leçons. Il n'est sur Merlusine rien de meilleur que Jean d'Arras, qui plaît au moins par son excessive naïveté. Cependant cette nouvelle Merlusine n'est pas commune, parce que les Libraires craignent peut-être de la réimprimer. Le second volume contient l'Histoire de Geofroy à la Grand'-Dent & de quelques autres Heros de cette sorte de Romans.

Entretiens sur les Contes des Fées & sur quelques-autres Ouvrages du tems, par M. l'Abbé de VILLIERS, in 12. *Paris* 1699. Petit Ouvrage où il y a du bon ; mais où l'on censure trop vivement

vement cette sorte de Romans.

Contes des Fées, par M. PERRAULT d'Armancourt, in 12. Paris 1697. Ce petit Ouvrage est de M. Perrault fils du celebre M. Perrault de l'Academie Françoise, qui a presque renouvellé de nos jours les Contes des Fées ; mais il paroît qu'il s'en est aquité avec un peu trop de sécheresse, un peu plus d'esprit ou plus de naïveté auroit fait merveille : Ce Livre a été réimprimé souvent pour les enfans, & fait aujourd'hui partie de la Bibliotheque bleuë.

Inès de Cordouë, Nouvelle Espagnole, in 12. Paris 1697. On y trouve quelques Contes des Fées, ce qui en fait tout l'agrément.

Les Contes des Fées, par Madame la Comtesse d'AULNOY, in 12. Paris 1698. 8 tomes ou volumes.

——— Idem in 12 Amsterdam 1708. 8 tomes en 4 volumes.

——— Idem in 12. Paris 17... 8 tomes, 4 volumes.

Ces Contes sont écrits avec grace, avec legereté, beaucoup de tours & de délicatesse, sur-tout dans les quatre premiers tomes. Sous l'aparence d'une simplicité, qui n'a rien de niais ni de dégoûtant, on trouve les mœurs & les instructions familieres

lieres qu'on pouvoit répandre dans ces petits Ouvrages ; & quoiqu'on les ait destinés d'abord pour de jeunes personnes, ils ne laissent pas d'amuser quelquefois agréablement ceux qui sont d'un âge mûr & formé.

Le Cabinet des Fées, contenant les Contes des Fées, in 12. *Amsterdam* 1717. 8 volumes.

Sans Parangon & la Reine des Fées, par le Sieur de PRESCHAC, in 12. *Paris* 1698. *Ce petit volume est assez estimé. Nous avons déja parlé du Sieur de Preschac comme d'une pepiniere de petits Romans.*

Histoires sublimes & allegoriques dédiées aux Fées modernes, par M. la Comtesse D.... (d'AULNOY) in 12. *Paris* 1699. *Ceci ne vaut pas à beaucoup près les autres volumes de Madame la Comtesse d'Aulnoy.*

Les Chevaliers errans, Contes des Fées, & le Genie familier, par Madame la Comtesse D**. in 12. *Paris* 16...— in 12. *Amsterdam* 1709. *Ce petit Livre est de Madame la Comtesse d'*AULNOY, *& vaut un peu mieux que le précedent ; mais toujours un peu moins que les premiers volumes.*

Contes moins Contes que les autres,

tres, in 12. *Paris* 1698. *Joli & bien écrit.*

Nouveaux Contes des Fées, in 12. *Amsterdam* 1718.

Nouveaux Contes des Fées, par Madame la Comtesse de MURAT, in 12. *Paris* 1698. 2 volumes. *Ces Contes sont écrits avec beaucoup d'esprit ; on sçait que Madame la Comtesse en avoit quelquefois trop. Pour savoir distinguer ces Contes d'avec beaucoup d'autres, il faut savoir que le premier tome commence par le Conte du Parfait amour, & le second par le Conte du Palais de la vengeance.*

Fées, Contes des Contes, par Mademoiselle D***. in 12. *Paris* 1698. 2 vol. — *Amsterdam* 1726. 2 vol. *Ces Contes, qui sont bien écrits, viennent de Mad. de la Force, aussi connuë par son illustre naissance que par plusieurs Romans fort recherchez.*

Les Fées à la mode, in 12. *Paris* 1698.

Illustres Fées, Contes galans, dédiés aux Dames, in 12. *Paris* 1698. — 1709. — *la Haye* 1731.

Recueil des Contes, du Sieur de LESCONVEL, in 12. *Paris* 1698. *Comme c'étoit le régne des Contes, tout le monde, jusqu'aux plus mauvais Auteurs, vouloient s'en mêler. Ce Recueil n'est point estimé.* Tyrannie

Tyrannie des Fées détruite, in 12. *Paris* 16... — & *Amsterdam* 1710.

Les Soirées Bretonnes, par Monsieur GUEULLETTE, in 12. *Paris* 1712. *Ce Livre est écrit dans le goût des Contes des Fées : c'est une matiere sur laquelle l'Auteur s'est fort exercé.*

Florine, ou la Belle Italienne, nouveau Conte des Fées, in 12. *Paris* 1713.

Les quatre Fracardins, Conte, par Mr le Comte HAMILTON, in 12. *Paris* 1730.

Fleur d'Epine, Conte, par M. le Comte HAMILTON, in 12. *Paris* 1730.

Le Belier, Conte, par M. le Comte HAMILTON, in 12. *Paris* 1730. *Tout ce qui est sorti de la plume de M. le Comte Hamilton est écrit avec esprit & avec goût.*

Nouveaux Contes des Fées, in 12. *Paris* 1731.

Histoire de la Sultane de Perse & des Visirs, Contes Turcs, traduite sur l'Original Turc de Chec-Zadé (par M. Antoine GALLAND) in 12. *Paris* 1707. — & *Amsterdam* 1708. 12 volumes. *Les premiers volumes assez intéressans, le reste contient des répetitions, & l'on a discontinué la Traduction de ce Recueil.*

Contes & Fables Indiennes de BID-
PAI

PAI & de LOKMAN, traduits d'Ali Tchelchi - Benfalek Auteur Turc par M. GALLAND, in 12. *Paris* 1714. 2 volumes, avec figures, — & 1724. 2 volumes. *Il y a dans ces Fables de la morale & de la politique.*

Les Mille une Nuits, Contes Arabes, traduits en François par M. GALLAND, in 12. *Paris* 1704. — 1708. 12 volumes.

—— Idem in 12. *Paris* 1726. 12 tomes, 6 volum. *Les premiers volumes sont assez intéressans, mais tout ne se soutient pas également & l'on y retombe dans des répétitions ennuyantes.*

Mille & un Jour, Contes Persans, traduits en François par le Sieur PETIT de la CROIX, in 12. *Paris* 1710. 5 volumes.

—— Idem in 12. *Amsterdam* 1711. 5 vol. *Livre fort amusant, écrit d'une memoire vive & intéressante ; mais il s'en faut bien que le cinquiéme volume réponde à l'agrément des quatre premiers ; la conclusion sur-tout en est fort médiocre. Si M. Petit de la Croix a été Traducteur, M. le Sage y a prêté son stile, qui est très-agréable.*

Les Mille & un Quart-d'heure, Contes Tartares, in 12. *Paris* 1723.

3 volumes. *Ils sont de M.* GUEULLETTE, *qui a du goût pour ce genre de composition.*

Les Sultanes de Guzarate, ou les Songes des hommes éveillés, Contes Mogols, par M.... in 12. *Paris* 1732. 3 volumes. *Ces Contes sont aussi de M.* GUEULLETTE, *Substitut de M. le Procureur du Roy du Châtelet de Paris.*

Les Mille & une Faveur, ou Avantures de Zeloïde & d'Amanzarifdine, Contes Indiens, in 12. *Paris* 1718. — *Bruxelles* 1717. *Peu recherchés.*

Les Avantures merveilleuses du Mandarin Fum-Hoam, Contes Chinois, in 12. *Paris* 1723. 2 volumes. —— Idem in 12. *la Haye* 1725. 2 vol. *par M.* GUEULLETTE.

La Tour tenebreuse & les Jours lumineux, Contes Anglois, par Mademoiselle L'HERITIER, in 12. *Paris* 1705. — & *Amsterdam* 1706.

Avantures d'Abdalla envoyé à la découverte de l'Isle de Borico, où est la Fontaine merveilleuse dont l'eau fait rajeunir, traduites en François par M. de SANDISSON, in 12. *la Haye* 1713. 2 volumes. — in 12. *Paris* 1723. 2 volumes.

ARTICLE

ARTICLE XII.

CONTES ET NOUVELLES
amoureuses, satiriques & tragiques.

ITALIENS.

LE Cento Novelle antike, *in* 4. *in Bologna* 1525. — & *in* 4. *in Venezia* 1571. C'est le plus ancien *Auteur Italien* qui ait écrit des *Contes*. C'est pourquoi l'*Auteur* étant inconnu, on l'apelle NOVELLE ANTIKE. *L'Edition de Boulogne est magnifique & très-rare, & celle de Venise n'est pas commune. Ces deux Editions conservent l'ancienne ortographe Italienne*; mais elle a été changée par le GUALTERUZZI dans l'*Edition qu'il a publiée de ces Contes en* 1572. *qui sera marquée ci-après.*

Il Decamerone di Messer Giovan.' BOCCACCIO, in foglio, *sans année (mais cependant de l'an* 1470.) *& même sans nom de lieu ni d'Imprimeur. Ce Livre est si celebre dans l'étude de la Langue Italienne,*

lienne, aussi-bien que dans les Contes joyeux, que je crois faire plaisir aux Curieux de marquer toutes les autres Editions qui sont venuës à ma connoissance.

―― Il medesimo in foglio, *in Venegia*, *Valdarfer* 1471.

―― Il medesimo in foglio (*in Vicenza*) per Giovanni di RENO 1475.

―― Il medesimo in foglio, *in Venegia* 1481.

―― Il medesimo in foglio, *in Venegia de Toris* 1484. Ces Editions, quoique rares & curieuses, ne sont pas néanmoins aussi recherchées que la plûpart des suivantes:

―― Il medesimo Decamerone di Messer Giovan. BOCCACCIO, in 4. *in Venegia*, *Gregori* 1516.

―― Il medesimo in 4. *in Fiorenza Giunta* 1516.

―― Il medesimo in 8. magno, *in Venegia Aldo* 1517.

―― Il medesimo in 8. magno, *in Venegia Aldo* 1522. On trouve dans cette Edition trois Contes surnumeraires qui ne sont point de Boccace, mais qui ne laissent pas d'être bons.

―― Il medesimo, corretto dal magnifico DELPHINO, in 8. *in Venegia* 1525.

―― Il medesimo Decamerone di Messer

ser Giovan. BOCCACCIO, in 8. magno, *in Firenze per gli Eredi di Filippo Giunta* 1527. *Cette Édition est extraordinairement rare, même en Italie; & la plûpart des Nonces du Siege Apostolique, qui ne l'ont pas, l'achetent dans les Païs, où on les envoye, tant ils ont de peine à la trouver, même à Rome. La raison de cette estime & de cette rareté vient de ce qu'elle a été faite sur le Manuscrit Original. Elle a été copiée dans les Editions que nous indiquerons ci-après.*

—— Il medesimo in 8. *in Venegia, Bindoni* 1529.

—— Il medesimo col Vocabolario di Lucio MINERBI, in 8. *in Venegia Vidali* 1535.

—— Il medesimo in 8. *in Brescia* 1536.

—— Il medesimo in 8. *in Venegia Aldo* 1537.

—— Il medesimo in 8. *in Venegia Niccolini* 1537.

—— Il medesimo, corretto dal BRUCCIOLI, in 4. *in Venetia Zannetti* 1538.

—— Il medesimo in 8. *in Venetia de Farri* 1540.

—— Il medesimo, corretto da Lodovico DOLCE, in 4 *in Venetia per Curzio Navo* 1540.

—— Il medesimo, con le medesime Dichiara-

des Romans.

Dichiarationi di DOLCE, in 4. *in Venetia Giolito* 1541.

—— Il medesimo in 4. *in Venetia Giolito* 1542. *Toutes les Editions du Giolito sont très-estimées.*

—— Il medesimo, corretto dal BRUCCIOLI, in 12. *in Venetia Giolito* 1542. *Très-rare.*

—— Il medesimo in 4. *in Venetia Giolito* 1546. *Edition très-estimée.*

—— Il medesimo in 4. *in Venetia Giolito* 1548.

—— Il medesimo in 4. *in Venetia Giolito* 1550.

—— Il medesimo in 4. *in Venetia Giolito* 1552.

—— Il medesimo in 12. *in Venetia Giolito* 1552. *Très-rare.*

—— Il medesimo in 4. *in Venetia Valgrisi* 1552.

—— Il medesimo in 8. *in Venetia Comin da Trino* 1552.

—— Il medesimo in 12. *in Lione Rovillio* 1552. *Rare.*

—— Il medesimo in 4. *in Venetia Giolito* 1554.

—— Il medesimo in 12. *in Lione Rovillio* 1555. *Petite Edition très-jolie & fort estimée pour les Notes que l'on a tirées des* Proses *du* Bembo.

—— Il medesimo in 4. *in Venetia Valgrisi* 1557.

—— Il medesimo in 12. *Amsterdam* 1665.

—— Il medesimo in 12. *Amsterdam* 1668. *Ces deux Editions sont des Elzevirs.*

—— Il medesimo in 12. *in Geneva* 1679. 2 volumes.

—— Il medesimo riveduto dal Signor ROLLI, in 4. *in Londra* 1725. *Assez belle Edition. M. Bonamy, homme d'esprit & très-grand Litterateur, a écrit contre cette derniere Edition des Remarques très-judicieuses & très-censées.*

—— Il medesimo in 12. *in Amsterdam* 1726. 2 volumes. *Assez belle Edition.*

Ces cinq dernieres Editions ont été copiées sur celle de 1527. *cependant celles de* 1665. 1668. *&* 1726. *quoique très-belles pour le caractere, ne laissent pas d'avoir des fautes; ce qui fait qu'on préfere toûjours les Editions d'Italie, où on l'a réimmée en* 1732. *mais sous la date de* 1527.

—— Il Decamerone di Messer Giovan. BOCCACIO, in 4. *Firenze* 1573.
—— 1582. —— & 1587. *On a corrigé dans ces trois dernieres Editions & dans les suivantes les endroits où Boccace s'étoit un peu échapé contre les Prêtres, les Moines*

nes & les Nonnes, *comme si l'amour pouvoit se passer de sujets qui peuvent lui être aussi fidéles que ceux-là*. Le Clergé devroit presenter Requête à l'Academie de la Crusca pour se faire rétablir dans le Decameron de Boccace, attendu qu'ils y tiennent trop bien leur place pour être rayés de cet agreable Livre. Mais à bon compte cette Edition est recommandable par les observations que ces illustres Academiciens, & sur-tout le Cavalier Salviati, ont mises à la fin de l'Ouvrage, pour éclaircir divers endroits de ces admirables Contes.

Le Cento Novelle di Messer Giovan. BOCCACIO, ridotte in ottava rima, da M. Vincenzo BRUGIANTINO, in 4. *in Venegia 1554. Ouvrage extrêmement rare.*

Le Prince Galliot, ou le Decameron de M. Jean BOCCACE, traduit en François par Laurent du PREMIERFAIT, in fol. *Paris 1485.*

—— Idem in 8. *Paris 1534. Cette Traduction, qui n'est pas tout-à-fait litterale, fut faite quarante ans après la mort de Boccace. Ainsi l'an 1415. c'est ce que témoigne le Traducteur dans un Avertissement qui se trouve dans les Manuscrits que j'en ai vu; il y dit même que ce fut* par ordre de *Jeanne* Reine de *Navarre*, femme par conſequent un peu voluptueuſe. C'eſt ce qu'on reproche à beaucoup d'autres Reines de ce Royaume. Il y a dans l'Edition in 8. de 1534. trois Contes qui ne ſont point à la verité de Boccace ; mais qui ſe trouvent dans l'Edition d'Alde de 1522. & dans celles des Juntes de 1516.

Le Decameron de M. Jean Boccace, ou le Prince Galliot, nouvellement traduit en François par Antoine le Maçon, in fol. *Paris* 1543. — & 1545.
—— Idem in 8. *Paris* 1559.
—— Idem in 8. *Paris* 1569.
—— Idem in 16. *Paris* 1570.
—— Idem in 16. *Paris* 1578.
—— Idem in 16. *Lyon* 1578.
—— Idem in 16. *Lyon* 1597.
—— Idem in 8. *Lyon* 1598.
—— Idem in 8. *Amſterdam* 1697. 2 volumes, avec figures. *Cette Traduction, qui eſt fort eſtimée, fut faite par ordre de Madame Marguerite Reine de Navarre, ſœur de François I. Antoine le Maçon, qui étoit au ſervice de cette Princeſſe, fut un des beaux & bons eſprits de ſon ſiécle. La Langue Françoiſe & les Lettres lui ont obligation. J'ai raporté les plus belles Editions de cette Verſion.*

Les Contes de Boccace, Traduction nouvelle, in 8. *Amsterdam 1697.* — 1699. 2 volumes, avec figures, in 8. *Cologne* 1702. — & 1712. 2 volumes, avec figures. *Version libre & même un peu trop libre ; ainsi je crois que Version pour Version, il faut s'en tenir à l'ancienne d'Antoine le Maçon, au moins pour ceux qui n'ont point d'aversion pour le stile ancien du Régne d'Henry II.*

Giovan BOCCACCIO Fiammetta, Ameto, Laberinto d'amore e l'Urbano, in 8. *in Venegia Giolito.* 1558.

Giovan. BOCCACCIO l'amorosa Fiammetta, in 4. . . . . . 1472. — in 4. *in Venezia* 1481.

Giovan. BOCCACCIO l'amorosa Fiammetta, in 8. *in Fiorenza* 1517. — 1524. — 1533. — 1594.

——— La medesima in 8. *in Venezia* 1525.

——— La medesima in 8. *in Venezia Giolito* 1542. — 1546. — 1565. — 1575. 1578. — 1584.

——— La medesima in 12. *in Venezia* 1562. — 1589.

Giovan. BOCCACCIO l'amorosa Fiammetta è l'Corbaccio, corretti da Lodovico DOLCE, in 12. *in Venegia* 1551.

Jean BOCCACE, la Complainte

des tristes amours à son ami Pamphile, in 8. *Lyon* 1532.

La Flammette amoureuse de Jean BOCCACE, Italien & François, in 12. *Paris* 1609. —— & 1622.

Ninfe di Ameto, Commedia di Giovan. BOCCACCIO, in 4. *in Venezia* 1478.

—— La medesima in 4. *in Trevigi* 1479. Ces premieres Editions sont plus rares & plus curieuses qu'elles ne sont utiles ; aussi-bien que plusieurs de celles qui suivent.

Giovan. BOCCACCIO, l'Ameto Commedia delle Nimphe Fiorentine, in 4. *in Roma* 1520.

—— Il medesimo in 4. *in Milano* 1520.
—— Il medesimo in 8. *in Venezia* 1524.
—— 1529. —— 1534. —— 1536.
—— Il medesimo in 8. *in Venezia Giolito* 1545. —— 1558. Les Editions de Rome & de Milan contiennent quelques Observations de Jerôme Claricio ; & celle de Venise du Giolito est très-belle & très-exacte.

Il Nimphale, che tratta d'amore, per Giovanni BOCCACCIO, nel quali si contiene l'innamoramento d'Affrico & di Mensola, & i lori accidenti & morte, in 4. *sans date ni lieu d'impression.*

Giovan.

Giovan. BOCCACCIO, il Laberinto d'amore, in 8. *in Milano* 1520.

―― Il medesimo in 8. *in Venezia* 1516. ―― 1525. ―― 1536. ―― & 1546.

―― Il medesimo in 8. *in Venezia Giolito* 1558.

Giovanni BOCCACCIO, il Corbaccio, in 8. *in Parigi Morello* 1569. ― & in 8. *in Firenze* 1594. *C'est le même Livre que le Labirinte d'amour du même Jean Boccace.*

Jean BOCCACE, le Labyrinthe d'amours, autrement invective contre une mauvaise femme, traduit en François par François de BELLEFOREST, in 16. *Paris* 1571.

Le Songe, ou le Labyrinthe d'amour de M. Jean BOCCACE, traduit de l'Italien par le Sieur de PREMONT, in 12. *Paris* 1699. ―― 1705. ― & *Amsterdam* 1699. ―― 1703. *C'est une invective contre les femmes. Cette derniere Traduction est fort mauvaise, & si libre, qu'à peine y trouve-t-on Boccace, dont le Traducteur a retranché ce qui pouvoit piquer le goût du Lecteur, il n'a laissé presque de son Original que certains traits de morale, tels que Boccace les mettoit dans ses Ouvrages, même les plus joyeux; car nos peres ne laissoient en se* divertissant copieusement de penser un peu à Dieu & aux Saints du Paradis. C'est ce qui leur faisoit trouver tant de plaisir dans les joyes de ce monde.

Urbano, Historia di Giovan. Boccaccio, in 8. *in Venezia* 1543. —— *in Firenze* 1598.

Urbain le Méconnu, fils de l'Empereur Frederic Barberousse, traduit de l'Italien de Jean BOCCACE, in 4. Lyon..... *caracteres gothiques*.

Giovan. Boccaccio, il Philocopo o vero innamoramento di Florio e di Biancafiore, in foglio, *in Venezia* 1472. —— *in Milano* 1476. —— in foglio, *in Venezia* 1485.

—— Il medesimo in 4. *in Venezia* 1520.

—— Il medesimo in 8. *in Venezia* 1538.

—— Il medesimo riveduto da Franc. Sansovino, in 8. *in Venezia* 1551. —— 1554.

—— Il medesimo in 8. *in Firenze* 1594.

L'Edition de 1554. qui a été revuë par le Sansovin, est la plus estimée ; cet Ouvrage est quelquefois imprimé sous le titre de Philocolo.

Le Philocope de Jean BOCCACE, contenant l'Histoire de Fleuri & de Blancheche-Fleur, traduit en François par Adrien SEVIN, in fol. *Paris* 1542. — Idem in 8. *Paris* 1555. — & in 16. *Paris* 1575.

Amorosa Visione di Giovan. BOCCACCIO, nella quale Si contengono cinque Triumphi Cioè Triumpho, di Sapientia, di Gloria, di Richezza, di Amore & di Fortuna, in 4. *in Milano* 1520. — & in 8. *in Venetia* 1521.

—— La medesima in 8. *in Venetia Giolito* 1549. —— 1558.

Amazonide di Giovan. BOCCACCIO, chiosato da Andrea de' BASSI, in fol. *in Ferrara, sans date & sans nom d'Imprimeur. On croit que c'est le premier Poëme Italien qui a été imprimé.*

Le Forze d'Ercole, di Giovan. BOCCACCIO, in fol. *in Ferrara* 1475.

Poema della Teseide del BOCCACCIO, chiosato e dichiarato da Andrea de' BASSI, in fol. *in Ferrara* 1475.

—— La Teseide di Giov. BOCCACCIO, revista, in 4. *in Venezia* 1528. *Le même Poëme a été mis en prose par Nicolas* GRANUCCI *& imprimé in* 8. *à Luques en* 1579. *le titre de la Version Françoise qui suit fait voir quel est le sujet de ce Roman.*

La Theseide de Jean BOCCACE,

contenant les chastes amours de deux Chevaliers Thebains, Arcite & Polemon, traduite de l'Italien par D. C. C. in 12. *Paris* 1597.

Historia molto dilettevole di Giov. BOCCACCIO, in 8. *in Vinegia* 1526.

Il Pecorone di S. Giovan. FIORENTINO, nel quale si contengono cinquante Novelle antiche, in 8. *in Milano* 1558. —— in 8. *in Trevigi* 1601. *Ce Livre est ancien & fut commencé en 1378. trois ans après la mort de Boccace. Ce sont des Nouvelles racontées par un Moine & une Religieuse qui s'aimoient bien & s'embrassoient tendrement en tenant les propos les plus joyeux en amour: c'étoit une des moindres consolations que prenoient ces bonnes gens; c'est l'Auteur même qui le dit sur la fin de son Livre, qui est assez rare & assez bien écrit; mais cependant peu recherché. L'Auteur est nommé Joannes Comicus par* POCCIANTI *dans son Catalogue des Ecrivains de Florence. L'Edition de* 1558. *est la meilleure.*

POGGII Florentini facetiarum Liber, in fol. *Editio antiqua.*

—— Idem in 4. *Basileæ* 1488.

POGGII Historiæ Convivales, orationes, invectivæ Epistolæ & facetiarum

rum Liber, in 4. *Paris 1511.*

Facetie di POGGIO, tradotte di Latino, in 12. *in Venegia 1553.*

Les Faceties du POGGE Florentin, tranflatées en François, in 4. *Lyon....*

On les a réimprimées sous le titre suivant :

Contes facetieux du POGGE Florentin, traduits en François, in 16. *Lyon 1558.* —— & in 16. *Paris 1605.*

Contes du POGGE Florentin, avec des Réflexions (par M. DURAND Miniftre du S. Evangile) in 12. *Amfterdam 1712.*

Belphegor, Nouvelle, traduite de l'Italien de MACHIAVEL par M. le FEVRE, in 12. *Saumur 1664.*

Hieron. MORLINI, Novellæ, Fabula & Comœdia, in 4. *Neapoli 1520. Très-rare, mais cependant peu important, si ce n'eft par le grand nombre d'infamies & d'obfcenités groffieres dont il eft rempli, avec un nombre plus que fuffifant de folecifmes. Straparole en a tiré plufieurs Contes qu'il a fçu mieux employer dans fes* Piacevoli notti.

Le Cinquanta Novelle, di MASUCCIO Salernitano, intitolate il Novellino, in fol. *in Venetia 1484.* —— Le medefime in foglio 1492. *Sans lieu d'impreffion.*

—— Le medesime con somma diligentia reviste, corrette e stampate, in 8. *in Venegia* 1522. —— 1525. —— 1531. —— 1535. —— & 1541.

Settanta Novelle di Giovanni SABADINO de gli Arienti Bolognese (o vero le Porretane) in foglio, *in Bologna* 1483.

—— Le medesime in foglio, *in Venezia* 1504. *Ces Editions sont rares & curieuses, mais peu utiles.*

Porretane di Giovanni SABADINO, dove si narra Novelle settanta una, in 8. *in Venegia* 1521. —— 1531. —— & *Verona* 1540.

Opera nuova di Pietro ARETINO, laqual scopre le astutie delle Cortigiane; Dialogo trà Nanna & Antonia, in 8. *Napoli* 1535.

—— La medesima in 8. *in Torino (o Venezia)* 1536. *Ce sont-là les deux premieres Editions des* Ragionamenti *de Pietro* ARETINO, *Livres qui ne conviennent qu'à très-peu de personnes.*

—— Ragionamenti di Pietro ARETINO, in 8. .... 1574. 2. volumes.

—— Gli medesimi, in 8. .... 1584. —— 1583. —— 1589. *Bonnes Editions, où sont encore plusieurs autres Traités, surtout celui de Molza, intitulé* Comento delle fiche. —— Gli

—— Gli medesimi, in 8..... 1668.

Capricciosi Ragionamenti di Pietro ARETINO, dove nella prima Parte la Nanna in Roma sotto una ficaia racconta à l'Antonia la vita dele Monache, &c. 1589. II. Parte nella quale la Nanna insigna alla Pippa sua figlivola ad esser Putana, &c. III. & ultima Parte Cioè de le Corti & del Givoco, 3 tom. 1 vol.

Capricciosi & Piacevoli Ragionamenti, con certe Postille che Dichiarano i Luoghi & le parole più oscure, in 8. *Amsterdam* 1660. *Assez recherchée. Elle est rare quand la* Puttana errante *est à la fin.*

Ragionamenti di Pietro ARETINO, Parte terza, in 12. *Londra* 1580.

Dialogo di Petro ARETINO, del Gioco, con moralità piacevole, in 8. *Vinegia* 1545.

Ragionamento di Pietro ARETINO, dele Corti del mondo, e di quella del Cielo, in 8...... 1539. —— 1541. —— & 1589.

Gasparis BARTHII Pornoboscodidascalus Latinus, seu colloquium muliebre P. ARETINI, in 8. *Francofurti* 1624. —— *& Cigneæ* 1660. *C'est une Traduction Latine des* Ragionamenti *de l'Aretin* l'Aretin donné par Barthius l'un des plus grands Litterateurs de son tems.

Ragionamento del Zoppino fatto frate e Lodovico Putaniere, dove contiensi, la Vita & Genealogia de tutte le Cortigiane di Roma, in 8. 1539. *Sans lieu d'impression.*

La Puttana errante, o vero Dialogo di Magdalena e Giulia di P. ARETINO, in 8. *sans lieu ni date. Outre ce Dialogue infame de Pietro Aretino, il y a encore un Poëme plus infame sous le même titre* Di Maf. (d'autres le nomment Lorenzo.) VENIERO *eleve de l'Aretin, imprimé à Venise en* 1531. *il est rempli des ordures les plus dégoûtantes & les plus monstrueuses, soit pour les paroles, soit pour le sens. Il a été réimprimé en un petit volume sous le titre suivant*:

Poesie da Fuoco di diversi Autori. *Le second feuillet a pour titre*: La Putana errante di Maf. Ven. in 12. *in Lucerna* 1651. *Il y a encore dans ce Recueil, qui est très-rare, d'autres Poësies Italiennes extrêmement vives.*

La Retorica delle Putane, in 8. *Cambray* 1642. *On croit que c'est à Geneve.*

Commento di ser Agresto da Ficaruolo sopra la prima ficata del Padre siceo con la diceria de' Nasi, in 8. 1584. *Sans lieu d'impression.*

Il Puttanismo moderno, con il novissimo Parlatorio delle Monache, in 12. *Sans date ni lieu d'impression.*

Ragionamenti & Novelle di M. Agnuolo FIRENZUOLA Fiorentino, in 8. *in Fiorenza* 1548. —— 1552. *Cet Ecrivain passe pour une des meilleures plumes de l'Italie, il vivoit au commencement du* XVI. *siécle, qui fut le tems de la belle Litterature Italienne. Ces Nouvelles se trouvent imprimées avec le Recueil des Oeuvres de Firenzuola à Florence en* 1548. *Il y a encore quelques Pieces de cet Auteur qui ne sont pas dans ce Recueil.*

Antonio MARICONDA trè Giornate delle favole d'Aganippe, in 4. *Napoli* 1550.

Novelle di Matteo BANDELLO, *in Lucca* 1554. 3 volumes.

—— Del medesimo volume quarto, in 8. *in Lione* 1573.

—— Del medesimo, il primo volume delle medesime Novelle del BANDELLO, con una aggiunta d'Alcuni sensi morali da Ascanio CENTORIO degli Hortensi, in 8. *in Milano* 1560. *Quelques Auteurs prétendent qu'il s'apelloit Jean, & non pas Matthieu. Ce sont-là les meilleures Editions de ces Nouvelles, qui ont*

ont eu beaucoup de réputation, mais dont le sujet renferme ordinairement un grand fond de tristesse, malgré l'amour qu'on y a semé, parce que le dénouëment en est presque toûjours funeste.

Histoires tragiques du BANDEL, traduites en François par Pierre BOAISTUAU & François de BELLEFOREST, in 8. *Paris* 1568. 7 volumes.
—— Idem in 16. *Paris* 1579. 7 volum.
—— Idem in 16. *Lyon* 1596. 7 volum.
—— Idem in 16. *Roüen* 1603. 8 vol.

Pierre Boaistuau n'a traduit que les six premieres Nouvelles du premier volume, le reste est de François Belleforest, qui s'est même donné un peu trop de carriere dans cette Version.

Les Histoires tragiques du BANDEL, traduites en François par Pierre BOAISTUAU, in 8. *Paris* 1567.
— Idem in 12. *Anvers* 1567. Il y a encore d'autres Editions : mais comme nous venons de le marquer Boaistuau n'a traduit que six Nouvelles.

Histoires prodigieuses, extraites de plusieurs Auteurs, par Pierre BOAISTUAU, in 8. *Paris* 1561. Il y a quarante Histoires dans ce Recueil.
—— Les mêmes augmentées de quatorze Histoires par Claude TESSERANT,

RANT, in 8. *Lyon......*

—— Six Histoires prodigieuses ajoutées à celles de Pierre BOAISTUAU par François BELLEFOREST, in 8. *Paris* 1575. *C'est le tome second des Histoires prodigieuses.*

—— Idem tom. 3. des Histoires prodigieuses par François de BELLEFOREST, contenant quatre Histoires, in 16. *Bordeaux* 1578.

—— Idem tom. 4. des Histoires prodigieuses, par François de BELLEFOREST, contenant..... Histoires, in 8. *Paris* 1582.

I Capricci del Bottaio, di Giovan. Battista GELLI, in 8. *in Fiorenza* 1551. *Ouvrage très-rare & rempli de vivacités amoureuses un peu violentes.*

Hecatommiti ò vero Cento Novelle da Giovan. Battista GIRALDI Cinthio, in 8. *in Monte Regale* 1565. 2 vol. —— in 4. *in Venezia* 1566. —— 1580. —— & 1593. *Elles sont assez estimées.*

Les Cent Nouvelles de Baptiste GIRALDI, traduites de l'Italien en François par Gabriel CHAPUYS, in 8. *Paris* 1584. 2 volumes. *Version assez bonne.*

Diporti di Girolamo PARABOSCO, in 12. *in Venegia* 1564. *Ce sont des Nouvelles.*

velles où il y en a d'interessantes. La Fontaine en a imité quelques-unes dans les Contes ingenieux que nous avons de lui.

Novelle di Nicolo GRANUCCI, in 8. *in Lucca* 1566.

—— Del medesimo, Piacevol notte e Lieto Giorno, in 8. *in Venetia* 1574. *Je ne sçai si c'est le même Ouvrage.*

Cento Novelle scelte de più nobili scrittori da Francisco SANSOVINO, in 4. *in Venezia* 1566. —— 1576. —— & 1603.

—— Le medesime con l'Aggiunta di Cento altre Novelle antiche, in 4. *in Venezia* 1571. —— & 1597. *Le Sansovino travailloit peu de lui-même, tout ce qu'il publioit étoit tiré d'un fond étranger, c'étoient des Recueils sur toutes sortes de sujets; mais ces Nouvelles sont regardées comme une des meilleures compilations qu'il ait données.*

Il sei Giornate di Seb. ERIZZO, Mandate in Luce da Lod. DOLCE, in 8. *in Venetia* 1567.

Le Tredeci Piacevoli notti del Signor Giovan. Francesco STRAPAROLA, in 8. *in Venetia* 1551. —— 1557. —— 1558. —— 1560. —— 1570. —— 1578. —— & 1580. *Belles & bonnes Editions. Cet Ouvrage contient* 74 *Contes, dont quelques-uns*

uns sont assez bons : il y en a encore d'autres Editions Italiennes.

Les facetieuses Nuits de Jean-François STRAPAROLE, Livre I. traduit de l'Italien par Jean LOUVEAU & Pierre de la RIVEY, in 8. *Lyon* 1560.

—— Le second & dernier Livre des facetieuses Nuits, traduites de l'Italien de Jean-François STRAPAROLE par Pierre de la RIVEY, in 16. *Paris* 1576. —— & in 8 *Lyon* 1572. 2 vol. —— in 16. *Lyon* 1577. —— in 16. *Paris* 1585. 2 tomes en 1 vol. —— in 16. *Lyon* 1596. 2 tomes en 1 vol.

—— Idem in 12. *Paris* 1726. 2 volum. Belle Edition. *Il y en a une autre en trois volumes fort inferieure à celle-ci.*

Libro di Novelle, & di bel parlar gentile, nel qual si contengono Cento Novelle altravolta mandate fuori da Messer Carlo GUALTERUZZI, da Fano, in 4. *in Fiorenza* 1572. Ce sont les Cento Novelle antike, *dont le Gualterucci a changé l'ortographe.*

Nicolo GRANUCCI Piacevol notte e Lieto Giorno, in 8. *in Venezia* 1574.

Il Fuggigilozzio di Tomaso COSTO, diviso in otto Giornate; dove si Ragiona delle Malizie de femine e trascuraggine di Mariti, &c. in 8. *in Venetia* 1605. — & 1620.

La prima Parte delle Novelle d'Ascanio PIPINO de' mori, in 4......

Ducento Novelle di Celio MALESPINI, in 4. *in Venetia* 1609. 2 tomes 1 volume.

Cento Novelle amorose de i Signori Academici incogniti in trè Parti, publicate da Franc. CARMENI, in 8. *in Venetia* & *in Cremona* 1642. — & in 4. *in Venetia* 1651.

La Nave o vero Novelle amorose e politiche del Conte MAJOLINO BISACCIONI, in 12. *in Venetia* 1643. 2 volumes.

Contes & Historiettes divertissantes tirées du Sieur GUICHARDIN & autres, par le Sieur POMPE, in 12. *Paris* 1688.

Il Porto, Novelle del Marchese Majolino BISACCIONI, in 12. *in Venetia* 1664.

Novelle di Scipione BARGAGLI, in 8.....

La Dianea, le Novelle amorose egli amori infelici, da Giov. Franc. LOREDANO, in 12. *in Torino* 1617. — in 24. *in Venetia* 1649. — 1651. — & 1654.

Cento Auvenimenti ridicolosi, in 12.

12. *Bologna* & *Modona* 1678.

Il Pentamerone del Caval. Giov. Batt. BASILE, o vero lo Cunto de li Cunti Trattenimiento de li Peccerille di Gran. Alesia ABBATTUTIS, in 12. *in Roma* 1679.

Mich. Scoti mensa Philosophica, seu Enchiridion questionum jucundarum & facetiis refertarum accessit Libellus jocorum & facetiarum Othomari LUSCINII, in 12. *Francofurti* 1602.

CONTES EN FRANÇOIS.

Les Cent nouvelles contenant cent Histoires nouveaux, qui sont moult plaisans à raconter en toutes bonnes Compagnies par maniere de Joyeuseté, in 4. *Paris..... gothique.*

―――― Idem in folio, *Paris, Verard, gothique.*

―――― Idem in 8. *Cologne* (c'est-à-dire) *Amsterdam*) 1701. 2 volum. *avec figures.*

Les trois Contes intitulés de Cupido & de Atropos, dont le premier fut inventé par SERAPHIN Poëte Italien & les deux autres par Jean le MAIRE, avec quelques autres Poësies fies de Guillaume CRETIN, in 8. *Paris* 1526.

Jeanne Flore Contes Amoureux touchant la punition que fait Venus de ceux qui méprifent le vray Amour, in 8. *Lyon*.....

——— Idem in 8. *Paris* 1532. — & 1543.

Le Parangon des Nouvelles honnêtes & delectables à tous ceux qui defirent oüir chofes récreatives, in 16. *Lyon* 1532.

Hiftoire des Amans fortunés, ou Recueil de diverfes Hiftoires & Contes, par Pierre BOAISTUAU furnommé LAUNAY, in 4. *Paris* 1558.

L'Heptameron, ou Hiftoire des Amans fortunés; Nouvelles de Marguerite de VALOIS, Reine de Navarre remifes en ordre, par Claude GRUGET, in 4. *Paris* 1559. — 1560. — 1561. — & 1567.

——— Idem in 8. *Paris*. 1615.

——— Idem in 12. *Amfterdam* 1698. 2. volumes. *On a confervé dans cette Edition l'ancien ftile. Elle eft en deux petits volumes in* 12. *fans figures.*

Contes & Nouvelles de Marguerite de VALOIS, Reine de Navarre mis en beau langage, in 8. *Amfterdam*

des Romans. 311

dam 1698. 2 volumes 1700. —— 1708. 2 volumes, *avec figures.*

—— Idem in 12. *Amsterdam (Rouen)* 1723. 2. volumes, *avec figures.*

Les Contes du monde adventureux par A. D. S. D. in 8. *Paris* 1555.

——Idem. in 16. *Lyon*.....

—— Idem in 16 *Paris* 1560. —— 1565. —— 1572. —— & 1582.

Leon L A D U L F I, les Baliverneries d'Eutrapel, Livre facetieux, in 16. *Paris*..... & in 16. *Lyon* 1549. *Petit Livret extraordinairement rare.*

Leon L A D U L F I, Discours d'aucuns propos rustiques, facetieux & de singuliere récreation, in 16. *Lyon* 1549.

——Idem in 16. *Paris* 1554 —— & in 12. 1732. *L'Auteur de ces deux petits Ouvrages est Noël du* F A I L, *qui s'est deguisé sous celui de Leon* L A D U L F I *qui est l'Anagramme de son veritable nom. Il fit ces Ouvrages fort jeune, & ce dernier a été réimprimé sous le titre suivant :*

Des finesses, ruses ou tromperies de R A G O T Prince des Gueux de l'Hostiere par Leon L A D U L F I, in 16. *Lyon* 1576.

Les Contes d'EUTRAPEL Seigneur de la Heriffaye, in 8. *Rennes* 1586. — 1597. — & 1603.

——— Idem in 16. *Rennes.* 1586. — 1587. — & 1597.

——— Idem in 12. *Paris* 1732. 2. volumes. *Cet Ouvrage est encore de Noël du* FAIL *dont nous venons de parler.*

Les facetieux Devis de cent & six Nouvelles très-récreatives pour réveiller les bons & joyeux esprits, par le Sieur de la MOTTE-ROULLANT, in 8. *Paris* 1550.

——— Idem in 8. *Lyon* 1570. — & 1574.

La Nouvelle d'un Révérend Pere en Dieu & bon Prélat, avec le dechiffrement de ses tendres Amourettes, par Colin ROYER (Jean de LUXEMBOURG) in 4. *Troyes* 1546.

Facetieux Devis & Plaisans Contes, par le Sieur de MAULINET, in 12. *Paris* 1612.

Histoires des Amans volages de ce tems, par François de ROSSET, in 8. *Paris* 1619.

Les Joyeuses Avantures & Nouvelles récréations, in 16. *Paris* 1602.

Prologues tant férieux que facetieux, avec plusieurs galimatias, par le Sieur des

des LAURIERS, in 12. *Paris* 1610.

Les Nouvelles & Plaisantes Imaginations de Bruscambille, ensuite de ses Fantaisies, par le Sieur des LAURIERS, in 12. *Bergerac* 1615.

La Vie & Actes triumphans de Damoiselle Catherine des Bas-Souhaits, par Jean de la ROCHE, in 8. *Livre très-rare rempli de matieres joyeuses.*

Les Mille Imaginations de Cypille, ensuite des Avantures amoureuses de Pollidore, par le Sieur de MANTE, in 12. *Paris* 1609.

Le Docteur en malice, Me Regnard démontrant les Ruses & Cauteles qu'il use envers les personnes, in 16. *Paris* 1551.

Recuëil des plaisantes & facetieuses Nouvelles extraites de plusieurs Auteurs, in 16. *Paris* 1558. — & in 16. *Anvers* 1558.

Nouvelles Récréations ou Contes nouveaux, par Bonaventure DESPERIERS, in 4. *Lyon* 1558. — & 1561. — in 8. *Paris......* — in 16. *Paris* 1564. — & 1572.

——— Idem in 12. *Cologne (Amsterdam)* 1711. 2 volumes. *On prétend que ces Contes ne sont pas de Bonaventure Desperiers dont ils portent le nom, mais de*

Jacques Pelletier du Mans & de Nicolas Denisot, dit le Comte d'Alcinois; cette deniere *Edition contient quelques Remarques de M. de la Monnoye sur le* Cymbalum mundi *de Bonaventure Desperiers*.

Le Printems d'Hiver contenant plusieurs histoires discouruës en une noble Compagnie au Château de Printems, par Jacques IVER, in 16. *Paris* 1572. —— & 1576. —— in 12 *Nyort* 1598. —— in 16. *Lyon* 1600. —— in 12. *Rouen* 1618.

Nouvelle Fabrique des Excellens traits de la Vérité, pour inciter les Rêveurs tristes & mélancoliques à vivre de plaisir, par Philippe D'ALCRIPPE, in 16. *Paris* 1579. —— Idem in 12. *Rouen* 1733. *Contes très-mauvais & peu divertissans, & qui vient d'un Editeur fat & très-ignorant*.

Exameron ou six Journées *traduit de l'Espagnol d'Antoine de* TORQUEMADA, par Gabriel CHAPUYS, in 8. *Lyon* 1582. *Voyez Duverdier p.* 432. *de sa Bibliotheque*.

Benigne POISSENOT, l'Eté en trois Journées, où sont déduites plusieurs histoires & propos récréatifs tenus par trois Ecoliers, in 16. *Paris* 1583.

Histoires Tragiques de Benigne POISSENOT, in 12. *Paris* 1586.

Les

des Romans.

Les facetieuses Journées contenant cent certaines & agréables Nouvelles, la plûpart advenuës de notre tems, les autres recueillies & choisies de tous les plus excellens Auteurs étrangers qui en ont écrit, par Gabriël CHAPUYS, in 8. *Paris* 1584.

Les Neuf Matinées du Sr de CHOLIERES, in 8. *Paris* 1585. — in 12. *Paris* 1586. — & 1610.

Les Après-Dinées du Sieur de CHOLIERES, in 12. *Paris* 1587.

Les Contes & Discours bigarrés du Sieur de CHOLIERES, in 8. *Paris* 1610. 2 volumes *Ces Ouvrages du Sieur de Cholieres sont remplis de Contes récréatifs & peut-être trop gaillards ; mais qu'importe, il faut qu'ils ayent ici leur place comme les autres.*

Les Bigarrures & Touches du Seigneur des Accords & les Contes du Sr Gaulard, in 12 *Paris* 1595. — 1608. — 1662. 3 tomes en un volume. — in 8. *Rouen* 1640. *C'est un Ouvrage du Sr Etienne* TABOUROT *de Dijon, où il y a bien de mauvaises choses parmi quelques médiocres & peu de bonnes.*

Les Serées de Guillaume BOUCHET, in 12. *Paris* 1608. 3 volumes. — *Rouen* 1615. — & 1635. 3 volumes. — *Lyon* 1618.

1618. 3 tomes 1 volume. *Il y a d'autres Editions de ce Livre avant celles-ci. Cet Ouvrage est plein de plaisanteries, de quolibets, & même des joyeusetés un peu libres, telles que les dit un Provincial, qui n'a pas cherché à polir son imagination; mais parmi tout cela il y a du sçavoir & de l'érudition.*

Contes du Sieur D'OUVILLE, in 8. *Paris* 4 volumes. — in 12. *Paris* 1669. 2 volumes — & *Rouen* 1671. — & in 12. *la Haye* 1703. 2. volumes. *Il y en a quelques bons qui sont étouffez par une infinité de mauvaises plaisanteries.*

Les plaisantes Journées du Sieur FAVORAL, où sont plusieurs rencontres subtiles pour rire en toutes Compagnies, in 12. *à Paris* 1644.

Le Chasse Ennuy, in 8. 2 volumes.

Formulaire fort récréatif de tous Contrats, Donations, Testamens, Codicilles & autres Actes, qui sont faits & passés pardevant Notaires & témoins; fait par Bredin le Cocu, Notaire Rural & Contrôleur des Basses-Marches au Royaume d'Utopie; par lui depuis n'a gueres revû & accompagné pour l'édification de deux bons Compagnons d'un Dialogue par lui tiré du Philosophe & Poëte Grec Simonides

des de l'origine & naturel *Fœminini generis*, in 16. *Lyon* 1618.

Les Contes & Nouvelles mises en vers, par le sieur de la FONTAINE, in 12. *Amsterdam* 1685. 2 volum.

——— Idem in 12. *Amsterdam* 1695. 2 volumes.

——— Idem in 12. *Amsterdam* 1709. 2 volumes.

Ces Contes avoient déja paru avant l'Edition de 1685. Mais cette Edition est la plus belle, soit pour l'impression, soit pour les figures. Il est vrai que les autres Editions sont plus amples de quelques Contes, & même dans l'Edition de 1721. On en a joint quelques-uns qui ne sont pas de la Fontaine. Dès que la premiere Partie de ce Livre parut, il fut suprimé le 5 Avril 1675. par Sentence du Lieutenant de Police de Paris, laquelle se trouve à la fin du troisiéme Factum de Furetiere: & cette défense fit merveille, car on lut ces Contes avec beaucoup plus d'ardeur, & on les trouva encore plus beaux que si on n'avoit pas sévi contr'eux: je ne parle pas de beaucoup d'autres Editions données à Rouen & à Lyon.

Contes & Fables avec le sens Moral de M. le NOBLE enrichi de figures, in 8. *Paris* 1699.——— in 8. *Bruxelles* 1707.

paſſables ; mais ſans legereté, ni beaucoup d'agrément.

La Vengeance contre ſoi-même, ou le Chat Amoureux, Contes en vers par M. D. in 12. *Paris* 1712.

Oeuvres mêlées de M. de R. B. contenant diverſes Pieces en proſe & en vers, & un grand nombre de Contes, in 8. *Amſterdam* 1722.

Contes mis en vers par le Sieur D**. in 8. . . . . . .

Nouvelles Poëſies diverſes du Sieur Vergier & de quelques Auteurs Anonimes, in 8. *Paris (la Haye)* 1726. 2 volum. —— Idem in 12. *Amſterdam (Rouen)* 1732. 4 volumes. *Il y a dans ce Recueil des Contes fort ingénieux, & qui peuvent aller après ceux de la Fontaine.*

Le Moyen de parvenir, Oeuvre contenant la raiſon de tout ce qui a été, eſt & ſera, par Franç. BEROALDE de VERVILLE, in 12. (*Hollande.*) *La belle Edition de cet Ouvrage contient 439 pages en beaux caractères.*

—— Idem in 12. (*Hollande*) 1000700 32. 2 volumes. *M. de la Monnoye qui a mis à la fin du Menagiana en 4 volumes une diſſertation ſur ce Livre, le regarde comme une Bibliotheque complette de Contes joyeux. Il s'en eſt fait encore d'autres Editions*

tions : mais la dernière que nous marquons & qui est de 1732. est préférable à toutes les autres. Elle est augmentée non-seulement d'une Table Alphabetique des Matieres & d'un Avertissement ; mais encore de Notes marginales néceſsaires dans un ſemblable Livre qui est un composé de Pieces détachées, qui n'ont pas quelquefois de raport entr'elles. C'est un tout singulier, mais aſsez divertiſsant pour ceux qui peuvent ſoutenir une ſuite de Contes un peu vivement pouſsés. Ce même Livre est encore imprimé ſous le titre ſuivant :

Le Coupecul de la Mélancolie, ou Venus en belle humeur, in 12. *Parme (Hollande)* 1698. *Mais ce n'est point-là une bonne Edition.*

Joan. MEURSII, Elegantiæ Latini Sermonis, in 12. (*Hollande*) ſans date ni lieu d'impreſſion. *Cette Edition qui est la premiere est en aſsez beaux caracteres, mais ce n'est pas la plus ample ; la ſuivante vaut beaucoup mieux.*

Joannis MEURSII Elegantiæ Latini Sermonis, in 12. (*Hollande*)..... *C'est une Edition nouvelle de ce Livre faite ſur les dernieres & les plus amples. On a joint à cette Edition* la Puttana errante *de Pietro Arretino en Italien. Ainſi ce ſont deux Pieces joyeuſes qui ſe tiennent* compagnie. Je m'étonne que ces *Editeurs de Joyeusetez* n'ayent pas aussi réimprimé le Barthii Pornodidascalus *qui est la Traduction Latine des* Raggionamenti *du même Aretin. Ce Livre de Meursius est donc ce qu'on nomme* Aloysiæ Sigeæ Satyra *qui suit.*

Aloysiæ Sigeæ Satyra Sotadica de Arcanis Amoris & Veneris, in 12. (Hollande) . . . . . *Jamais Loüise Sigea sçavante & vertueuse Portugaise n'eut la pensée de publier un pareil Ouvrage, rempli de beaucoup d'infamies, écrites d'une Latinité très-pure.*

Aloysia ou Entretiens academiques des Dames, in 12. (Hollande) 1680. *C'est dommage que l'on n'ait point exprimé avec toute la délicatesse du Latin tous les misteres secrets de l'amour qui sont répandus dans cet Ouvrage.*

L'Academie des Dames ou les Sept Entretiens galans d'Alosia, in 12. Venise (Hollande) chez Pierre Aretin. *C'est la même Version que la précedente ; mais sous un autre Titre. Cette derniere Edition est la plus belle, on la distingue en ce qu'au-lieu de chiffre au haut de la page il y a un petit fleuron. J'en ai vu où il y avoit des figures au nombre de trente-six, qui sont un peu sales pour les imaginations déré-*

déréglées ; car pour les autres cela ne leur fait aucune impression.

L'Academie des Dames ou les Sept Entretiens galans d'Alosia, in 12. *Venise (Hollande) chez Pierre Aretin, sans date. Cette Edition, qui contient 372 pages, n'est pas laide. Je viens de marquer les plus belles : mais celle avec des fleurons est fort rare & très-chere.*

Histoire du Prince Aprius, extraite des fastes du monde depuis sa création, Traduction Françoise par M. ESPRIT Gentilhomme Provençal, in 12. *la Haye* 1729.

—— Idem in 12. *Constantinople ; mais sans date. On attribuë cette petite Piece à un galant homme qui a plus que de l'esprit ; mais il la desavouë très-sérieusement en public. C'est l'Histoire du Dieu Priapus pere de tout le genre humain. Quand on n'en a pas la clef ce n'est rien ; mais quand on en a la clef, c'est un Livre un peu plus violent que l'Aretin & l'Alosia. Et cette clef ne consiste qu'en l'anagramme de certains noms vulgaires & très-connus dans la matiere historique ou phisique que l'Auteur y traite.*

Capricci del Bottaio di Giov. Batt. GELLI, in 8. *in Fiorenza* 1551. *Bonne Edition & très-rare.*

―――― Gli medesimi in 8. *in Venetia* 1619. *Livre un peu trop joyeux.*

Le Tombeau de la mélancolie, ou le vrai moyen de vivre joyeux, in 8. *Roüen* 1645.

Democritus five campus recreationum honestarum, cum exorcismo melancholiæ, in 12. *Amstelodami* 1655.

Heures perduës d'un Cavalier François, dans lequel les esprits mélancoliques trouveront des remedes propres pour dissiper cette fâcheuse humeur, par R. D. M. in 12. *Paris* 1 62.

Nouveaux Contes à rire & Avantures plaisantes ou Récreations Françoises, in 12. *Cologne* 1722. 2 volum. *avec figures & même sans figures.*

ARTICLE XIII.

ROMANS COMIQUES.

L'Orlandino, per Limerno PITOCco da Mantova composto, in 8. *in Venetia* 1550. *Ce Poëme ou Roman comique vient de Theophile* FOLENGIO *Moine Benedictin de Mantoüe, qui passoit les beaux jours de sa pieuse solitude*

à

des Romans.

à faire des Poëmes burlesques ; c'est lui qui nous a donné le Merlin Coccaie. Il y a deux Editions de l'Orlandino, toutes deux du même Imprimeur & de la même année ; la mauvaise avec le nom de Agostino Bindoni *Imprimeur*, a encore pour marque ces trois lettres Z. A. V. qui ne sont pas à la bonne Edition.

Auvenimenti di Fortunato è de suoi figli, in 12 *Napoli* 1676.

Histoire comique ou les Avantures de Fortunatus, traduite de l'Espagnol par le Sieur d'ALIBRAY, in 12. *Roüen* 1670.

Les Avantures joyeuses & Faits merveilleux de Tiel Ulespiegle, traduites de l'Allemand, in 16. *Lyon* 1559.
— Idem traduites du Flamand, in 12. *Orleans* 1571.

Histoire de la Vie de Tiel Wlespiegle, contenant ses faits & finesses, ne s'étant jamais laissé tromper par aucune personne, in 12. *Amsterdam* 1702.

Vida de Lazarillo de Tormes, in 12. *Taracone* 1586. *Nicolas Antonio* marque dans sa Bibliotheque Espagnole que ce Roman comique est du celebre Don Diego HURTADO DE MENDOÇA *Ministre du Roy d'Espagne à Venise & au Concile de Trente*. Il a été traduit en Italien sous ce Titre :

Il Picariglio Castigliano, tradotto dal Spagnuolo in Lingua Italiana da BAREZZO BAREZZI, in 8. *Venetia* 1626. — & 1635. *avec une seconde Partie.*

Vida de Lazarillo de Tormes, por H. de LUNA, in 12. *Paris* 1620. — in 12. *en Zaragoça* 1652.

Histoire de Lazare de Tormes Espagnole, traduite en François, in 8. *Paris* 1561.

La Vie de Lazarille de Tormes, traduite de l'Espagnol en vers François par le Sieur de B... in 4. *Paris* 1653.

Vie & Avantures de Lazarille de Tormes, in 12. *Bruxelles* 1698. — & 1708. *Il y en a encore d'autres Editions.*

Triomphe de l'Abbaye des Cornards, in 8. *Roüen* 1587.

Les plaisantes Imaginations de Bruscambille, in 8. *à Bergerac* 1615.

Historia tragi-comica de D. Henriquez de CASTRO, in 8. *Paris* 1617.

Recueil general des Caquets de l'Accouchée, ou Discours facetieux, imprimé au tems de se plus fâcher 1623. — 1624.

Vida y hechos de Estevanillo GONZALES, hombre de buen humor, es-

crita por el mifmo, in 8. *Bruffelles,* ....
— in 4. *Madrid*..... (*et Etienne Gonzalez étoit un Bouffon du Comte Picolomini Officier General des Troupes du Roy d'Efpagne en Flandres.*

La Galerie des Curieux, contenant les chefs-d'œuvres des plus excellens Railleurs de ce fiécle, par Gerard BONTEMS, in 8. *Paris* 1646.

Le facetieux Reveille-matin des Efprits mélancoliques, in 8. *Roüen* 1646. — *à Utrecht* 1654. — & in 12. *Paris* 1694.

Polyandre, Hiftoire comique, in 8. *Paris* 1648. 2 vol.

Don Francifco de QUEVEDO; la Fortuna confefo y la hora de Todos, fantafia moral, in 8. *en Zaragoça* 1650.

—— Del mifmo, Hiftoria y vida del gran Tacaño, aliàs Bufcon, in 8......

L'Avanturier Bufcon & le Coureur de nuit, traduit de l'Efpagnol de Quevedo par le Sieur de la GENESTE, in 8. *Paris* 1644 — in 8. *Lyon* 1662. — in 12. *Bruxelles* 1668.

Les Vifions de Quevedo, traduites de l'Efpagnol par le Sieur de la GENESTE, in 8. *Paris* 1644.

——Idem.

—— Idem, Traduction nouvelle, in 12. *Bordeaux* 1700.

L'Algouasil burlesque, imité des Visions de Quevedo, avec le Jardin burlesque, &c. par le Sieur BOURNEUF, in 8. *Paris* 1657.

Les Oeuvres de Quevedo, in 12. *Bruxelles* 1700. 2 volumes.

Los Amores de Juan Boscan y de Garcillasso de la Vega, in 12. *en Leon* 16 8.

Le Gascon extravagant, Histoire comique, in 8. *Paris* 1639.

Le Page disgracié, par M. TRISTAN, in 8. *Paris* 1643. —— & in 12. *Paris* 1665. —— & 1667. 2 volumes. *Roman comique, agréable & assez bien écrit; mais qui n'a pas sa conclusion; grand défaut en fait de Roman.*

Le Parasite Mormon, Histoire comique, in 8. .... 1650.

Paul SCARRON, Roman comique, in 8. *Paris* 1654. &c. 2 volumes. *Il y en a beaucoup d'autres Editions.*

Roman comique, troisiéme Partie, par PRESCHAC, in 12. *Paris*..... *Mauvais Livre.*

Nouvelles tragicomiques de Paul SCARRON, in 12. *Paris* 1665. 2 volumes.

La Flema de Pedro Hernandez, por Marco GARZIA, in 8. *Madrid* 1657. *C'est un Roman comique assez estimé, à ce qu'on assure.*

Heures perduës d'un Cavalier François, dans lequel les Esprits mélancoliques trouveront des remedes, in 12. *Paris* 1662.

Le Roman Bourgeois, par Antoine FURETIERE, in 8. *Paris* 1666. — in 12. *Amsterdam* 1704.

Oeuvres diverses de Cirano de BERGERAC, in 12. *Amsterdam* 1710. 2 volumes.

Histoire comique de Francion, in 12. *Leyde* 1668. — 1686. — 1721. 2 volumes, avec figures. *Il y en a d'autres Editions plus anciennes.*

La Prison sans chagrin, Histoire comique du tems, in 12. *Paris* 1669. — 1672.

Le Maître d'Hôtel aux Halles, le Cavalier crotexte & l'Apoticaire empoisonné, Nouvelles comiques, par le Sieur Franç. Cezar OUDIN, in 12. *Paris* 1670.

Histoires morales & divertissantes du Sieur Emanuel d'ARANDA, in 12. *Leyde* 1671.

Sylvanire,

Sylvanire, Histoire comique, in 12. ....

M. de Kervaut, Nouvelle comi-galante, in 12. *Paris* 1678. — & 1688. 2 volumes.

Moliere Comedien aux Champs Eli-sées, Histoire allégorique & comique, in 12. *Amsterdam* 1697.

Vie de Scaramouche, par Angelo CONSTANTINI, in 12. *Paris* 1695.

Promenades de M. le NOBLE divisées en vingt-cinq Promenades ou Histoires, in 12. *Paris*..... Et au tome 12, 13 & 14. de ses Oeuvres. *Historiettes passablement écrites dont quelques-unes sont tirées de Boccace.*

Avantures Provinciales & le Voyage de Falaise, par Eustache le NOBLE, in 12. *Paris* 1697. — in 12. *la Haye* 1710. au tome XIV. & XV. *des Oeuvres de le Noble, Historiette comique & divertissante.*

Avantures Provinciales & la Fausse Comtesse d'Ysamberg, par Eustache le NOBLE, in 12. *Paris* 1696. — in 12. *la Haye* 1697. — 1710. — 1719. ou dans le Tome XV. de ses Oeuvres. *Petit Roman plus curieux pour les intrigues que pour la délicatesse.*

Hiſtoire galante & comique de M le NOBLE, in 12. *Paris* 1698. 2 volumes.

Hiſtoire de Gilblas, Hiſtoire Eſpagnole par M. le SAGE, in 12. *Paris*....
——— Idem in 12. *Rouen* 1721. 3 vol.
——— & *Amſterdam* 1715. ——— & 1725. 3 volumes.

Les Regrets de Sancho Panſa ſur la mort de ſon Ane, in 12. *Paris* 1714.

La Voiture embourbée, ou le Singe de Don Guichot, Hiſtoire romaneſque & comique, in 12. *Paris* 1715.

Vie de Pedrillo del Campo, Roman comique dans le goût Eſpagnol, par M. THIBAULT, in 12. *Paris* 1718. ——— & in 12. *Amſterdam* 1720.

Momus François, ou les Avantures divertiſſantes du Duc de Roquelaure, in 12. *Cologne* 1727.

ARTICLE XIV.

ROMANS DIVERS
Qui ne se raportent à aucune des Classes précédentes.

ITALIENS.

L'Asino d'oro di N. Macchiavelli con tutte l'altre sue opere, in 8. *in Venetia* 1548. — & *in Roma* 1588.

L'Arcadie di Giacopo Sannasaro, in 4. *Napoli, antica Edizione.*

L'Arcadie de Jacques Sannasar, mise d'Italien en François, par Jean Martin, in 8. *Paris, Vascosan* 1544.

Cerva Bianca del magno Cavaliero, Mess. Ant. Philaremo (o Antonio Fregoso) in 8. *in Venegia* 1521. — & 1540.

Opere amorose, Chiamate il refugio de' Amanti, in 8. *in Venetia* 1544.

La Circe, di Giov. Battista Gelli. —— Item i Caprici del medesimo, in 8. *in Venegia* 1550.

Artemidoro di Marco Teluccini sopra

sopra nominato il Bernia, dove si contengono le Grandesse de gli Antipodi, in 4. *in Venetia* 1566. *Poeme*.

La Camilletta di Gutteri Clugnicese, in 8. *in Parigi* 1586.

Magia d'Amore di Guido Casoni, in 4. *in Venetia* 1592.

La Nobiltà dell' Asino di Altabalippa dal Perù riformata da Griffagno delli impacci, & accresciuta di molte cose, & in ultimo aggiuntovi la nobile & honorata Compagnia delli Briganti dalla Bastina, di Camil. Scaligeri, in 4. *in Venetia* 1599.

Il Cortegiano disperato, da Gabriel Pascoli, in 8. *in Venetia* 1608.

Peregrinaggio di tré Giovani figlivoli del Ré di Sarendippo, da M. Cristoforo Armeno, in 12. *in Venegia* 1611.

L'Hoggidi del P. D. secondo Lancelotti, in 8. *in Venetia* 1630. 2. volumes.

Voyages & Avantures des trois Princes de Sarendip, traduit du Persan, in 12. *Paris* 1719. —— Idem in 12. *Amsterdam* 1721. *Cet Ouvrage est du Chevalier de Mailly, qui passoit la meilleure partie de sa vie à faire de mauvais Livres.*

L'Alcibiade

L'Alcibiade Fanciuolo à la Scuola, in 12. *Orange* 1652. *Livre très-rare en une matiere délicate au fait d'amours.*

Arte de gli Amanti, da Pietro MICHIELLI, in 12. *in Venetia* 1628. — & 1655.

Givochi di Fortuna, da Luca ASSARINO, in 12. *in Venetia* 1656.

Labirintho dell' Aristo Gioco heroico di Cavalieri e Dame, in 8. *in Torino* 1664.

ESPAGNOLS.

Celestina tragi-comedia de Calisto y Melibea, por Fernando de ROJAS, in 4. 1528. — & in 8. *Amberes Plantin* 1595.

La Celestine de Fernand Rojas, traduite en François, in 8. *Paris* 1527.

La Celestine ou Histoire tragicomique de Caliste & de Melibée, composée en Espagnol par le Bachelier Fernand ROJAS, & traduite en François par Jacques de LAVARDIN avec l'Espagnol à côté, in 12. *Roüen* 1598. — in 8. *Roüen* 1634.

Tragicomedia de Celestina, por Gaspar GOMEZ, in 4. *Medina del Campo* 1536. Segunda

Segunda Comedia de Celeſtina en la qual ſe trata de los Amores de Felides y de Polandria, in 16. *in Amberes*....

La ingenioſa Helena hija de Celeſtina, por Alonzo Geron de SALAS BORBADILLO, in 12. *en Madrit* 1614. — in 8. *en Milano* 1616.

Tribunal de Venus, por Luis SCRIVA, in 8. *Venetia* 1537. *en caractere gothique.*

El Paſtor de Filida, por Luis Galves de MONTALVO, in 8. *en Madrid* 1582. — 1590. — 1610. *Paſtorale en vers & en proſe.*

Arcadia de Lope de VEGA Carpio, in 8. *en Valencia* 1602. — in 8. *en Madrid* 1603. — in 8. *en Amberes* 1605. — in 12. *Lerida* 1612. — in 8. *Barcelona* 1615. — in 8. *Madrid* 1654. *Roman fait à l'imitation de l'Arcadia de Sannaſar.*

El Peregrino en ſu patria, por Lope de VEGA Carpio, in 8. *en Barcelona* 1605. *Lope de Vega a été le plus grand & le plus fecond des Poëtes de ſa Nation, nous avons de lui plus de 320 Comedies, qui ne font pas moins de 27. volumes in 4.*

La Sylva curiosa de Julian de MEDRANO, in 8. *Paris* 1608.

Siglo d'oro en las Silvas de Erifile, por Bern. de BALBUENA, in 8. *en Madrid* 1608.

El Geloso por Alfonzo de VELASCO, in 8. *Barcelona* 1613.

El Alonso, Moço de Muchos, in 8. *en Madrid* 1624. I. Part. & II. Partie, in 8. *Pinciæ* 1626.

El Philosopho del Aden, por Balthasar Matheo VELAS, in 8. *Madrid* 1625.

Los Pastores del Betis, in 8. *Trani en Italia* 1633. prose & vers. *On l'attribuë à Gonzalve de* SAAVEDRA.

Auroras de Diana, por Pedro de CASTRO Y ANAYA, in 8. *en Malaga* 1640.

Theatro del hombre el hombre, o Vida del Conde Matisio, por Juan de ZAVALETA, in 8. *en Madrid* 1652. *Curieux, bien fait & bien écrit.*

Olla Podrida à la Española, in 12. *Amberes* 1655.

FRAN-

FRANÇOIS.

LE Songe d'un vieil Pelerin adreſſant au blanc Faulcon, au bec & aux pieds dorés, par Philipe de MAIZIERES Chancelier de Chypre, *manuſcrit en* 1397.

Le Peregrin, avec ſes Voyages & Hiſtoires fabuleuſes de l'Enfer & de Proſerpine, in fol. *lettres gothiques*, & in 4. *Lyon* 1528.

GUILLAUME Evêque de Tournay, la Toiſon d'or, in fol. *Paris* 1530. *Voyez du Verdier page* 513.

La Chronique d'Appollin Roy de Thir, in 4. *Geneve, lettres gothiques.*

Pierre GRINGOIRE, les Viſions de Mere Sotte, in 8. *Paris* 1534.

Pierre GRINGOIRE, les diverſes Fantaiſies des hommes & des femmes, contenant pluſieurs beaux exemples, partie en rime, partie en proſe, in 4. *Paris*..... — Idem in 16 *Paris* 1551.

Alector ou le Coq, Hiſtoire fabuleuſe du preux Chevalier Alector fils du Macrobe Franegal & de la Royne Priſcaraxe, traduite en François d'un Fragment Grec, par Barth. ANEAU, in 8. *Lyon* 1560.

L'amour

L'amour de la beauté du Sieur Croset Foresien, où sont introduits six Bergers maîtrisez de l'Amour de six Pucelles, lesquels après plusieurs Discours & Elegies, &c. recitent des Histoires, in 12. *Rouen*. 1600.

Les travaux sans travail de Pierre Daviti, ou Histoires plaisantes avec le Tombeau de Madame la Duchesse de Beaufort, in 12. *Rouen* 1609. *Le bon M. Daviti n'étoit guere capable de faire un Roman agréable, il écrivoit dogmatiquement ainsi d'une maniere oposée à cette sorte de composition; & le tems n'étoit pas encore venu d'écrire les historiettes avec cette agréable legereté qui fait l'ornement des Avantures & des Nouvelles.*

Le Voyage des Princes Fortunez, par Beroalde de Verville, in 8. *Paris* 1610.

Le Temple des Sacrifices ou les Amours, in 8. *Paris* 1620.

L'Homme dans la Lune, ou les Avantures du Voyageur Aerien, Histoire Espagnole par Dominique Gonzalez, traduit de l'Espagnol par Jean Baudouin, in 12. *Paris* 1624. — 1651. — & 1654. *C'est peu de chose que ce petit Livret, dont les Avantures sont médiocres*

des Romans.

médiocres & sans aucune vrai-semblance; il y en a encore eu plusieurs autres Editions beaucoup plus modernes.

Avantures du Voyageur Aerien, Histoire Espagnole, in 12. *Paris* 1724. Fort different du précédent.

Jeux de l'Inconnu, in 8. *Paris* 1630.

Le Chevalier Hipocondriaque, par le Sieur DUVERDIER, in 8 *Paris* 1632.

Les Promenades du sieur BARDIN, in 8. . . . .

La Maison des Jeux, contenant les divertissemens d'une Compagnie par des Narrations agréables & par des Jeux d'esprit, in 8. *Paris* 1642. &c. 3 vol. C'est peu de chose que cet Ouvrage, qui est de Charles Sorel très-médiocre Ecrivain.

Récréations Galantes, ou suite de la Maison des Jeux, in 12. *Paris* 1671. Cet Ouvrage est aussi de Charles Sorel, qui a donné plusieurs autres Ouvrages peu recherchez.

Mundus alter & idem, sive terra australis ante hac semper incognita, nuperrimè Lustrata; Auctore MERCURIO Britannico, in 12. *Ultraj.* 1643.

Aristandre ou Histoire interrompuë, in 12. *Paris* 1664.

Le Roman des Lettres, in 8. *Paris* 1667.

Tome II.   P   His-

Histoire de Jean Faufte Magicien, in 12. *Paris* 1674. — & in 12. *Cologne.* 1712.

La Science & l'Ecole des Amans, in 12. *Amfterdam* 1679.

Fortune Marâtre des Grands, in 12. *Leyde* 1683.

Promenades de Clairenville, in 12.....

Le Fameux Voyageur, par le Sieur PRESCHAC, in 12. *Paris* 1682.

Jacques SADEUR, Nouveau Voyage de la Terre auftrale, in 12. *Paris* 1693. *C'eft un Roman imprimé*, dit-on, *pour la premiere fois à Rennes en* 1676. *Le prétendu Jacques Sadeur veut montrer qu'il y a des Peuples entiers qui naiffent Hermaphrodites. On affure que l'Original eft l'Ouvrage d'un Gentilhomme Breton, & que depuis un nommé Gabriel Coigni Cordelier Lorrain, retiré à Geneve, le fit imprimer en cette Ville, & enfuite on l'a remis fous la Preffe à Paris & en Hollande.*

L'Avanturier Hollandois, ou la Vie & Avantures furprenantes de MIRANDOR, in 12. 1729. 2 volumes en 4 tomes.

Les Etats & Empires de la Lune, par CYRANO de BERGERAC, in 12. *Paris* & *Amfterdam*, dans les Oeuvres de
cet

cet Auteur, plein d'imaginations & de singularités.

Les Etats & Empires du Soleil, par CYRANO de BERGERAC, in 12. Paris & Amsterdam, dans les Oeuvres du même Auteur ; manque cependant dans les premieres Editions, & ne se trouve que dans les dernieres.

Voyages au monde de Descartes, par le Pere Gabriël DANIEL Jesuite, in 12. Paris 1701. Roman Philosophique très-bien écrit.

Malades en belle humeur, in 12. Paris 1697.

Puits de la Vérité, Histoire gauloise, in 12. Paris 1698. par M. Riviere du FRESNY, homme de beaucoup d'esprit & d'une agréable littérature.

Voyage des Indes où l'on voit plusieurs Histoires galantes & curieuses, in 12. Paris 1699.

Voyages & Avantures de Jacques MASSE', in 12. Bourdeaux 1710.

Histoire des Sevarambes, in 12. Paris 1679. 4 tomes, 2 volumes — Idem in 12. Amsterdam 1716 2 volumes. Il se trouve encore quelques autres Editions de cette prétenduë Histoire, où il y a des singularités sur les mœurs, & même de la Satire sur des matieres qui ne doivent pas être exposées à la Critique.

Semelion, Histoire véritable, in 12.. 1700. — 1715. — 1716. — Rouen 1733.

La Découverte de l'Empire de Cantahar, avec les Mœurs & Coutumes des Habitans, in 12. *Paris* 1730.

Mital, Histoire extraordinaire ; mais toutesfois, &c. in 12. *Paris* 1708. *L'Abbé Bordelon, fort honnête homme & fort mauvais écrivain, est Auteur de ce Roman & de beaucoup d'autres.*

Les Tours de Maître Gonin, enrichis de figures en taille douce, in 12. *Paris* 1713. 2 volumes. — & in 12. *Anvers* 1714. 2 volumes, *de l'Abbé* BORDELON.

Histoire des Imaginations extravagantes de Monsieur Oufle, causées par la lecture des Livres qui traitent de la Magie, du Grimoire, des Démoniaques, Sorciers, Loups-garoux, &c. in 12. *Paris* 1710. 2 volumes. — Idem in 12. *Amsterdam* 1710. *de l'Abbé* BORDELON.

Gongam, ou l'Homme prodigieux transporté dans l'air, sur la terre & sous les eaux, in 8. *Paris* 1711. 2 volumes. — in 12. *Amsterdam* 1713. *de l'Abbé* BORDELON.

Le Voyage forcé de Beccafort hypoconpocondriaque, qui s'imagine être obligé de dire ou d'écrire tout ce qu'il pense des autres & de lui-même, in 12. *Paris* 1713. — & *Amsterdam* 1719. *par l'Abbé* BORDELON.

Le Suplément de Tasse Roussi Friou Titave aux femmes, ou aux maris pour donner à leurs femmes, in 12. *Paris* 1713. *de l'Abbé* BORDELON.

Les Soirées Bretonnes, in 12. *Paris* 1712. par M. GUEULETTE.

Histoire du grand Chevalier de Caissant, in 12. *Paris* 1714. — & 1716.

La Vie & les Avantures surprenantes de ROBINSON Crusoë, le tout écrit par lui-même, in 12. *Amsterdam* 1720. 4 volumes. par M. de THEMISEUIL.

Le Solitaire Anglois, ou les Avantures merveilleuses de Philipe Quarll. par M. DORINGTON, traduit de l'Anglois, in 12. *Roterdam* 1729. — & *Paris* 1729.

Les Solitaires en belle humeur, in 12. *Paris* 1722. 2 volumes.

Les Journées amusantes, par Mad. de GOMEZ, in 12. *Paris* 1722. — & 1728. 7 volumes. *Cet Ouvrage de Madame Poisson de Gomez a toujours été beaucoup estimé. Il est écrit avec goût &*

avec

avec utilité. Il a déja été imprimé plusieurs fois, & le doit encore être dans peu.

Voyage du Capitaine Lemuel Guliver en divers Païs éloignés, in 12. Paris 1727. 2 volumes, avec figures. — Idem in 12. la Haye 1727. par l'Abbé Desfontaines. L'Auteur de cet Ouvrage satirique & comique est le Docteur Suift, Doyen de l'Eglise de S. Patrice de Dublin en Irlande, homme né avec un esprit tourné à la Satire ; mais à une sorte de Satire burlesque & allégorique : Et le Traducteur est M. l'Abbé Desfontaines homme de beaucoup d'esprit, qui écrit bien, & qui est très-connu sur le pavé de Paris.

Le Nouveau Guliver par l'Abbé Desfontaines, in 12. Paris 1730. 2 volumes. Oh! pour ce nouveau Guliver il est entierement de l'invention & de la fabrique de l'Abbé Desfontaines.

Les Voyages de Glantzby dans les Mers Orientales de la Tartarie, avec les Avantures surprenantes de Loriman & Osmondar Princes Orientaux, in 12. Paris 1729.

ADDITION

ADDITION
A LA BIBLIOTHEQUE
DES ROMANS.

LA jeune Alcidiane, par Mad. de Gomez, in 12. *Paris* 1733. 3 vol. *Nous n'avons perſonne, qui dans ces derniers tems ait publié autant d'Ouvrages d'agrément que Madame de Gomez, & qui les ait travaillé avec autant de goût & de facilité.*

Avare genereux, par le Sr le Noble au Tome XV. de ſes Oeuvres. *Ce petit Ouvrage a auſſi été imprimé ſéparément. Le Noble réuſſiſſoit beaucoup plus dans des morceaux comiques que dans des Livres de ſentimens. Il étoit né pour la Satyre & y a très-bien réuſſi en ſon tems. Heureux s'il avoit auſſi-bien réuſſi dans la conduite de ſes affaires.*

Hiſtoria calumnicæ Novercalis quæ ſeptem ſapientum inſcribitur (ſive Hiſtoria Heracliti) in 4. *Antuerpiæ* 1496. *Ouvrage rare & dont je n'ai jamais vû que le Titre dans quelques Bibliothequaires.*

Celenie, Histoire allégorique, in 12. Paris 1734. Assez bon; c'est tout ce qui s'en peut dire.

Les Amours de Clamadès & de Clermonde, tirez de l'Espagnol par M. D. R. in 12. Paris 1733. Ce petit Ouvrage est tiré de l'Espagnol; mais l'Auteur, homme d'esprit & de goût, a beaucoup rectifié son Original, qui est extrêmement imparfait.

Don Claribalte Cavallero de la Fortuna, in fol. en Valentia 1519. Roman de Chevalerie rare, mais peu connu, même des Curieux de ces sortes d'Ouvrages.

La Comtesse de Candale, in 12. Paris 1672. 2 vol. Roman passable, mais peu recherché. Il se lit comme beaucoup d'autres, quand on le trouve: d'ailleurs on le recherche peu.

Le Connétable de Lune, in 12. Paris 1720. Ouvrage assez curieux sur un Seigneur qui a fait beaucoup de bruit en Espagne.

Conte Egyptien extraordinaire, in 12. Paris 1714. Passable.

Contes des Fées, par Madame Durand, in 12. Paris 1712. Ces Contes viennent de bonne main & d'une personne fort experimentée dans la composition des Ouvrages d'amusement.

Le Conte du Tonneau, contenant tout ce que les Arts & les Sciences ont de plus sublime & de plus mistérieux ; avec plusieurs autres Pieces très-curieuses, par Jonathan Swift, Doïen de S. Patrick en Irlande, traduit de l'Anglois, *à la Haye* 1733. 2 volumes, in 12. figur. *Cet Ouvrage qui est du Docteur Swift, Doyen de l'Eglise de S. Patrice, est un Roman satirique & allégorique contre les trois principales Communions, qu'il y a dans la Religion Chrétienne. Sous les noms de Pierre, de Martin & de Jean, qui sont les trois Héros du Livret, il faut entendre l'Eglise Catholique dont S. Pierre a été le premier Chef visible : par Martin l'Auteur entend la Religion Protestante, dont Martin Luther a été le Formateur ; & par Jean il entend les Réformez, dont Jean Calvin a été le Chef; les allégories y sont outrées & dans le goût Anglois. L'Original en est bien écrit, & cette Traduction Françoise dont nous marquons la meilleure Edition, est assez estimée.*

Traité des Dissentions entre les Nobles & le Peuple, dans les Républiques d'Athenes & de Rome, &c. L'Art de ramper en Poësie ; & l'Art du Mensonge Politique, traduits de l'Anglois de Mr Swift, pour servir de suite au Conte du Tonneau, *Amsterdam 1733. in 12. également rempli de singularitez.*

La Fidelité récompensée, Histoire Portugaise, in 12. Paris 1732. *assez jolie : mais ce n'est pas toujours ce qu'on récompense. C'est bien plûtôt l'importunité, qui est récompensée en amours, comme en bien d'autres choses.*

Histoire de Florès & de Blanche-Fleur, tirée de l'Espagnol, in 12. *Paris 1733. L'Original Espagnol a trop de simplicité & de singularité ; l'Auteur l'a bien rectifié, & en a fait un Ouvrage raisonnable.*

Histoire d'Estevanille Gonzalez, surnommé le Garçon de bonne humeur, tirée de l'Espagnol, par M. le Sage, in 12. *Paris 1734. 2 volum. M. le Sage avouë lui-même qu'il a bien corrigé, amplifié & glosé son Original. Comme M. le Sage a du goût pour ce genre de composition, il y réussit toujours assez bien. Cependant il n'y a point assez de comique dans ce Roman & trop de choses communes & triviales.*

L'heureux Page, Nouvelle galante, in 12. *Hollande 16... Cet heureux Page est le celebre Comte de Rabutin, qui est devenu General des Troupes de l'Empereur.*

Il a été Page favorisé d deux grandes Princesses & en a épousé une en Allemagne. Il est mort estimé dans l'Empire, après avoir rendu de grands services à la Maison d'Autriche.

Histoire de Don Juan de Portugal fils de Don Pedre & d'Inès de Castro, in 12. *Paris* 1724. *Petit Roman assez bien écrit, qui fut fait à l'occasion de la Piece si estimée que M. de la Motte a donnée d'Inès de Castro; & qui a été representée avec beaucoup d'aplaudissement.*

La Vie de Marianne, ou les Avantures de Mad. la Comtesse de.... par M. de MARIVAUX, in 12. *Paris* 1731. *Roman assez suivi & assez bien écrit.*

Description de l'Isle Imaginaire, avec l'Histoire de la Princesse de Paphlagonie, in 12. *Paris* 1734. *Ce petit Roman, qui vient de Mademoiselle de Montpensier fille de Gaston de France Duc d'Orleans, étoit autrefois très rare, n'y en ayant eu d'abord que soixante Exemplaires d'imprimez. Mais comme ce petit morceau est historique & regardoit la Cour de feu Mademoiselle, on n'y voit plus le même agrément qu'on y trouvoit quand on en connoissoit tous les personnages.*

Mithridate, in 8. *Paris* 1648. 2 vol. *Peu commun, mais aussi peu recherché.*

Le Napolitain, ou le Défenseur de sa Maîtresse, in 12. Paris 1734. Hé! qui ne la défendroit pas?

La nouvelle Mer des Histoires, in 12. Paris 1733. 2 vol. C'est un Recueil de plusieurs Historiettes; mais qui n'a pas encore été extrêmement goûté: il faut espe-rer qu'il le sera; il y a tems pour tout.

Histoire d'Osman premier du nom, XIXe. Empereur des Turcs, & de l'Impératrice Aphendina Ashada, par Madame de GOMEZ, in 12. Paris 1734. 4 volumes. On assure que c'est ici un des meilleurs Ouvrages de Madame de Gomez, dont on doit admirer la fécondité qui s'est toujours également soutenuë depuis très-long-tems.

Renaud l'Amoureux, in 12. Paris 1724. Cet Ouvrage n'a pas eu le succès de la plûpart de ses confreres en Romans de Chevalerie. Voyez ci-dessus page 184.

Roger Bontems en belle humeur, in 12. Hollande 1732. 2 vol. Livre comique; mais où tout n'est pas dit & écrit avec choix. A force de vouloir mettre des Hi-storiettes agréables, on en raconte de très-mauvaises, qui ne touchent souvent que celui qui les écrit.

La Sagesse des petites Maisons, in 12. Paris 1711. Ce n'est pas aux petites

Maisons que sont les plus fous, il y en a bien ailleurs.

Le Solitaire de Terrasson, Histoire intéressante, par Madame de... in 12. *Paris* 1733.

La Toletana Discreta, por Eugenio MARTINEZ, in 4. *en Toledo* 1599. *Ouvrage peu commun & assez estimé.*

Les Trois Justaucorps bleus, Contes, avec les trois Anneaux, in 8. *Dublin* 1721.

La Vengeance contre soi-même, & le Chat amoureux, Contes, par Madame DURAND, in 12. *Paris 1712. Cette Dame, féconde pour les productions agréables, en a donné d'autres plus recherchées que celle-ci.*

La Veuve en puissance de Mari, in 12. *Paris* 1733. 2 vol. *L'auteur de cet Ouvrage est un homme d'esprit, capable de travailler utilement & agréablement sur des matieres plus essentielles. C'est le même qui a donné l'*Histoire de Clamadès & de Clermonde, *aussi-bien que celle de* Florès & Blanche-Fleur.

Histoire Maccaronique de Merlin Coccaie, Prototype de Rabelais, in 12. ..... (c'est-à-dire *Paris*) 1734. 2 volumes. *C'est une Edition nouvelle de la Traduction du Poëme Maccaronique de Merlin*

Addition à la Bibliotheque Merlin Coccaie, ou plutôt Thophile Folengio Religieux Benedictin d'Italie ; de qui nous avons encore quelques-autres Ouvrages sur tout un Commentaire sur les Pseaumes. Ce Poëme burlesque est recherché en Latin pour sa singularité & sa rareté. Mais ce n'étoit pas la peine de réimprimer cette Traduction, qui n'est ni assez importante, ni assez estimée pour mériter une nouvelle Edition. Il poura s'en vendre une cinquantaine pour les Curieux, les autres la mépriseront.

Amours de Climandre & d'Aristée, où sous noms empruntez sont contenus les amours de quelques Seigneurs & Dames de la Cour, par le Sieur de SAINTE SUZANNE, in 8. *Paris* 1636.

Les Amours du Duc de Guise, in 12. *Paris* 1730.

L'Amour en son Trône, ou les Nouvelles amoureuses de LOREDANO Gentilhomme Venitien, in 8. *Paris* 1646.

Aparences Trompeuses, Nouvelles tirées de Belleforest, in 12. *Paris* 1724.

L'Art d'aimer à la mode, in 12. *Paris* 1725.

Histoire du Prince Charles de Lorraine & de l'Impératrice Douairiere, in 12. *Cologne* 1676. *C'est le Prince Charles*

les de Lorraine, l'un des plus grands Capitaines de son tems, & Pere de Leopold I. dernier Duc de Lorraine.

Les Chats, par le Sieur de MONTCRIF, in 8. Paris 1727. Ce Livre est cause que l'Auteur a été reçu dernierement de l'Académie Françoise. On dit qu'un autre bel esprit va faire un pareil Livret sur les Rats, pour être admis dans cette auguste Assemblée.

Leonore Macédonie, Histoire Napolitaine tirée de Belleforest, in 12. Paris 1724.

La Semaine de Montalban, ou les Mariages mal assortis, traduit de l'Espagnol, par le Sieur VANEL, in 12. Paris 1684. 2 volumes. C'est la Traduction du Livre de successos y prodigios de Amor marqué à la page 134. Les huit Nouvelles qu'il contient sont,

L'Amour Conjugal.
La Double Infidélité.
L'Amazone, ou le Faux Brave.
La Persévérance heureuse.
Le Palais enchanté.
La Force du Sang.
Le Généreux Bandy.
Il ne faut jamais faire de son Maître son Confident.

Contes

Contes des Fées de M. Perraut, *marqués ci-deſſus page 280. contiennent*

La Belle au Bois dormant.
Le petit Chaperon rouge.
La Barbe bleuë.
Le Maître Chat botté.
Les Fées.
Cendrillon, ou la petite Pantoufle de Verre.
Riquet à la Houpe.
Le petit Pouſſet.

Contes des Fées de Madame d'Aulnoy, *marqués ci-deſſus page 280. contiennent*

Au Tome I.
Gracieuſe & Perſinette.
La Belle aux Cheveux d'or.
L'Oiſeau Bleu.
Le Prince Lutin.

Au Tome II.
La Princeſſe Printaniere,
La Princeſſe Rozette.
Le Rameau d'or.
L'Oranger & l'Abeille.
La bonne petite Souris.

Au Tome III.
Don Gabriel Prince de Leon.
Le Mouton.
Finette Cendron.
Fortunée.

des Romans.

Fortunée.
Au Tome IV.
　Babiolle.
　Don Fernand de Tolede.
　Le Nain jaune.
　Suite de Don Fernand de Tolede.
　Serpentin vert.

Nouveaux Contes des Fées, ou Fées à la mode. *Ce sont les quatre derniers volumes de Mad. d'Aulnoy, qui contiennent*
Au Tome V.
　La Princesse Carpillon.
　La Grenoüille bien-faisante.
　La Biche au bois.
Au Tome VI.
　Le Gentilhomme Bourgeois.
　La Chatte blanche.
　Belle-belle, ou le Chevalier fortuné.
Au Tome VII.
　Suite du Gentilhomme Bourgeois.
　Le Pigeon & la Colombe.
　Suite du Gentilhomme Bourgeois.
　La Princesse Belle-Etoile, ou le Prince cheri
Au Tome VIII.
　Suite du Gentilhomme Bourgeois.
　Le Dauphin.
　Conclusion du Gentilhomme Bourgeois.

Histoires

Histoires sublimes & allégoriques, par Madame d'Aulnoy, *marquées à la page* 281. *contiennent*

Le Porc.
L'Isle de la magnificence.
Le Sauvage.
Le Turbot.

Contes moins Contes que les autres, *marqués à la page* 281. *contiennent*

Blanche Belle.
Le Portrait qui parle.

Nouveaux Contes des Fées, *marqués à la page* 282. *contiennent*

La petite Grenoüille verte.
Les Perroquets.
Le Navire volant.
Le Prince Perrinet, ou l'origine des Pagodes.
Incarnat, blanc & noir.
Le Buisson d'Epines fleuries.
Alphinge, ou le Singe verd.
Kadour.
Le Médecin de Satin.
Le Prince Arc en-Ciel.

Nouveaux Contes des Fées, par Madame la Comtesse de Murat, *marqués à la page* 282. *contiennent*

Le parfait Amour.   Anguil-

Anguillette.
Jeune & Belle.
Le Tome II.
Le Palais de la Vengeance.
Le Prince des Feüilles.
L'Heureuſe Peine.

Fées Contes des Contes, par Mademoiſelle de la Force, *marqués à la page* 282. *contiennent*
Plus belle que Fée.
Perſinette.
L'Enchanteur.
Tourbillon.
Verte & Bleuë.
Le Pays des Délices.
La Puiſſance d'Amours.
La Bonne Femme.

Illuſtres Fées, Contes galans dédiés aux Dames, *marqués à la page* 282. *contiennent*
Blanche & Belle.
Le Roy, Magicicien.
Le Prince Roger.
Le Prince Guerini.
Fortunio.
La Reine de l'Iſle des fleurs.
Le Favori des Fées.
Le Bien-Faiſant, ou Quiribini.

La Princesse couronnée par les Fées.
La Supercherie malheureuse.
L'Isle inaccessible.

Tirannie des Fées détruite, *marquée ci-dessus page 283. contient*
La Tirannie des Fées.
Agathie, Princesse des Feüilles.
La Princesse Leonice.

La Tour ténébreuse & les Jours lumineux, *marqués à la page 285. contiennent*
Ricdin Ricdon.
La Robbe de Sincérité.

Recüeil des Contes galans, in 12. *Paris 1699. contient*
Constance sous le nom de Constantin.
Le Palais de la Magnificence.
La Princesse délivrée.
Blanche.

Amours de Cleriarque & d'Ilis, Histoires véritables de ce tems, in 8. *Paris 1637. Ce Roman est peu lu & peu recherché.*

Histoire des Amours du Maréchal de Luxembourg, in 12. *Cologne 1695. Le brave*

brave Maréchal de Luxembourg n'a pas laissé de souffrir pour s'être un peu trop abandonné à l'amour ; son indiscretion lui fit tort. Bien lui a pris d'avoir, outre de bons amis à la Cour, un talent superieur pour la guerre ; sans quoi il seroit mort à la Bastille ou dans son exil.

Avantures d'Italie de M. d'Assouci, in 12. Paris 1677. Ce M. d'Assouci fut un personnage vilainement amoureux. Il auroit bien fait de rester en Italie & de ne pas revenir en France, où l'on persecute vivement l'heresie en amours.

Les Récits historiques par M. Pierre CAMUS Evêque du Belley, in 8. Paris 1640.

Les Rencontres funestes, par le même, in 8. Paris 1673.

Heures perduës du Chevalier de Rior, in 12. Paris 1715. Je crois que ce petit Ouvrage vient de M. GAYOT de PITAVAL, qui se distingue continuellement par des Livres de même espece, remplis de bons mots & de saillies vives.

Histoire amoureuse & badine du Congrez de la Ville d'Utrecht, in 12. Cologne 1714. Une Ville de Congrez devient une Ville de Cours, & par-là il s'y trouve autant d'intrigues amoureuses que d'intrigues de politique.

Les

Les Dionyſiaques, ou les Voyages, Amours & Conquêtes de Bacchus aux Indes, par NONNUS, & traduites en François par BOITET, in 8. *Paris 1625. C'eſt plûtôt un Poëme qu'un Roman ; cependant comme Bacchus a figuré autant par l'amour que par les actions heroiques, je crois le pouvoir placer dans la claſſe de ces derniers.*

Suite nouvelle & véritable de l'Hiſtoire & des Avantures de l'incomparable Don Quichotte de la Manche, traduite d'un Manuſcrit Eſpagnol de CID-HAMET-BENENGELI ſon véritable Hiſtorien, in 12. *Paris 1714.* 7 vol. *Il s'en faut bien que cette ſuite vaille le premier Ouvrage de Michel de Cervantes. Cependant on le prend & on le lit parce qu'il s'agit de Don Quichotte, dont le nom ſeul a fait la fortune de cette continuation.*

Aux Hiſtoires prodigieuſes *marquées ci-deſſus page 304 & 305, il faut ajouter*

— Idem, le Tome V. traduit du Latin de Meſſire Arnaud SORBIN Evêque de Nevers, par François BELLEFOREST, in 16. *Paris* 1586.

— Idem, le Tome VI. recueilli par J. D. M. de divers Auteurs anciens & modernes, in 16. *Paris* 1590. *Tout ce Recueil eſt aſſez rare & aſſez curieux.*

L'Illuſtre

L'Illustre Rosalinde, Histoire véritable, in 8. *Paris* 1651.

La liberté des Dames, in 12. *Cologne* 1685. *On ne sauroit trop leur en accorder Tant pis pour ceux qui les contraignent ; ce sont-là justement ceux qui sont le plus vivement punis.*

Melisthene, ou l'illustre Persan, Nouvelle, par M. D. P. in 12. *Paris* 1732. *Je me suis trompé ci-dessus page 128, en attribuant ce petit Roman à M. de Themiseul de S. Hyacinthe. Voici le Titre de celui qu'on lui a attribué.*

Histoire de Melisthene Roy de Perse, contenant les Avantures galantes, les Combats & les Victoires qui l'ont placé sur le Trône, traduite du celebre ZALIOUR ALAIX Auteur Persan par feu M. de S. HYACINTHE, Auteur du Mathanasius, in 12. *Paris* 1723. *Il y a tout lieu de croire que ce petit Roman, different de celui qui précede, n'est pas de l'ingenieux Auteur à qui on l'attribuë dans le Titre du Livre, puisque M. de Themiseul de S. Hyacinthe, loin d'être mort en* 1723. *étoit encore vivant en* 1731. *& vit encore aujourd'hui, comme je croi. On sçait que cet Ecrivain, homme d'esprit & de goût, qui s'est retiré à Londres, a donné l'agreable Livre de Mathanasius,*

nasius, qui est une Satyre très-spirituelle contre les *Burmans* & autres *Savantas*, vrais Porte-faix de la République des Lettres.

Suite des Memoires d'un Homme de qualité, ou l'Histoire de Manon Lescot, in 12. *Amsterdam & Roüen* 1733 2 tomes en un volume. On voit bien par ce Roman, qui vient encore de M. le Prevost ci-devant Benedictin, qu'il connoit un peu trop le bas peuple de Cithere. Quelle incroyable fécondité d'actions & de livres dans cet admirable personnage! On assure qu'ennuyé de vivre parmi les Réformez, il cherche à rentrer dans notre Communion. Après avoir été Soldat, puis Jesuite; Soldat pour la seconde fois & ensuite Jesuite; il s'est fait derechef Soldat, puis Officier, Benedictin, enfin Réformé, Protestant ou Anglican. Qu'importe, je crois qu'il ne le sçait pas lui-même. Il voudroit aujourd'hui se faire Benedictin de Clugny, sans doute pour aller de-là jusqu'à Constantinople prêcher l'Alcoran & devenir Mufti, s'il se peut, & fixer ensuite sa Religion au Japon. Outre le nom de M. le Prevost, il prend encore celui de M. d'Exilles.

Fin du second & dernier Tome.

TABLE

TABLE ALPHABETIQUE DE LA BIBLIOTHEQUE DES ROMANS.

A

Abbaye des Conards ou Cornards,	324
Abbé en belle humeur,	265
Abbé à sa Toilette,	ibid.
Abdalla, ses Avantures,	285
Abelard & Heloïse, leur Histoire,	75
Abencerrages y Zegries,	214
Ablancourt,	11
Abramulé de le Noble,	123
Abusé en Cour,	239
Academie des Dames, ou l'Alosia,	320, 321
Academie galante,	147
Academici incogniti,	308
Accouchées, leurs caquets,	324
Achille de Numidie,	129
Achilles Tatius,	6 & 7
Achilles Prince de Tours,	127
Acmet Coprogli Grand Visir,	124

Tome II. Q Adam

TABLE.

Adam de S. Victor, son Mariale, 150
Adam, sa vie, par Loredano, 155, 156
Adamite, Jesuite insensible, 267
Adelaïde de Bourgogne, 76
Adelaïde de Champagne, *ibid.*
Adelaïde de Messine, 113
Adenès, 232, *bis* 233
Admiral de Coligni, sa vie, par des Courtilz, 88
Adorno (Jacinto) 164
Aelles (Roman des) 230
Aeneas Sylvius, 109, 110
Agathe & Lucie de du Bellay, 165
Agathon & Tryphine, 113
Agathonice Princesse, 56
Agathonphile de du Bellay, 165
Agiathis Reine de Sparte, 64
Agnès de Bourgogne, 76
Agnès de Castro, 108
Agravains, Roman, 239
Agreda (Marie d') 156, 157
Agreda (Diego) 132
Agrémens & chagrins du Mariage, 57
Agricoletti (F.) 104
Agrippina minore, 73
Aguirre del Pozo (Matthias) 134
Aiol & Mirabel, 239
Aimery de Beaulande, *ibid.*
Alamanni (Luigi) 178
Alarçon (Andres Roxas de) 24
Albergo, Favole del Bisaccioni, 29
Alberoni Cardinal, son Histoire, 107
Alberti (Leand. Batt.) 28
Alcala y Herrera (Alonzo de) 135
Alcandre le Grand, ses Conquêtes, 86
Alcibiade Fanciuolo, 332
Alcidalis & Zelide de Voiture, 140

Alcidamie,

TABLE.

Alcidamie,	49, 54
Alcide,	51
Alcidiane de Gomberville,	62
Alcime de du Bellay,	165
Alcine Princesse de Perse,	127
Alcinois (le Comte d')	314
Alcrippe (Philippe d')	*ibid.*
Alderique,	213
Aldimiro,	31
Alector, ou le Cocq, Histoire fabuleuse,	335
Aleman (Mattheo)	162, 163
Alessandro magno & Rossana,	69
Alexandre & Cligés,	227
Alexandre le Grand,	219, 220
Alexandre le Grand, traduit du Latin par Lambert Licors, 229, par Alexandre de Bernay ou Paris,	*ibid.*
Alexandre (Vengeance d')	229
Alexandre de Bernay ou Paris,	*ibid.*
Alexandre & Isabelle,	46
Alexandre Castriot,	126
Alexandri Magni, Historia fabulosa,	228
Alexis de du Bellay,	165
Alfarache (Guzman de)	162, 163
Alguasil burlesque,	326
Alibray (le Sieur d')	323
Alinda,	46
Alivio de Caminantes,	130
de la Muerte,	129, 130
Alix de France,	76
Allard Président,	123
Allatius (Leon) Symmicta,	156
Almacheu (Le Marquis de)	102
Almahide de Scuderi,	66
Almanzaïde, Nouvelle,	145
Almanzor, sa Vie,	126

TABLE.

Almerinda,	31
Aloisia Sigæa,	320, 321
Alonzo, Moço de Muchos,	334
Aloph de du Belley,	165
Alphonse, Roman.	239
Altomiro,	31
Alvar del Sol,	112, 126
Amadeo Siciliano (Giulio Philoteo di)	217
Amadigi Italiano,	205
Amadis de Gaula, en Espagnol,	195, &c.
Amadis de Grecia, en Espagnol,	198
Amadis, en Italien,	204, &c.
Amadis, en François,	206, &c.
Amadis de Marcassus,	209
Amans cloîtrez,	152
Amans fortunez de P. Boistuau.	310
Amans jaloux,	47
Amans heureux & malheureux,	59
Amans de Sienne,	110
Amans trompez,	58
Amans volages,	312
Amans (Roman des deux)	238
Amant fidele,	150
Amant libéral, du Sieur de Castri,	151
Amant oisif, en 50 Nouvelles Espagnoles,	144
Amant parjure,	56, 152
Amant raisonnable,	143
Amant ressuscité,	38
Amante artificieuse,	151
Amante fidele,	58, 60, 153
Amarante, Triomphe de l'amitié,	154
Amanzolide, ou Ambassadeur de Perse,	128
Amatunta di Canale,	35
Amazones de Chassepol,	70
Amazonide di Boccaccio,	297
Ambassadeur de Perse,	128

Ambigu

TABLE

Ambigu d'Auteuil,	153
Ambitieuse grenadine,	106
Ambitione calpestata,	32
Amboise (Comte d')	78
Amelinte,	48
Amenophis de Lybie,	129
Ameto di Boccaccio,	293, 294
Amilcare di Cipri,	217
Amin (Haben)	214
Amindorix & Celanire,	74
Amiot (Jacq.)	5, 9
Amiral de Coligni,	88
Amitié singuliere,	96
Amitiez malheureuses,	69
Amor enamorado,	25
Amore di Carlo Gonzaga,	111
Amore di Trolio & Griseida,	217
Amores de Juan Boscan,	136, 326
de Felides y Poliandria,	333
Amorosa Clarice,	31
Amorosa Visione di Boccaccio,	297
Amosis, Prince Egyptien,	68
Amours d'Achante,	49
d'Aminthe & de Philinde,	48
d'Anne d'Autriche,	84
d'Antiochus,	73
d'Arcan & de Belise,	60
d'Armide,	44
d'Archidiane,	50
Avantureux,	*ibid.*
d'Arcan,	60
du Duc d'Arione,	58
d'Aristandre,	51
d'Armide,	44
du Comte d'Artois,	240
de la Beauté,	336
de Boufflers,	101

TABLE.

Amours de Calistine,	50
en Campagne,	57
de Catulle,	71
de Clarimont,	40
de Cleandre & Domiphile,	39
de Cleante & Belise,	100
de Clitophon & Leucippe,	6
de la Princesse de Condé,	84
de Cornelie & d'Alphonse d'Est,	110
de Criniton,	39
de Dalchmion & de Flore,	40
des Dames Illustres de France,	86
de Daphnis & Chloé,	4, 5, 6.
du Dauphin & de la Comtesse du Roure,	88
des Déesses,	48
diverses,	138
d'Endimion,	46
d'Esionne,	40
eschappé en 50 Histoires,	143
d'Eumenès & de Flora,	99
de Fontange,	86
en fureur,	142
de Flammette,	22, 293, 294
de Florisea,	22
de Floris & Cleonce,	42
sans foiblesse,	53
de Fontange,	86
des deux Freres,	59
des Gaules,	85
de Glorian & d'Ismene,	40
des grands hommes,	54, 69
des grands hommes de France,	74
d'Horace,	71
de Grasinde,	39
de Gregoire VII.	84
de Henry IV. Roy de Castille,	104

TABLE.

Amours de Henry IV. Roy de France,	82
d'Hippolite & d'Isabelle,	39
historiques des Princes,	84
de Don Jean de Carcanne,	108
d'Ismenias,	12
de Lauzun,	87
de Lisdamas,	44
de la Belle du Luc,	80
de Luzman & Arbolea,	24, 25
de Lysandre & Calixte,	51
de Mademoiselle de Montpensier,	87
de la Marquise d'Urfé,	84
du Duc de Mantoue,	111
de Messaline d'Albion,	269
à la mode,	149
de Narcisse,	48
de Nembrot,	274
du Duc de Nemours,	82
de Neron,	73
de Narcisse,	48
d'Olympe & de Birene,	41
d'Orphée & d'Amaranthe,	48
du Palais Royal,	87
de Palemon,	40
de Philindre,	51
de Phydie & de Gelasine,	38
de Pindare & Corine,	68
& Armes des Princes de Grece,	219
historiques des Princes,	84
de la Princesse de Condé,	ibid.
de Psyché,	17, 18, 53
de Richelieu, Cardinal,	84
de Sainfroid, Jésuite,	267
de Theagenes & Cariclée,	8, 9, 10
de Tibulle,	71
vainqueur de la Hayne,	153
victorieux de la Fortune,	56

TABLE.

Amoureux transis sans espoir,	239
Amoureux Africain,	127
Amphitheatre sanglant de du Bellay,	165
Amusemens de la Princesse Athilde,	149
Anacrine,	41
Anassarte,	204
Anaxandre, Nouvelle,	52
Anaxandre & Orasie,	48
Andronic de Hongrie,	240
Aneau (Bartholomé)	335
Anecdotes de la Duchesse de Bar,	79, 80
Grecques d'Aridée,	69
Ottomanes,	123
Persannes,	127
de Philippe Auguste,	75
de Pologne,	120
des Vestales,	70
Aneo (Barptolemy)	335
Angeleida di Valvassone,	190
Angelica Innamorata,	ibid.
Angleterre, son Histoire secrette,	113
Annales de la Cour & de Paris,	101
Annales galantes de la Grece,	55
Anne d'Autriche,	84
de Bretagne,	53, 78
de Graville,	238
de Montmorenci,	80
Antechrist, son Tournoy,	232
Anti - Joseph,	261
Anthiochus Prince de Syrie,	70, 73
Antiope,	51
Antiroman de Sorel,	44
Antitus Chapelain des Ducs de Bourgogne,	161
Antoine Roy de Portugal,	108
Antonio de Buffalis,	109
Anzuelo de las Bolsas,	135
Apollin de Tyr,	335

Apollo-

TABLE.

Apollonius de Tyr,	158
Apologie de la Connêtable Colonne,	94
Apologie pour Herodote,	264 & 265
Apotiquaire empoisonné,	327
Apotiquaire de qualité,	145
Apparences trompeuses, par Boursaut,	ibid.
Apparences trompeuses, Amours de Nemours,	82
Après-dinées de Cholieres,	315
Apprius (Prince)	321
Apulée, l'Ane d'or,	15, 16, 17, 18
Arabiæ Regina,	128
Aragona (Tullia d')	193
Aranda (Emanuel d')	137, 327
Araspe & Simandre,	53
Arbre de Batailles d'Honoré de Bonnor,	173
Arcadia de Sannazar,	330
de Lopè de Vega,	333
in Brenta,	35
Arcadie Françoise,	138
Arcadie de Pembrock,	44, 45
Arcan & Belise,	60
Archiduchesse Claire-Isabelle,	118
Archombrotus Theopompus Bugnotii,	272
Aretin (Leonard)	238
Aretino (Pietro)	300, 301, 302
Argenis de Barclai en Latin,	271
en Espagnol,	272
en François,	ibid. & 273
Argenis, Roman heroïque,	273
Argenis continuada,	272
Ariane de Desmarets,	49, 50
Ariofte moderne,	188
Ariofto (Lodovico)	186, 187
Arioviste,	73
Aristandre, Histoire interrompuë,	337
Aristandre & Cleonice d'Audiguier,	51

Q 5 Aristan-

TABLE.

Aristandre de du Bellay,	166
Aristée & d'Amarille de Melidor,	45
Aristo,	34
Aristonous, ses Avantures,	275
Armelle la bonne, ou Nicolas,	170, 171
Armeno (Cristoforo)	331
Armide, ses Amours,	44
Arnalte & Lucenda,	20
Arnoul & Clairemonde,	41
Arras (Jean d')	278
Arriere-Ban amoureux,	145
Arrivabene (Lodov.)	217
Artagnan, ses Mémoires,	89
Artale (Giusep.)	35
Artamene ou grand Cyrus,	66
Arte de gli Amanti,	332
Arte de Galanteria,	28
Artemidoro di Teluccini,	330
Artemise, Reine,	69
Artemise & Poliante,	82
Artus d'Algarbe,	211
Artus de Bretagne,	174, 175
Artus Roy de la Gr. Bretagne,	174, 175, 240, bis.
Ascanio Centorio,	303
Ascanio Pipino,	308
Asino d'Attabalippa,	331
Asino d'oro di Macchiavelli,	330
Asne d'or d'Apulée,	15, 16, 17, 18
Asne d'or de Machiavel,	330
Asserini (Luca)	31, bis. 32, 121, 332
Assouci (le Sieur Coipeau d')	98, bis.
Asterie ou Tamerlan,	126
Astiages y Mandane,	34
Astiagés de Remy,	68
Astolfo Boriofo di Guazzo,	189
Astrée d'Urfé,	42, 43

As-

TABLE.

Astrée, 56
Astrée (Nouvelle) ibid.
Athenagoras du vrai & parfait Amour, 11
Athys & Prophilias, 229
Atlantis de Me Manley, 117
Attabalippa, 331
Avantures d'Achille Prince de Tours, 127
    d'Abdalla, 285
    d'Achilles Prince de Numidie, 129
    d'Arcan, 60
    d'Aristée & de Telasie, 61
    d'Astonous, 275
    d'Assouci, 98
    de Brusalini, 110
    de Buffalis, 109
    de Robert Chevalier Beauchesne, 103
    de Calliope, 154
    Choisies, 153
    du Camp de Compiegne, 95
    du Siege de Constantinople, 123
    de la Cour de Perse, 63
    d***, 60
    du Baron de Feneste, 261
    de Floride, 39
    de France & d'Espagne du Chevalier de Mailli, 107
    de Fum Hoam Mandarin, 285
    Gallantes de le Noble, 150
    Grenadines, 105
    de Jules Cesar, 70
    de Kemiski, 125
    de Lancastel, 118
    de Leandre, 41
    de Leonidas, 61, 154
    & Lettres Galantes du Chevalier de Mailli, 150

TABLE.

Avantures de Luzman & Arbolea, 24, 25
de la Madona & S. François, 266
de Mirandor, 338
de Neoptoleme fils d'Achile, 276
de Philidor, 153
de Philippe Quarll, 118
de Pignata, 268
de Pomponius, 95
du Prince d'Albanie, 126
Provinciales de le Noble, 328
de Raymond de Toulouse, 220
de Robinson Crusoé, 341
de Roquelaure, 329
de Dona Ruffine, 108, 136
Secrettes, 149
Secrettes & Plaisantes, 150
singulieres de la Cour de France, 88
de Sophronisme, 275
de Sylvie de Moliere, 99
de Telemaque, 274
de Thewrdanck, 118
de Wlespiegle, 323
de Zeloïde, 285
Avanturier Hollandois, 338
Avare puni, 149
Aubery (Roman d') 240
Aubert (Guillaume) 208
Aubignac (L'Abbé d') 138, 142, 170
Aubigné (Theodore Agrippa d') 261
Aubigni (le Sire d') 98
Aubri le Bourguignon, 240
Audiguier (Henry) 10, 27, 51, *ter* 131, 132
Avellaneda (Alonzo Fernandez de) 216
Aveugle redoutable, 119
Avisos de los Peligros de la Corte, 132
Aulnoy (la Comtesse d') 80, 88, 106, *ter*
280, 281

TABLE.

Auner (Hieronimo) 192
Auneuil (la Comtesse d') 151
Avost (Jerome d') 13
Aurelie, Nouvelle, 143
Aurelio & Isabella, 28, 29, bis.
Auroras de Diana, 334
Austriana Regina, Arabiæ, 128
Autelz (Guillaume des) 257
Auvenimenti ridicolosi, 308, 309
Auvenimenti di Fortunato, 323
Axiamire, Roman Chinois, 56
Axiane, 51
Ayë d'Avignon, 230
Ayllon (Diego Ximenes) 212
Aymon (les quatre Fils) *Voyez*, Quatre Fils Aymon.

B

Bail (le Sieur du) 49
Bains des Thermopiles, 70
Balbuena) Bernardo de) 334
Baliverneries d'Eutrapel, 311
Balzac, 263
Bandello (Matteo) 303, 304
Bandos de los Zegries y Abencerrages, 214
Banneville (le Marquis de) 154
Banquet d'Assuere, 166
Bans & Beor, Roman, 240
Barans, Roman, *ibid.*
Barbe des Capucins, 266
Barbier (Mademoiselle) 60
Barbier d'Aucour, 81
Barbon de Balzac, 263
Barclay (Joan) 253, 254, 262, 271, 272, 273
Bardin, son Lycée, 170, ses Promenades, 337

TABLE.

Barezzo, Barezzi, 26, 163, 324
Bargagli Novelli, 308
Baril, Roman, 240
Barisel (le Chevalier au) 240
Barlaam & Josaphat, 12
Barneveldt (Mad.) ses Mémoires, 122
Baro, 43
Baron de Feneste, 261
Baron de Breteuil, 100
Barons de Bretagne, 251
Barrilt, Roman, 240
Barthius (Gaspar) 23, 24, 301, 320
Bas-Souhaits (Catherine des) 313
Basile (Giov. Batt.) 309
Bassa (l'Illustre) 65
Bassette (la) 146
Bastille, son Inquisition, 269
Bastard de Navarre, 107
Batalla entre Amor y Fidelidad, 28
Batalla de Roncevalles, 183, 187
Beaudoin Comte de Flandres, 222
Baudouin (Jean) 33, 49, 63, 126, 336
Baudot de Juilli, 79
Bayart (le Chevalier) 224
Beatrix de Bernal, 202
Beau Polonois, 146
Beauchamps, 14, 75
Beauchesne Flibustier, 103
Beaucourt, 56
Beaujeu, ses Mémoires, 120
Beaux Jours de la Haye, 122
Beaulieu, 47
Becafort Hipocondriaque, 341
Bel-amour, sa Naissance, 40
Belial, en François, 155
Belianis de Grece, en Espagnol, 199, 209
Belier, Conte, 283

Be-

TABLE.

Belissaire, ou le Conquérant, 65, 73
Belisle, ses Amours,
Bella (Bartolomea della) 34
Bella Cotalda, 25
Bella creanza delle donne, 257
Belle Clorinde, 51
Belleforest (François de) 8, 80, 295, 304, 305
Belles Grecques, 70
Belle-Helene, 35, 226
    Hollandoise, 122
    Italienne, 283
    Juifve, 96
    Marguerite, 111
    Marquise, *ibid.*
    Turque, 96, 125
Belle-Perche (Gaultier de) 233
Belleville (Philippe de) 225
Belphegor de Machiavel, 299
Benoist de Sainte More, 252
Benonville (Mademoiselle de) 57, 96
Beralde de Savoye, 109
Beraut (Jean) 262
Bercy (Hugues de) 231
Berenger Comte de la Marck, 119
Berenice, par Segrais, 65
Berger extravagant, 43 & 44
Berger, Gentilhomme, 151
Bergeries de Juliette, 137
Berinus & Aigres, 219, 241
Bernal (Doña Beatrix) 202
Bernard (Mademoiselle) 60, 78
Bernay (Alexandre de)
Berni (Francesco) 186
Bernia, 260
Beroalde de Verville, 39, *bis*, 40, *ter*, 162, 318, 336

Beroal-

TABLE.

Beroaldi (Vincent) 23
Bersabée, 33
Bertin, en vers, 232
Bertrand du Guesclin, 194, 223, 224, 236
Beuves de Hantonne, 36, 241
Beuves & Rosiane, 241
Bible Guyot, 231
Bibliotheque Bleuë, 225, 226
Bidpay, les Contes, 283, 284
Bigarrales de Toledo, 134. C'est je crois une faute, il faut mettre Cigarrales de Toledo.
Bigarures des Accords, 315
Bigne (Gace de la) 236
Billet perdu, 151
Billi (Jacques de) 12
Billi (Jean de) ibid.
Biondi (Giov. Franc.) l'Eromena, 30, 31, la Donzella Desterrada, 31, il Coralbo, *ibid.*
Bisaccioni (Maiolino) 29, 64, 121, 308
Bisii (Girolamo) 32
Blessebois (Pierre Corneille) 56
Boaistuau (Pierre) 271, 304, 305, 310
Bobadilla (Bern. Perez de) 25
Boccaccio (Giovan.) 286, &c. jusqu'à la page 298, en François, 291, &c.
Bodot de Juilli, 114
Boece, Roman de Fortune, 235
Boër (Carlo) 31
Boete & Miroir, 143
Boyardo (Matt. Maria) 16, 185 *ter.*
Boileau (Gilles) 208
Boisguilbert (Pierre le Pesant de) 116
Boisrobert (l'Abbé de) 48, 139
Boissieres (Jean de) 188
Bolognetti (Francesco) 29
Bonini (Filip. Maria) 34, 276

Bonna-

TABLE.

Bonnaventure Desperiers,	313
Bonnecosse (le Sieur de)	143, *bis*.
Bonnor (Honnoré de)	173
Bontemps (Gerard)	325
Borbadillo (Alonzo Geron. de Salas)	333
Bordelon (l'Abbé)	340, 341
Borron , *Voyez* Bourron.	
Borstet , sa continuation d'Astrée,	43
Boscan (Juan)	136, 326
Bottaio Capricci,	305, 321, 322
Boucher (le Sieur)	140
Bouchet (Guillaume)	315, 316
Bouchet (Jean)	222, 238
Bouchet (Pierre)	238
Boucicaut Maréchal de France,	76
Boufflers , ses Amours,	101
Bouhours Jesuite ,	81
Bouillon (Godefroy de)	221
Boulenger (le Sieur)	52
Bouquet d'Histoires par du Belley ,	166
Bourbon Carenci ,	80
Bourbon Connétable ,	78
Bourbon (Catherine de)	79
Bourdeilles de Brantome (Pierre)	260
Bourdelotius ,	8
Bourignon (Antoinette)	171
Bourneuf (le Sieur)	326
Bourron (Robert de) 176, 177, 248,	252
Boursaut (Edme)	82, *ter* 145
Boussole des Amans ,	143
Bouthiere (George de la)	17
Brancaleone ,	30
Branor le Brun ,	177
Brantome (Pierre de Bourdeilles Abbé de)	260
Bredin le Cocu ,	316
Bremond (le Sieur de)	100
	Bretagne

TABLE.

Bretagne (la Conquête de)	248
Bretencourt,	48
Breteuil (Baron de)	100
Breviario de Amor,	236
Brice (François)	93 bis 148
Brichamel (Raffe de)	37
Bridou (Jean)	52
Brie (le Sieur de)	82
Bringuenarille Geant;	257
Bruccioli,	288, 289
Brufalini (Marco Mario)	
Brufalini, ou l'infortuné Florentin,	110
Brugiantino (Vincenzo)	190, 291
Brugiere) Ignace de)	18
Brun de la Montagne,	241
Brun (le Sieur le)	158
Bruscambille, ses Imaginations,	313, 324
Brusoni (Girolamo)	30, 32 bis.
Brut d'Angleterre, Roman,	226
Buccalus,	241
Bueil (Claude de)	209
Buffalis (Antonio de)	109
Bugnotius (Gabriel)	272
Burana (Juan Bautist.)	28
Buscon de Quevedo,	325
Buffi Rabutin,	85
Butors,	243

C

CABINET d'amours,	57
Cabinet des Fées,	281
Cabinet de Minerve,	40
Cæsarius Heisterbacensis,	160
Caillieres,	53
Caissant) le Chevalier de)	341
Calisto y Melibea,	332

Cal-

TABLE.

Calliope, ses Avantures,	154
Callitrope, par du Bellay,	266
Calloandre de M. Indris,	32
Caloandre Fidele,	33
Caloandro Fedele,	ibid.
Calprenede (Mad. de la)	50
Calprenede (le sieur de la)	63 bis, 64
Camerino (Josef)	22, 133
Camerotto di Brusoni,	32
Camiletta di Gutteri,	331
Camillus & Emilia,	110
Camp de Compiegne,	95
Campo (Pedrillo del)	329
Campus recreationum,	322
Camus, Evêque du Belley (Pierre) 165, jusqu'à la Page,	169
Camus (Philippe) 36, 37, 180, 212, 213,	221
Canale (Giov.)	35
Cancionero Cavallero de Timoneda,	129
Cantahar, découverte de son Empire,	340
Capaccio,	73
Capocoda (Giulio)	111
Caprices de l'amour,	56
Caprices du destin,	149
Capricci del Botaio, 305, 321, 322, 330	
Capucins, Procès fait à leur barbe,	266
Caquederet, Roman,	241
Caquets de l'Accouchée,	269, 324
Cara Mustapha, Grand Visir,	124
Caracteres de l'Amour,	148
Caracteres du faux & véritable Amour,	153
Carani (Lelio)	13
Caravajal,	
Carcanne (Don Juan de)	108
Carcel d'Amor,	19
Cardenia,	32

Car-

TABLE.

Cardinal Alberoni,	107
Cardine, son Enfer,	260
Cardone (le Comte de)	113
Carency (Bourbon)	80
Caribalte, Cavallero de la Fortuna,	213
Cariclée,	45
Caritée,	*ibid.*
Carlo Gonzaga Duca di Mantoa,	111
Carlos magno,	193
Carlos (Don)	96, 105
Carmeni (Francesco)	308
Carmente,	54
Carte de la Cour, 85, de Gueret,	141
Carte Geograph. de la Cour, par Bussy,	85
Carthemi (Jean de)	172
Carvajal (Dona Mariana)	134
Caseneuve (Pierre)	45
Casilde, par du Belley,	166
Casimir, Roy de Pologne,	120
Casoni (Guido)	331
Cassandre de la Calprenede,	63
Cassette de Bijoux,	143
Castera (l'Abbé de)	61, 154
Castillo y Talcyro,	133
Castillo (Andrés)	135
Castillo y Solorzano (Alonzo) 134, 135, 136, bis, 268	
Castre d'Auvigni,	61
Castri (le Sieur de)	151
Castriot (Alexandre)	116
Castro (Diane de)	100
Castro [Henriq. de]	105, 213, 324
Castro (Jean de)	106
Castro y Anaya (Pedro de)	334
Catanoise,	112, *bis.*
Catherine de Bourbon,	79
Catherine de France, Reine d'Angleterre,	114

Ca-

TABLE.

Catherine des Bas-Souhaits, sa vie,	313
Cavallero, Cancionero, de Timoneda,	129
de l'ardente Espada,	196, 198
Esplandian,	196
Florisando,	*ibid.*
Cavalier François, ses heures perduës,	322
	317
Cavalier Crotexte,	*ibid.*
Cavallier Perduto,	218
dell' ardente Spada,	204
della Croce,	206
Cefalie,	48
Celanire de Scudery,	67, 94
Celemaure,	52
Celenie,	61
Celestina Tragi-comedia,	332
Celestina Segunda,	333
Celidon de Ibernia,	203
Celie Nouvelle,	52
Celie ou Melicerte,	53
Celimaure de le Rou.	141
Celinte Nouvelle,	52
Celion ou Uranus,	241
Celise ou l'Amante fidele,	60, 153
Cene del Principe d'Agrigento,	30
Cent Histoires de Troyes,	236
Cent Nouvelles Nouvelles,	309
Cent Nouvelles Nouvelles de Me de Gomez,	155
Cent & six Nouvelles de la Motte Roullant,	312
Cento auvenimenti ridicolosi,	308
Cento Novelle antiche,	286
Centorio (Ascanio)	303
Cephise Amante fidele,	58
Cercle ou Conversations galantes,	55

Cerva

TABLE.

Cerva Bianca, 330
Cervantes (Michel de)　26, 27, 108, 130, 131, 215, 216
Cervelli diversi di Garzoni, 259
Cesarius d'Heisterbach, 160
Cespedès y Menezès (Gonzalo de)　26, 133, *bis*
Chaise (le P. de la) 267
Chambre de Justice de l'Amour, 52
Chamilli [le Chevalier de] 75
Champier (Symphorien) 172, 224
Champs Faez, Roman, 241
Chansieres (M. de) 276
Chapelle (le Sieur de la) 105
Chapelle (Jean de la) 71
Chapuys (Gabriel)　24, 25, 189, 208, 209, 211, 249, 258, 305, 314, 315
Charce (Mademoiselle de la) 102
Charette, Roman, 228
Charette (le Chevalier de la) 242
Chariot de Nismes, Roman. 241
Charité, Roman, 229
Charles de Gonzague Duc de Mantoue, 111
Charles Magne, 181, 182, 183, 184, 225, 226
Charney, 46
Charni (le Sieur de) 100
Charpentier (François) 144
Chasse Ennuy, 316
Chasse du Berger, Roman, 241
Chassepol, 70, 124
Chastelain (George) 238
Chastelain de Coucy, 231
Chastillon, Duchesse, 86
Char amoureux, 318
Chat d'Espagne, 151
Chateaubriant, Comtesse, 78, *bis*

Cha-

TABLE.

Chavigny [le sieur de] 148
Chelidonius Tigurinus, 271
Chenilo, 34
Chevalerie, ses Ordres 172, 173. Son Theatre, *ibid.* Ses Romans, 174. & suivantes. Leurs devises, 177
Chevalerie de la Vie humaine, 249
Chevalier aux Armes dorées, 219
 Baltazar, 99
 Balthazar ou la dragone, 103
 au Barisel, 240
 Bayart, 224
 Berinus, 219
 de Caissant, 341
 de la Charette, 242
 aux Cignes, 209, 242
 du Clergé, 179
 cœur d'amours épris, 37, 181
 de la Croix, 174, 178, 242
 aux Dames, *ibid.*
 déliberé, 238
 doré, 242
 Eric ou Herec, 243
 errant, ou génie familier, 151
 errant de Carthemi, 172
 à l'Epée, 227
 à l'Espervier blanc, 250
 de S. Georges, 117
 de la Gloire, 225
 Hipocondriaque, 337
 au Lyon, 228
 de Mailly, 70, 94, 150, 153, 159
 sans reproche, 222
 de Rohan, 92
 du Soleil, 209
 de Themicourt, 59

Che-

TABLE.

Chevalier de la Tour, 222, 242
        Thewrdanck, 118
Chevalier (le dit du) 242
Chevaliers de la Gloire, 225
Chevaliers errans, Contes des Fées, 281
        de la Table ronde, 174, 175
        de Thrace, 41
Cheverni, 56
Chevreau (Urbain) 65, *bis.*
Chien de Boulogne, 143
Cholieres (le Sieur de) 315
Chrestien de Pise, 237
Chrestien de Troye, 227, *bis*, 228
Chriserionte de Gaule, 45, 221
Chrysolite, 47
Christalian de España, 202
Christine Pisan, 249
Christine de Suede, 121
Chronique d'Apollin de Thir, 335
Chroniques de Bretagne, 176
Chroniques des FF. Mineurs, 163, 164
Croniques de Jean de Saintré, 223
Chrisolite, 47
Ciaccomari (Oratio) 276
Cicognoni (Andrea) 69
Cid Ruy Dias de Bivar. 212, 213
Cigarrales de Toledo, 134
Cimarelli (Bartholomeo) 163
Cinquanta Novelle di Masuccio; 299
Cinquanta Novelle di Giovan. Fiorentino, 298
Cinthia de Aranguez, 27
Ciprienne Amoureuse, 45
Cirano de Bergerac, 339, 327
Circe di Gelli, 330
Ciro politico, 276
Cirongilio de Tracia, 200
Cirus, son Voyage, 276, 277. Son repos, *ibid.*

Cla-

TABLE.

Claccomari (Oratio)	
Claire Isabelle, Archiduchesse,	118
Clairenville (les Promenades de)	338
Claireville,	48
Clamadès & Clermonde,	19, 37, *bis.*
Clare (le Comte de)	117
Clareo & Florisea,	22
Clarian de Landamis,	202
Claribalte,	213
Clarice Amorosa,	31
Clarimont,	40
Clarimundo Emperador,	214
Clarinde, son Ravissement,	47
Clarinel de las Flores,	203
Claude (Isaac)	83
Cleandre & Calliste,	153
Cleandre & Domiphile,	39
Cleante & Belise,	100
Clearque & Timolas de du Belley,	166
Clef des cœurs,	146
Cleino (le Roman de)	242
Clelie de Scudery,	66
Clelie, Hist. Françoise,	55
Clemangis (Nicolas de)	37
Clement Marot,	234
Cleobuline,	51
Cleodonte & Hermelinde,	47
Cleomadès, Roman,	233
Cleomede & Sophonisbe,	47
Cleon,	52
Cleonice,	54
Cleopatra di Bisaccioni,	64
Cleopatra di Landi,	69
Cleopatre de la Calprenede,	63
Cleoreste de du Belley,	166
Clergé (le Chevalier du)	179
Cleriadus de Sture,	219

Tome II.   R   Cle-

TABLE.

Cleriadus & Meliadus,	242
Cleveland, fils naturel de Cromwel,	116
Cliges, Roman,	242
Clitophon & Leucippe,	6
Clopinel (Jean de Meung dit)	233, &c.
Clorimene,	46
Clorinde & Reginus,	71
Clorinde,	51
Clytie Nouvelle,	147
Clytie, par la Serre,	47
Coccaie (Merlin)	254
Coccio (Angelo)	7
Cocq, ou Alector,	335
Cocu (Bredin le)	316
Coeffeteau (Nicolas) l'Argenis,	272, 273
Colbert, son Testament,	90
Coligni, Amiral,	88
Colin (Nicole)	23
Collet (Claude)	208, 212, 219
Colletet (Guillaume)	13
Colombiere (Vulson de la)	173
Colonne, Connestable,	94, *bis*, 112
Columna (Franciscus) Poliphilus,	161, 162
Commento delle fiche,	302
Compagnie agréable,	151
Compain (l'Abbé de) de S. Martin,	17
Companeo (Philastès)	198
Comte d'Alcinois,	314
d'Amboise,	78
d'Artois,	240
de Cardone,	113
de Clare,	117
D**, par S. Evremont,	93
de Duglas,	115
de Dunois,	77
d'Essex,	96
de Foix,	97

TABLE.

Comte de Genevois,	109
de Grammont,	95
de Guiche,	87
Hamilton,	95, 283
de Lancastel,	118
de Lyonne,	98
de la Marck,	119
de Nevers,	222
de Richemont,	114
Roger de Calabre,	111
Scandiano,	
de Soissons,	83
Tekely,	119
d'Ulfed,	120
de Warwick,	115
Comtesse d'Allemagne,	119
de Chateaubriant,	78, *bis.*
de Creaque,	129
d'Aulnoy,	80, 88, 106, *ter*, 115, *bis*, 117, 280, 281
d'Auneüil,	151
de la Fayette,	81, *bis.*
de Gondez,	61
de Janissanta,	122, 154
Isamberg,	328
d'Isembourg,	119
Mathilde de Mantouë,	111
de Meyrac,	99
de Mortane,	59
de Montfort,	78
de Murat,	58, 77, 93
de Salisbury,	114
de Savoye,	109
de Strasbourg,	91
de Tournemir,	103
de Vergy,	76, 129
Conde Fernand Gonzalez,	213

TABLE.

Conde Matisio,	334
Conjuration des Pazzi,	110
Connétable de Bourbon,	78
Connétable de Montmorenci,	80
Colonne,	94, bis, 112
Connoissance du Monde, Voyages Orientaux,	58
Constante Amaryllis,	26
Constante Florinda,	27
Constantes Mugueres,	22
Constantinople, son Siege,	123
Conquêtes du Gr. Alcandre,	86
de Bretagne,	242
de Charles Magne,	181, 182, 183
d'Espagne,	104
de Douce Mercy,	181
de Grana,	122
de Grenade,	105
des Indes,	ibid.
d'Oultremer,	243
de Trebisonde,	184, 185
Conspirations des Pazzi,	110
Constance victorieuse,	113
Constant, Roman,	243
Constantini (Angelo)	328
Contes Arabes,	284
Anglois,	285
Chinois,	ibid.
& Fables Indiennes,	283, 284
Indiens,	285
Mogols,	ibid.
Persans,	284
Tartares,	ibid.
Turcs,	283
Contes des Fées d'Aulnoy,	280, 281
de Murat,	282
de la Force,	ibid.
de Perraut,	280

TABLE.

Contes des Contes, 282
Contes moins Contes, 281, 282
    d'Hamilton, 283
    nouveaux des Fées, 282, 283
    de Lesconvel, 282
    de Preschac, 283
Contes amoureux de Boccace, 286, &c.
    Anonymes, 310, 318
    de Boistuau, dit Launay, 310
    de Cupido & Atropos, 309
    de Desperiers, 313
    d'Eutrapel, 312
    & discours bigarrés de Cholieres, 315
    & Fables Indiennes de Bidpai, 283, 284
    de Jeanne flore, 310
    de la Fontaine, 317
    de Gaulard, 315
    de Maulinet, 312
    du Monde avantureux, 311
    du Pogge, 299
    de le Noble, 317
    de la Reine de Navarre, 310, 311
    à rire, 322
    d'Ouville, 316
    de Vergier, 318
Conte du Papegault, 175
Contreras (Geronimo) 24, 25
Conversations sur la Princesse de Cleves, 81
Coq ou Alector, 335
Coqueterie, son Royaume, 138
Coquettes, leur politique, 140
Cor di Marte, 35
Coralbo di Biondi, 31
Corbaccio di Boccaccio, 293, 295
Corbelli (Nicol. Maria) 127
Cor di Marte di Gius. Artale, 35
Cordoua (Juan de) 203

TABLE.

Cornards (Abbaye des) 324
Cornelie & Alphonse d'Est, 110
Corozet (Gilles) 20, 158
Correal (Gabriel) 27, 272
Cors (Lambert le) 229
Correz (Juan) 132, bis.
Cortigiano disperato, 30, 331
Costante Poema di Bolognetti, 29
Costo (Tomaso) 307
Cottolendi (Charles) 114, 131
Covarruvias (Hieron. de) 25
Coucy (le Chastelain de) 231
Coupecu de la Mélancolie, 319
Cour (la) par Preschac, 95
Courcy (Jean de) 237
Coureur de Nuit, 325
Cours d'amour, 52
    d'Angleterre, 117
    de Madrid, 107
    de Savoye, 109
    de France Turbanisée, 87
    de France, ses Mémoires secrets, ou Avantures comiques, 88
    de Vienne, 118
Courier d'amours, 56
    dévalisé, 268
Court (Lambert le) 229
Courtenay (Milord) 115
Courtils (Gatien Sandras des) 88
Courtin (le Sieur) 106
Courtisanne déchiffrée, 263
Courtisanne solitaire, 46
Couvent aboli, 151
Cratès y Hipparchia, 164
Creanza delle Donne, 257
Creaque (la Comtesse de) 129
Crementine Reine de Sanga, 128

Cré-

TABLE.

Cretidée, & Cretideo,	33
Cretin (Guillaume)	310
Criniton,	39
Crofet (le Sieur)	336
Crozet (le P. Thomas)	157
Crueius (L. Annibal)	7
Cruzoé (Robinson)	341
Cuchermois (Jean de)	194
Cueva (Francesco de la)	27
Cunto de gli cunti,	309
Curiosité dangereuse,	151
Cypille, ses imaginations,	313
Cyrano de Bergerac,	339 bis. 327
Cyrus de Scudery,	66
ses voyages,	276, 277
son repos,	277
Cytherée de Gomberville,	62
Czar Demetrius,	121

D

Dalerac (le Sieur)	120
D'alcrippe (Philippe)	314
Dama Beata de Camerino,	22
Damaris par du Belley,	166
Damascene (S. Jean)	12
Dames dans leur naturel,	87
Dames Galantes ou confidence, &c.	
Dames Galantes de Brantome,	260
Dames Illustres de France,	86
Daniel Jesuite,	339
Daphnide par du Belley,	166
Daphnis & Chloé,	4, 5 & 6
Dassouci,	98. bis.
D'Audiguier voyez Audiguier.	
Davity (Pierre)	336
Daulnoy Comtesse,	80, 88, 106, 280 & 281

TABLE.

Davost (Jerôme) 13
Dauphin de France & Comtesse du Roure, 88
Débauché de la Haye, 122
Décades historiques par du Belley, 166
Decamerone di Bocaccio, 286, &c.
Decameron de Boccace en françois, 291, &c.
Delfino di Francia, 217
Delfino (magnifico) 287
Delfosse, Dragonne, 103
Delicado (Franc.) 199
Demetrio Moscovita, 121 bis.
Demetrius Czar, ibid.
Democritus vel Campus recreationum, 322
Demoreaux, 50
Denisot (Nicolas) 314
Desaccords (le Seigneur) 315
Desautelz (Guill.) 257
Desbarres (le Sieur) 140
Deschamps (le Sieur) 123
Description de Versailles, 67
Description de Jansenie, 268
Desescutteaux, 138
Desesperez, 34
Desespoir amoureux de Don Guichote, 217
    joyeux, 250
Desessars de Herberay, 20, 206, 209
Desfontaines (Abbé) 122, 342 bis.
Desfontaines (le Sieur) 49
Desfontaines des Huyots, 112
Desgoutes (Jean) 38, 188
Desjardins. *Voyez* Ville-Dieu.
Deslauriers, ses Prologues, 312, 313
    ses Imaginations plaisantes, *ibid.*
Desmaretz (Jean) 49
Desordres de l'Amour, 54, 55, 148
    nouveaux de l'Amour, 96
    de la Bassette, 147

Des-

TABLE.

Desperiers (Bonavent.)	313
Desrey (Pierre)	221
Destinées des Amans,	41
Destruction des Roncevaux,	243
de la Table Ronde,	ibid.
de Troye,	218, 243
Devaulx, Pensées du Solitaire,	171
Devises des Chevaliers de la Table Ronde,	177
Deux Amans, leur Roman,	238
Deux fortunes imprévuës,	97
Dia y noche de Madrid,	136
Diable boiteux Espagnol & François,	262
Dialogi Cæsarii,	160
Diana de Georg. de Monte Major,	23
Diana Enamorada d'Alfonso Perez,	ibid.
Diana Enamorada de Gil Polo,	ibid.
Diane de France,	82
de Castro,	100
de Montemayor,	23, 24
Dianea di Loredano,	308
Dianée,	51, 138
Differens caracteres de l'Amour,	148
Diola (Horatio)	163
Diotrephe par du Belley,	166
Diporti di Parabosco,	305
Discreta Galatea,	108
Discursos morales de Juan Cortez,	132
Disgraces des Amans,	149
Disgraces de l'Amour,	98
Disperati,	33
Dit du Chevalier, Roman,	242
Diversitez d'amours,	52
Diversitez galantes,	ibid.
Divertissemens de la Princ. Aurelie,	139
de la Princesse Alcidiane,	50
d'Amours,	52
de Cassandre & de Diane,	133
historiques par du Belley,	166

TABLE.

Divorse satyrique,		160
Divortio celeste,	268,	269
Docteur en malice, Maître Regnard,		313
Doctrinal moral, ou les Loups ravissans,		263
Doctrinal Roman,		
Dolce (Lodov.) 7, 185, 205 *bis.* 238,		289
Dole (Guill. de)		245
Dolopatos, ou les Sept Sages,		231
Domalinde,		108
Domenico (il Marchese Giov.)		34
Don Alvar del Sol,	112,	126
Antoine Roy de Portugal,		108
Antonio de Buffalis,		109
Belianis de Grece,	199,	209
Carlos,	96,	105
Florès de Grece,		209
Florisel de Niquea,		197
Guichot,	215, 216,	217
Jean de Carcanne,		108
Jean de Castro,		106
Quixotte de la Mancha,		215
Juan d'Autriche,	65, 105,	106
Sebastien Roy de Portugal,		108
Donna Combattuta,		34
Dona Hortense,		106
Mariana Carvajal y Saavedra,		134
Maria Zayas,		135
Olimpia Maldachini,		111
Ruffine,	108,	136
Doni (Antonio Francesco)	258,	159
Donzella desterrada,		31
Donzella Sabia Teodora.		156
Doolin de Mayence,	174,	191
Doon de Nantuel,		230
Dorington (le Sieur)		341
Dorisandre,		47
Dorothée par du Belley,		166
Doublainville,		58

Dou-

TABLE.

Douce mercy,	181
Douet (Louis)	209
Douville (le Sieur)	136, 316
Dragone, son Histoire,	103
Droyn, ou Droyen,	157
Dubois,	48
Duc d'Alençon,	82
d'Arione,	58
de Guise le Balafré,	82, 97
de Montmouth,	116
de Nemours,	82
de la Rochefoucaut,	81
de Rohan,	91
de Roquelaure,	104, 329
des Vandales,	121
Duca di Mantoa, Carlo Gonzaga,	111
Ducento Novelle,	
Duchat (le Sieur le)	255
Duchessa di Valentinese,	108
Duchesse de Beaufort,	336
de Capouë,	112
de Chastillon,	86
d'Estramene,	113
Malbourough démasquée,	117
de Medo,	113
de Milan,	111
de Mazarin,	93
de Portsmouth,	116
Reine,	115
de la Valiere,	86
Duc nobili amanti,	29, 32
Due Tristani,	180
Du Fail (Noel)	311, 312
Dufour,	52
Dunois (Comte de)	77
Du Noyer (la Dame)	97, 98, 104
Dupin (Perrinet)	250

TABLE.

Du Plaisir (le Sieur) sur les Historietes, 3, Duchesse d'Estramene, 113
Durand, Ministre, 299
Durand (Mad.) 59, 70, 77, 113
Durier (Pierre) 273
Du Verdier, 33, 47, 127, 210, 219, 337

E

Eco & Narcisse, 61
Ecole des Amans, 338
Ecole de l'intérêt, 135
Ecureuil de la Cour, 152
Edele Ponthieu, 76
Edipus, 219
Edouard d'Angleterre, 114
Effets funestes de l'Amour, 59
      de la jalousie, 78
      de la sympathie, 60
Egyptienne, 107
Elegantiæ Latinis Sermonis Meursii, 319
Eleonor de Guyenne, 75
Elise, par du Belley, 166
Elisea Ennamorada, 25
Elizabeth Reine d'Angleterre, 115 *bis.*
Elles (Roman des) 230
Eloïse & Abelard, 75
Emanuel d'Aranda, 327
Emiliane (G. de) 265
Emilie, son Hist. 61
Empereur de Maroc, 127
Empire de l'un & l'autre Monde, 261
Empire de Cantahar, 340
Endymion de Gombaud, 46
      de Remy, 46
Eneas Silvius, 109, 110, 161, 162
Enfant gâté, 122

TABLE.

Enfer de Cardine,	260
Entretiens galans d'Ariſtippe,	141
Entretiens Academiques des Dames,	320, 321
Entretiens de la Grille,	266
Entretiens hiſtoriques, par du Bellay,	167
Entretiens ſur les Contes des Fées,	279
Epicaris de le Noble,	73
Epigone,	140
Epila famoſa,	27
Epouſe infortunée,	62
fidele,	56
Eraſte Nouvelle,	141
Eraſtus,	158, 159, 243
Erée & Enide,	228
Eric ou Herec,	243, bis.
Erizzo (Sebaſtiano)	306
Ermidauro di Carlo de la Luna,	30
Eromena di Biondi,	ibid.
Eromene d'Audiguier,	51
Erotaſme,	38
Erotodidaſcalus,	23, 24
Ertelius (Ant. Guil.)	128
Eſcarmientos de Jacinto,	26
Eſclaves,	127
Eſcuela del Interés,	134
Eſlava (Antonio de)	130
Eſpañol Gerardo Poëma,	26
Eſpejo de Principes,	201
Eſpinace (Roman de l')	244
Eſpinel (Vincente)	27, 132, bis
Eſpinoſa (Nicolo)	187
Eſpion-Turc,	84, 85
Eſplandian, en Eſpagnol,	196
Eſprit familier de Trianon,	86
Eſprit malin,	153
Eſprit (M.) ſon Apprius,	321
Eſprit, ou le Mari fourbé,	57, 97

Eſ-

TABLE.

Essais d'amours,	56
Essex, Comte,	96
Esté de Poissenot,	314
Estevanillo Gonzalez,	324, 325
Estienne (Henry)	264, 265
Estime, Princesse,	
Etats & Empire de la Lune & du Soleil,	339
Ethiopie (la Reine d')	127
Eugene, par du Belley,	167
Evenemens singuliers du Belley,	167
Euphormion,	253, 254, 262
Eurialus & Lucrece, 110, *bis*, 160, *bis*, 161 *ter.*	
Eustace ou Eustache,	226
Eustathius,	12, 13 & 14
Eustorgio y Clorilene,	28
Eutrapel, ses Baliverneries, 311. Ses Contes,	312
Exameron de Torquemada,	314
Exilez de la Cour d'Auguste,	72
Experientias de Amor,	28

F

Fables de Bidpay,	283, 284
Fables de le Noble,	317
Fabrique de traits de Véritez,	314
Fabulario de Quentos,	131
Facetie Poggii, 298. En François,	299
Facæciæ Luscinii,	309
Facétieux devis de la Motte Roullant,	312
Facetieux Devis de Maulinet,	*ibid.*
Facetieuses Journées de Chapuys,	315
Fail (Noel du)	311, 312
Faille (M. de la)	18
Faits de Gargantua,	226, &c.
Fameux Chinois,	49

Fa-

TABLE.

Fameux Voyageur,	338
Famosa Epila,	27, 204
Fancan sur les Romans,	3
Fanfreluche & Gaudichon,	257
Fantaisies des hommes,	335
Farget (Pierre)	155
Faria y Sousa (Manuel)	133
Faveurs & disgraces de l'Amour,	59
Faveurs & disgraces des Amans,	61
Favoral, ses Journées,	316
Favorites,	74
Fausse Abbesse,	147
Fausse Clelie,	102
Fausse Comtesse d'Isamberg,	328
Fauste Magicien,	338
Fauvel, Roman,	235
Faux Duc d'Yorck,	114
Faux - Inca,	101
Faydit (l'Abbé Amable)	275
Fayette (Comtesse de la)	81 *bis.*
Febo y Rosicler,	201
Federic de Sicile,	113
Fées, Contes,	278, &c.
Felidès y Poliandria,	333
Felix Magno,	200
Felix Marte,	204
Femmes galantes de l'antiquité,	72
des douze Cesars,	*ibid.*
Femme genereuse,	50
Fenelon, Archevêque de Cambrai,	274, 275
Feneste, Baron,	261
Fenise,	48
Fernand Gonzalez,	213
Ferrand, Presidente,	100
Ferrari (Ludovico)	114
Festin de Trimalcion,	73

TABLE.

Feuillade, Maréchal,	92
Fevre (le)	299
Fevre (Raoul le)	237
Fiametta di Boccaccio,	293
Fidélité récompensée,	108
trahie,	51
Fido Amante di Gonzaga,	62
Fierabras, son Roman,	190
Figueroa (Christof. Soarez de)	26
Figueroa (Henrico Soarez de Mendoça, y)	28
Fille illustre,	93
Fille supposée,	49
Filles enlevées,	50
Filleau de S. Martin,	216
Finelli (Octavio)	126
Finesse de Ragot, Prince des Gueux,	311
Fiori (Giov. di)	28
Firenzuola (Agnuolo)	16
Flamette de Jean de Florés,	22
Flamette & Pamphile,	293, 294
Flaminio & Colman de du Belley,	167
Flandre Galante,	95
Flema de Pedro Hernandez,	327
Fleurs d'Epine,	283
Fleurs, Fleurettes & Passe-temps,	142
Fleury (Jean)	238
Fleury (Julianus)	16
Floramente de Coloña,	202
Florambel de Lucea,	201
Florent & Tumien,	144
Flore (Jeanne)	310
Florent & Lyon,	174, 223
Florès de Grece,	209
Florès (Jean de)	22
Florès & Blanchefleur,	21
Florian & la belle Elinde,	244

Flo-

TABLE.

Floridan & Elinde,	37
Floride, ses Avantures,	39
Floridoro,	35
Floridus (Jean)	238
Florimond, Roman en vers,	216
Florimont ou Philippe de Macedoine,	244
Florimond d'Albanie,	219, 224
Florimond & Passerose,	21
Florinda constante,	27
Floridante Italiano,	206
Florine, ou la belle Italienne,	183
Florinie veuve persecutée,	51
Floris de Grece,	239
Florisando Espagnol, 196, en Italien,	204
Florisea,	22
Florisel de Niquea, 197, 198, 199, en Italien,	204, 205
Florius (Francis.)	110
Flortir (il Cavaliere)	206
Foire de Beaucaire,	103
Folengio (Teofilo) l'Orlandino,	322
Fontaine (Charles)	179
Fontaine (Jean de la) ses Mémoires,	90
Fontaine (Jean de la)	53, 317
Fontaines (Abbé des)	122, 342, *bis*
Fontange, ses Amours,	86
Force (Mademoiselle de la) 77, *bis*, 79, *bis*.	
Forest (Gennevieve)	172
Formulaire récréatif de Bredin le Cocu,	316
Fornier (Jean)	4
Fortunatus,	226, 323
Fortune, Roman de Boece,	235
Fortune & Félicité,	244
Fortune marâtre des Grands,	338
Fortunes imprévûës,	97
Fortunes de Pamphile,	52
Forze d'Ercole di Boccaccio,	297

TABLE.

Fosse (M. de la)	127
Foüine de Seville,	136
Fracardin (les quatre)	283
Fragoni (Fulvio)	34
France galante,	86
Turbanisée,	87
Francion, Histoire comique,	327
Franciosini (Lorenzo)	215
Franco (Nicolo)	19
François d'Assise,	266
François I. Roy de France,	78
Frederic de Sicile,	113
Fregoni (Francesco Fulvio)	108
Fregoso (Antonio)	330
Freres Jumeaux,	154
Freres Mineurs, leurs Chroniques,	163, 164
Fresne (Marquis de)	92
Fresne (Marquise de)	91
Fresny (Riviere du)	339
Frideric, Prince de Galles,	114
Friston,	199
Fuggitiva di Brusoni,	30
Fuggilozzio di Tomaso Costo,	307
Fumée (Gilles)	39
Funestes effets de l'Amour,	59
Furetiere, son Roman Bourgeois,	327

G

Gace ou Wace,	227
Gace de la Bigne,	236
Gage touché,	58
Gaguin (Robert)	182, 183
Gaidès, Roman,	244
Caland (Antoine)	284
Galatée ou Astiagès,	68
Galateo Español,	261

Ga-

TABLE.

Galehaut, le Brun,	244
Galerfis,	198
Galland (Antoine)	283, 284
Galant, Nouvelliste,	98
Galante Hermaphrodite,	148
Galanteries des Anciens,	65
Angloises,	151
de la Cour de Grece,	69
Grenadines,	54
d'une Religieuse de Dublin,	117
des Rois de France,	74
Gallerie des Curieux,	325
Gallien le restauré,	174, 182, 190, 225
Gambara (Laurent)	4
Gamboa (Juan Soarez)	27
Garay (Nuño de)	214
Garcilasso de la Vega,	136
Garduña de Sevilla,	135
Gargantua & Pentagruel,	226, 254, 255, 256
Garin de Loherans,	227
Garnier, Roman,	244
Garnier de Nantuel,	230
Garrido (Francisco)	183
Garzia (Marco)	327
Garzoni (Tomaso)	259
Gascon extravagant,	326
Gaston Phebus de Foix,	97
Gavardo (Grimesio)	35
Gavin (Antoine)	263
Gaulmin (Gilbert)	12, 14
Gaultier d'Avignon,	230
Gaultier de Belleperche,	233
de Metz,	232
Gautier d'Aubicour,	58
Gelanire,	53
Gelli (Giovan. Battist.)	305, 321, 322, 330
Geloso de Velasco,	334

Ge-

TABLE.

Geneste (le Sieur de la)	325, 326
Genevre Reine,	244
Genghiscan,	126
Geofroy à la grand-dent,	279
Geofroy de Leigny,	228
Geofroy de la Tour-Landry,	223
Ceomiler,	53
Georges Chastelain,	238
Gerard d'Euphrates,	191, 221
Gerard Comte de Nevers,	222
Gerard de Rossillon,	244
Gerardo Español, Poema,	26
Gerileon d'Angleterre,	180
Germaine de Foix,	105
Gersan, Histoire Africaine,	47
Gesséc (Jean de la)	39
Giblet (Henrico)	32
Gielée (Jacquemars)	233
Gigantones de Madrid,	137
Giglan, Roman,	245
Gilbert, ses intrigues amoureuses,	142
Gil-Blas de Santillanne,	329
Gil-Polo (Gaspar)	23
Gilles Corozet,	20
Gillot de Saintonge,	108
Giovanni Fiorentino,	
Giraldi de' Romanzi, 2, Novelle,	305
Girard, Jesuite,	12
Girard ou Girardin d'Amiens,	232
Giraud de Sainville,	57
Giron le Courtois,	177, 178, 245
Givochi di Fortuna,	34, 332
Giurnalda de Venus,	25
Glantzby, ses voyages,	342
Glareano (Scipio)	32
Glinci (Leon)	8
Glorian & Ismene,	40

TABLE.

Gobin (Robert)	263
Godefroy d'Alençon,	245
Godefroy de Boüillon,	221, 245
Godefroy de Leigni,	228
Gohorri (Jacques)	208
Gombaud,	46
Gomberville (Marin le Roy de)	45, 62 *bis* 63
Gomez de Luque (Gonzalez)	203
Gomez de Vasconcelle (Madame de)	57, 105, 127, 128, 154, 155, 342
Gomez (Gaspar)	332
Gondez (la Comtesse de)	61
Gongam, ou l'Homme prodigieux,	340
Gonzaga (Curtio)	62
Gonzague Duc de Mantouë,	111
Gonzalez (Fernand)	213
Gonzalez (Estevanillo)	324, 325
Gonzalez (Dominique)	336
Gournay (Mademoiselle de)	46
Goutes (Jean des)	38
Graal (le Saint)	228
Grammont Comte, ses Memoires,	95
Grana (Marquise de)	122
Grand Alcandre,	86
Grand Cyrus,	66
Grand Marial de la Vierge Marie,	156
Grand Scipion de Vaumoriere,	64
Grand-Sophi,	87
Grand Montmorenci,	79
Grand Tamerlan,	126
Grands Visirs, leur Histoire,	124
Grand Visir Cara Mustapha,	*ibid.*
Grand Visir Acmet,	*ibid.*
Grandchamps,	92
Granicus,	147
Granucci (Nicolo)	306, 307
Graville (Anne de)	238

Grecs

TABLE.

Grecs & Troyens, leur Histoire,	237
Gregoire VII. Pape,	87
Grenailles (le Sieur de)	73
Grevius,	229
Grillo (Angelo)	18
Gringoire (Pierre)	335
Gris de lin,	146
Grisel y Mirabella,	22
Griselidis,	109, 245
Gruget (Claude)	310
Gualteruzzi (Carlo)	307
Guarduña de Sevilla,	268
Guazzo (Marco) Astolfo Borioso,	189
Gueret (Gabriel)	141
Guerin veuve Moliere,	98
Guerin (le Sieur)	51
Guerin Mesquin,	193, 245
Guerin de Montbrun,	245
Guerin de Montglave,	180, 194, 245
Guerre d'Espagne & Baviere,	91
d'Hollande,	90
d'Italie,	92
Guerres civiles de Grenade,	104
Guesclin (Bertrand du)	194, 223, 224, 236
Guette (Madame de la)	92, 93
Guevara (Luys Velez de)	262
Guevarre (Antoine)	
Gueudeville,	271, 275
Gueullette (le Sieur)	283, 284, 285
Guichardin,	308
Guichot (Don)	215, 216, 217
Guidon des Guerres,	222
Guillaume des Autelz,	257
au court nez, 239, *bis*, 241, 245	
de Dole,	*ibid.*
Guyart,	235
de Guilleville,	157, 158

Guil-

TABLE.

Guillaume, Comte de Haynaut,	245
de Loris,	233, &c.
Moine de Chalis,	236
de Palerne,	174, 220, 245, 246
de Tournay,	335
Guion (Madame)	171
Guiscard & Gismonde,	37, 238
Guise (Duc de)	82, 97
Guliver, ses voyages,	342
Guliver nouveau,	*ibid.*
Gustave Vasa,	121
Guttery Clugnicese,	331
Guttin (Jacques)	140
Guy de Warwick,	222
Guyart (Guillaume)	235
Guyon d'Aistone,	246
Guyot de Nantuel,	230
Guyot de Provins,	231
Guzman d'Alfarache,	162, 163

H

Haben Amin,	214
Haine & Amours du Perrier,	41
Hallin de Bordeaux,	246
Hameçon des Bourses,	136
Hamilton (le Comte)	95, 283
Hardi (Alexandre)	10
Hattigé, belle Turque,	96, 125
Haye (le Sieur de la)	48
Hebers,	231
Hecatommiti di Giraldi,	305
Hecatomphila,	28
Hector de Troye,	246
Hedelin, Abbé d'Aubignac,	138, 142, 170
Helena hija de Celestina,	333
Helene Roman,	246

TABLE.

Helene de Constantinople, 35
    d'Amsterdam, 122
Heliodorus, Histoire ethiopique, 8, 9 & 10
Hellenin par du Belley, 167
Heloyse & Abelard, 75
Henry IV. de Castille, 104
Henry IV. Roy de France, 82
Henry de Castro, 105, 213, 324
Henry Estienne, 264, 265
Henry Duc des Vandales, 121
Henrique de Castro, 105, 213, 324
Henrique de Jerusalem, 203
Henriette Sylvie de Moliere, 99
Heptameron de la Reine Marguerite de Navarre, 310, 311
Herberay, Sieur des Essars, 20, 206, 207, 209
Herec (Messire) Chevalier, 243
Hercole Udine, 17
Hercules, 218
Herida (Hieron de) 25
Herissaye (Eutrapel de la) 311, 312
Heritier (Mademoiselle l') 149, ter.
Hermaphrodite Galante, 148
Hermaphrodite Isle, 269
Hermengaut de Beziers, 236
Hermiante de du Belley, 167
Hermine, Clorinde & Tancrede, 76
Hermiogene de Chevreau, 65
Hermite Pellerin de du Belley, 167
Hernandez de Sant Pedro, 19
Hernandez (Pedro) 327
Herodote, son Apologie, 264, 265
Heroina Intrepida, 108
Heroïne Hollandoise, 122
    Mousquetaire, 99
Heros, leur Philosophie, 172
Heros, ou le grand Montmorenci, 79

Heroydas

TABLE.

Heroydas Belycas y amorosas, 132
Hessein (Pierre) 131
Heure du Berger, 140
Heures perduës d'un Cavalier François, 322, 327
Heures perduës du Chevalier de Caissant,
Heureuses infortunes, 45
Heureux Chanoine de Rome, 111
Heureux Esclave, 144
Heureux naufrage, 150
Hipalque Prince Scithe, 128
Hippolite de Duglas, 115
Hippolito y Aminta, 27
Hippolite & Isabelle, 39
Hippomene le Grand, 52
Hispaniola Joan. Maldonadi, 21
Histoire secrete d'Angleterre, 113
    secrete de Bourgogne, 77
    de Marie de Bourgogne, *ibid.*
    de Catherine de Bourbon, 79
    Celtique, 74
    du Connétable de Bourbon, 78
    d'Elizabeth, 96
    de la Cour de Madrid, 107
    de Navarre, 79
    de Neron, 73
    de la Duchesse de Portsmouth, 116
    du Duc de Rohan, 91
    des Rois & Reines d'Angleterre, 113
    des Vestales, 70, 72
    de la Maison Ottomane, 123
    de Cleomede & Sophonisbe, par Gerzan, 47
    de la Reine Zarah, 117
Histoire Africaine, 47
    amoureuse des Gaules, 85
    amoureuse de la Grece, 68

TABLE.

Histoire d'Aurelio & d'Isabelle, 28, 29
  Celtique, 50, 74
  comique de Francion, 327
  de la Cour, 84
  de la Dragonne, 103
  Ethiopique, 8, 9, 10
  des Favorites, 74
  françoises, galantes & comiques, 96
  Negrepontique, 126
  Palladienne, 212
  de Perse, 127
Histoires galantes de diverses personnes illustres, 84
  galantes & comiques de le Noble, 329
  de Grenade, 106
  de la Guerin, 98
  de la Guerre d'Hollande, 90
  des pensées, 143
  du Palais Royal,
  prodigieuses de Belleforest, 305
  des Reines de Naples, 111
  du Siecle futur, 140
  sublimes & allégoriques, 281
  tragiques, 96
  tragiques de Bandel, 303, 304
  tragiques de Boaistuau, 304, 305
  tragiques de Poissenot, 314
  tragiques & galantes, 96
  des trois Rois, 156
  Troyennes, 237
  de Troyes, *ibid.*
  des Visirs, 124
Historia Egittia del Conte Corbelli, 127
Historia di Brancaleone, 30
Historias Peregrinas de Cespedes y Meneses,
  133
Hita (Genez Perez de la) 214
        Homais

TABLE.

Homaïs Reine de Tunis, 127
Homme prodigieux, ou Gongam, 340
　　　　dans la Lune, 336
Honorat & Aurelio de du Bellay, 167
Horoscope accomplie, 153
Hortense (Dona) 106
Hospitale de' Pazzi incurabili, 259
Hostelfort (le Sieur de l') 128
Houdanc (Raoul de) 230 *bis.*
Huet (Pierre Daniel) Origine des Rom. 1 &
　　2, 53, Diane de Castro, 100
Hugues de Bercy, 231
Huistace, 216
Humbert (Ant.) 46, 47, 84
Humilde Labradora, 27
Huon de Bordeaux, 190, 225
Huon de Mery, 232
Huon de Villeneuve, 230, *quater*
Hurtado de Mendoça (Diego) 323
Hurtado de la Vera, 158
Hyacinthe de du Belley, 167
Hyacinthe, 107
Hypnerotomachia vel somnium Poliphili, 161

J

Jacqueline de Baviere, 96
Jacquemar Gielée, 233
Jacquin (Trophime) 46
Jakaia (le Prince) 125
Jaloux par force, 52
Janissanta (la Comtesse de) 122
Jansenie, sa description, 268
Jardins (Mademoiselle des) *Voyez*, Ville-Dieu
Jarnac (Mademoiselle de) 82
Jarrige Jesuite (Pierre) 266
Jason & Medée, 35, 219

TABLE.

Ibrahim, illustre Bassa, 65
Ibrahim Bacha, 124
Jean d'Arras, 278
    Bouchet, 222, 238
    de Bourbon Carenci, 80
    de Carcanne, 108
    de Castro, 106
    de Courcy, 237
    Damascene, 12
    Fauste Magicien, 338
    Fleury, ou Floridus, 238
    Maugin, 18, 38, 210
    de Meun, 219, 233, &c. 246
    Molinet, 235
    li Nivelois, 229
    Olivier, 238
    de Paris, 223, 226
    de Saintré, 223
    Venette, 236
    danse mieux que Pierre, 267
Jeanne, Reine de Naples, 111
Jerusalem assiegée, 76
Jesuite sur l'Echaffaut, 266
    à tout faire, 267
    Insensible, *ibid.*
    en belle humeur, 266
    Secularisé, *ibid.*
    Sainfroid, 267
Jeux de l'Inconnu, 337
Jeux de Mathilde, 67
Iffiemont (Aigue d') *ibid.*
Ildegerte, Reine de Norwege, 120
Illustre Amalasonte, 49
    Bassa, 65
    Captif, 50
    Genoise, 109
    Malheureuse, 154

Illustre

TABLE

Illustre Mousquetaire,	103
Parisienne,	99
Persan,	128
Polonois,	51
Illustres Françoises,	101
Fées,	282
Infortunez,	69
Image du Monde,	232
Imaginations de M. Oufle,	340
de Cypille,	313
Imperatrices Romaines,	72
Inceste innocent,	49
Inconnu, Roman,	48
Inconstance punie,	59
Indris (Gio. Maria)	32
Inés de Cordouë,	280
Infante déterminée,	39
Infantes de Lara,	213
Infortuné Florentin,	110
Infortuné Napolitain,	269, 270
Ingeniosa Helena,	333
Ingratitude punie,	125
Innamoramento del Delfino di Francia,	217
Innamoramento di Ruggeretto,	189
Innocence justifiée,	106
Inquisition de la Bastille,	269
Inquisition de Rome,	268
Intrigues amoureuses de France,	86
Intrigues amoureuses de Gilbert,	142
Intrigues de Christine de Suede,	121
Intrigues de François I.	78
d'Angleterre,	117
Galantes de la Cour de France,	86
secretes de Savoye,	109
Introduction à l'Apologie pour Herodote,	264, 265
Invasion d'Espagne,	104

TABLE.

Joseph d'Arimathie,	246
Josse (M. l'Abbé)	273
Joullet,	44
Jourdan de Blaves,	219
Journal amoureux,	55, 76
amoureux d'Espagne,	107
de la Cour de Vienne,	118
Journées amusantes,	342
de Chapuys,	315
de Favoral,	316
de Torquemada,	314
Jours lumineux,	285
Jouvencel,	246, bis.
Joyeuses Avantures,	312
Joyeux desespoir,	250
Iphigene de du Belley,	167
Hambourg (la Comtesse d')	119
Isaye le Triste,	180
Isle Galante,	147
Isle des Hermafrodites,	269
Isle de Naudely,	276
Isle d'Utopie,	270, 271
Ismael de Maroc,	127
Ismenias & Ismene,	12
Isquierdo de Piña (Juan)	133
Juan d'Autriche,	65, 105, 106
Judas Macchabée,	233
Iver (Jacques) son Printemps,	314
Juglean,	247
Juilli (Baudot de)	79
Jules Cesar,	70 bis.
Julie, Nouvelle,	146
Juliens de S. Gilles,	247
Juliette Bergeries,	137
Junie, ou les Sentimens Romains,	71
Jungerman,	4
Justina,	164

Juvenel,

TABLE.

Juvenel, 104
Juvernay (J.) 47

K

Kanor, Roman, 233
Kemiski Georgienne, 125
Kernosi (les Lutins de) 101
Kervaut (M. de) 328
Kontzen Jesuita (Adam) 273, 274
Kouchimen (le Prince) 126

L

Laberinto d'amore di Boccaccio, 293, 295
Laberinto dell' Aristo, 332
Laboureur (M. le) 94
Ladice ou Victoires de Tamerlan, 126
Ladre ou Lazare & le Riche Homme, 236
Ladulphi (Leon) 311, 312
La Guette (Mad. de) 92, 93
Lambert Licors, 229
Lambert d'Ouidoux, 240
Lancastel (le Comte de) 118
Lancelot (le Sieur) 134
Lancelot du Lac, 177, 228, 247
Lancelot & Galleon, 247
Lande (Jean de la) 44
Landi (Giulio) 69
Landré (Guill.) 211
Langage muet ou Secretaire Turc, 57, 148
Langage des Tetons, 141
Lannel (le Sieur de) 262
Laodice de Pelisseri, 67
Lara (Infantes de) 213
Larrey (le Sieur de) 68, 75
Latre Perilloux, Roman, 247
Lavardin (Jacques de) 332

Lavaur,

TABLE.

Lavaur,	73
Laura (Olivante de)	214
Laurent du premier fait,	291
Lauzun (le Comte de)	87
Lazare ou Lazarille de Tormes,	261, 323, 324
Lazarillo de Manzanares,	132
Leales amantes de Pacheco,	22
Leandre,	
Leçons exemplaires de du Belley,	167
Leigni (Geoffroy de)	228
Lengueglia (Fr. Carlo de' Conti della)	30, 31
Lengueglia (Giov. Agoſtino de' Conti della)	30
Lepolemo,	201
Leon Ladulphi,	311, 312
Leonard Aretin,	238
Leonico (Angelo)	217
Leonidas & Sophronie,	61, 154
Leonora,	
Lepolemo,	201
Lesconvel,	70, 78 bis, 80, 98, 276, 282
Lespinace, Roman,	244
Lettres d'Abelard,	75
Lettres hiſtoriques de du Noyer,	97
Lettres (Romans des)	338
Lettres Portugaiſes,	75, 148
Lettres ſur la Princeſſe de Cleves,	81
L'heritier (Mademoiſelle)	149 ter, 285
L'hotelfort (le Sieur de)	128
Libertins en Campagne,	269
Licors (Lambert)	229
Lidaman de Ganayl,	202
Liñan y Verdugo (Antonio)	132
Lindamire,	49
Lintaſon, ou Lintanſon,	41
Lionne (le Comte de)	98
Liſdam (Henri du)	41, 44
Liſwarte en Eſpagnol,	196, 197

Lizan-

TABLE.

Lizancourt (le Sieur de)　　　　　114
Logeas (le Sieur de)　　　　　　220
Logique des Amans,　　　　　　52
Loherans (Garin de)　　　　　　227
Lokman, ses Contes,　　　　　　284
Longi Pastoralia,　　　　　　　　4
Lope de Vega Carpio,　　　　　333 *bis*
Lopez (Geronimo)　　　　　202, 203
Loredano (Giovan. Francesco) 155, 156, 308
Lorraine (Louise-Marguerite de)　　83
Lorraine (le Prince Charles de)　　119
Lorris (Guillaume de)　　　　233, &c.
Loubaissin de la Marca,　　　　213, 220
Louïs d'or,　　　　　　　　　　145
Loups ravissans ou Doctrinal moral, 263, 264
Lourdelot,　　　　　　　　　　46
Louveau (Jean)　　　　　13, 17, 307
Louvencourt (le Sieur de)　　　　110
Luce (le Chevalier)　　　179, 251, 252
Lucerna di Eureta pag. 30, c'est une faute, il faut mettre Luccina di Eureta,　　32
Lucien,　　　　　　　　　　　　11
Lucrine l'infidelle,　　　　　　　48
Lugo y Avila (Francisco)　　　　133
Luna (Carlo della)　　　　　　30
Luna (H. de)　　　　　　　　　324
Luque (Gonzalez Gomez de)　　　203
Luscinius (Othomarus)　　　　　309
Lussan (Mademoiselle de)　　　61, 75
Lutins de Kernosi,　　　　　　　101
Luxembourg (Jean de)　　　　　312
Luzescanio,　　　　　　　　　　202
Luzignan, Roman,　　　　　　　247
Luzman & Arbolea,　　　　　　24, 25
Lycée du Sieur Bardin　　　　　170
Lydamor de Escocia,　　　　　　203
Lye, Roman,　　　　　　　　　247

TABLE.

Lyon d'Angelie, 56
Lyon de Bourges, 247
Lysandro y Roselia, 22
Lysandre & Calliste, 51
Lysandre, Nouvelle, 55

M

MABRIAN, 190, 194, 247
Macarise par d'Aubignac, 170
Macaronique de Merlin Cocaie, 254
Machiavel, sa Belphegor, 299, 330
Maçon (Antoine le), 38, 292, &c.
Mademoiselle de Montpensier, 87, bis 139
Madien (Philippe de) 250
Madonna & François d'Assise, 266
Madrid, sa Cour, 107
Magia d'amore, 331
Magno Vitei Rè della China, 217
Maguelone & Pierre de Provence, 36 ter.
Mahmoud de Gasnevide, 95
Mailli (Chevalier de) 70, 94, 150, 153, 159, 331
Mailli (Thiebaut de) 227
Maiolino Bisaccioni, 29, 64, 121, 308
Maire (le Sieur) 32
Maire (Jean le) 309
Maisonneuve (Etienne de la) 180
Maisons de joye, 263
Maison des Jeux, 337
Maison Ottomane, ses Anecdotes, 123
Maître Gonin, 340
  d'Hôtel aux Halles, 327
  Regnard, 313
Maizieres (Philip. de) 335
Malades en belle humeur, 335
Maldonadi (Joan.) Hispaniola, 21

Malespini

TABLE.

Malespini (Celio) 308
Malnourry de la Bastille, 10, 60
Malvezzi (Virgilio) 70
Mamerot (Sébastien) 221
Manbriano del Cieco, 28
Manbrino Roseo, 205, 206
Mancini (Polès) 31
Manfredi (Lelio) 20, 192
Manley (Madame) 117
Mante (le Sieur de) 313
Mantouë (Duc de) 111
Manzini (Gio. Batt.) 5, 33
Mappemonde, Roman, 232
Marana, 85
Marc d'Aviano, Capucin, 266
Marc, Roy, 246
Marca (Loubaissin de la) 213
Marcassus (Pierre) 6, 46, bis, 209, 273
Marcos de Obregon, 132
Maréchal (André) 47
Maréchal de S. André,
    Boucicaut, 76
    de Boufflers, 101
    de la Feuillade, 92
    de Schomberg, 138
Marguerite de Valois, Reine de Navarre, 79
    310, 311
    de Valois, seconde Reine de Navarre, 83, 260
Mari Jaloux, 57
Mari Fourbé, 57, 97
Maria de Agreda, 156, 157
Mariages mal assortis, 56
Mariages des Pucelles, 253
Marianne de du Belley, 167
Mariconda (Antonio) 303
Maries (Roman des trois) 157, 236

TABLE.

Marie d'Anjou,	105
Stuart, Reine d'Ecosse,	115, 116
de France (Reine d'Angleterre,	114
Reine de France,	233
Marini (Gio. Amb.)	33, bis.
Marivaux (M. Carlet de)	60, 61, 62
Marlboroug, Duchesse,	117
Marmite rétablie du P. d'Aviano,	266
Marmoisan,	149
Marroc (Emper. de)	127
Maroc (Prince de)	ibid.
Marot (Clement)	234
Marque (Loubaissin de la)	220
Marquis d'Almacheu,	102
de Banneville,	154
de Celtas Dirorgo,	197
de Chavigni,	82
de Clemes,	60
de Fresne,	82
de Grana,	121
de Montbrun,	88
de Montfalcon,	98
Marquise de Fresne,	91
de Banneville,	154
de Salusses,	119
d'Urfé,	84
Martiano (Gabr.),	35
Martin (Jean)	162, 188, 330
Martinez (Marcos)	202
Massé (Jacques)	339
Masuccio Novelle,	299, 300
Mathilde de Mantoue,	111
Mathilde de Scudery,	67
Matinées de Cholieres,	315
Matthieu (Pierre)	112
Maugin (Jean),	18, 38, 210
Maugis d'Aigremont,	182, 194, 225, 248 bis.
Maulinet,	

TABLE.

Maulinet, ses Facétieux Devis,	312
Maulnourri de la Bastille,	153
Maurice Sceve,	22
Maximilien I. Emper.	118, 218
Mazarin, Duchesse,	93
Medo, Duchesse,	113
Medrano (Julian de)	334
Meheust (Madame)	61
Mélancolie, son Coupe-cul, 319. Son Tombeau,	322
Mélancoliques, leur Réveille-matin,	325
Mélanie, Veuve charitable,	172
Melanthe,	46
Meliadius en vers,	232
Meliadus & Giron le Courtois,	248
Meliadus de Leonnois,	174, 178
Melianthe & Cleonice,	46
Melibée,	248
Melibée & Prudence,	*ibid. bis.*
Melicello & Caïa,	38
Melidor,	45
Melior,	174, 220
Melisthenes Roy de Perse,	
Melisthenes, illustre Persan,	128
Melon,	93
Memoire de Darie par du Belley,	168
Memoires d'Almacheu,	102
de la Cour d'Angleterre,	117
secrets d'Angleterre,	114
d'Artagnan,	89
de Mr Barneveldt,	122
de Beaujeu,	120
de M. B**.	89
de la Charce,	102
sous Charles VII.	76
du Chevalier Balthazar,	99
de la Comtesse de M**.	93

TABLE.

Memoires de la Connétable Colonne, 94 bis.
  En Italien, 112
 de la Duchesse de Bar, 79
 de la Duchesse M★★. 93
 du Comte D★★. par S. Evremont, 93
 du Comte D★★. ou Guerre d'Italie, 92
 Du Marquis D★★. 91
 de la Cour d'Espagne, 106
 de la Fontaine, 90
 secrets de la Cour de France, 88
 de la Marquise de Fresne, 91
 Galans, 100
 de Grammont, 95
 de la Guette, 92
 de la Guerre de Hollande, 90
 de Hollande, 122
 d'un Homme de qualité, 103
 du Régne de Louis XIV. 90
 de Lyonne, 98
 de Madam. Mazarin, 93
 du Marquis de Montbrun, 88
 de Mad. du Noyer, 97, 98, 104
 d'Oldefield, 117
 Politiques & amusans, 98
 du Prétendant, 117
 de Prodez, 102
 de M. L. C. D. R. ou de Rochefort, 89
 de S. André Montbrun, 88
 du Serrail, 55
 du Serrail sous Amurat II. 123
 de Sylvie de Moliere, 55, 99
 de Tournemir, 103
 de Valois [Marguerite] 83
 de Vordac, 91

Memo-

TABLE.

Memoriaux historiques par du Belley,	168
Mena (Fernando de)	9
Menandro,	27
Mendoça y Figueroa (Henrico Soarez de)	28
Mendoça (Diego Hurtado de)	201, 323
Meneses y Cespedès (Gonzalo de)	26
Menessier,	181
Mensa Philosophica Mich Scoti,	309
Meraugis de Porlesguez,	230
Mercader (Gaspar)	130
Mercure Americain,	129
Mercurius Britannicus,	337
Mere rivale,	98
Mere sotte,	335
Merlin Cocaie,	254, 323
Merlin l'enchanteur,	175, 176, 226, 248
Merlusine,	225, 248 *bis* 278, 279
Meroué Fils de France,	74
Merveilles de Merlin,	226
Mery (Huon de)	232
Meschino di Tullia d'Aragona,	193
Mesquin (Guerin)	193, 245
Mesquino (Guerino)	193 *ter*.
Messalina,	32, 73
Messaline Reine d'Albion,	269
Meta (Fernandez)	164
Metamorphose d'Orante,	140
Metamorphose nouvelle & galante,	147
Metz (Gautier de)	232
Meun (Jean de)	219, 233, &c. 146
Meursius (Joan.) Elegantiæ,	319
Meurvin le preux,	191
Mey (Sebastiano)	131
Meyrac (la Comtesse de)	99
Mezieres (Plaisant de)	248
Michel (Guillaume)	16, 17
Michielli (Pietro)	332

Milès

TABLE.

Milès &' Amis, 174, 218
Milet (Jacques) 243
Milet (Jean) 161
Mille & une nuit, 284
   & un jour, *ibid.*
   & un quart d'heure, *ibid.*
   & une faveur, 285
   Imaginations de Cypille, 313
Milord Courtenay, 115
   Paysan, 114
Minerbi (Lucio) 288
Mirandor, ses Avantures, 338
Miroir ou Metamorphose d'Orante, 140
Miroir de loyauté, 38
Mistica Ciudad de Dios, 156
Mital, 340
Moço de Muchos, 334
Mogiganga del gusto, 135
Moine sécularisé, 226
Moines, leurs tromperies, 265
Moines, leur vie, *ibid.*
Moines en belle humeur, 266
Moines au Parloir, *ibid.*
Moliens (le Reclus de) 230
Moliere Comedien, 98, 328
Moliere (Sylvie de) 99
Moliere, sa Polixene, 48
Molinet (Jean) 235
Moll (Petrus) 4
Momus François, 103, 329
Monarchia del Cristo, 156
Mondes Cornus du Doni, 258
Mondes celestes du Doni, *ibid.*
Mondi del Doni, *ibid.*
Moniganga. *Voyez* Moxiganga.
Monnoye (M. de la) 255, 314, 318
Montagathe, 46
        Montalvo

TABLE.

Montalvo ou Montalbo (Odoñez de) 195, 196
Montalvo (Luys Galvès de) 333
Montalvan (Juan Perez) 133, 134
Montberaud (le Prince de) 276
Montbrun , ses Memoires , 88
Montemayor (George de) 23
Montfalcon (le Marquis de) 98
Montlyart (Jean de) 10, 17
Montmorenci Connétable , 80. Heros , 79
Montmouth (Duc de) 116
Montpensier Princesse , 87 , *bis* 139
Montpensier ou Mademoiselle , 87 , 139
Montreux (Nicol. de) 39 *bis*, 138 *bis* 209
Mont sacré (Ollenix du) 39 *bis*.
Morale galante , 52
Morando (Bern.) 33
Moreno (Miguel) 137
Morgant Geant , 182, 191, 192
Morisot (Claud. Bartholom.) 84
Morlini Novellæ , 299
Mormon Parasite , 326
Morts ressuscitez, 150
Morus (Thomas) 270, 271
Motte (le Sieur de la) 50, 51
Motte Roullant , 312
Motteux (Pierre) 255
Mouchemberg (le Sieur de) 273
Moulere Cavallero Gascon , 270
Moulinet Sieur du Parc , 42
Mousquetaire Amant , 98
Mousquetaire Heroine , 99
Moxiganga del gusto , 135
Moyen de parvenir , 318
Mule sans frein , Roman , 248
Mundus alter & idem , 337
Murat (la Comtesse de) 58 , 77 , 101 , 282
Mutation de fortune , 35

Mylord

TABLE.

Mylord Courtenay, 115
Myſtique Cité de Dieu, 157

N

Nadal (l'Abbé) 72
Nantuel (Doon de) 230
Nantuel (Garnier de) ibid.
Nantuel (Guyot de) ibid.
Napolitain, 112
Navé, Novelle amoroſe, 308
Navigations de la Bouteille, 257
           de Panurge, 256
Naudely, Iſle, 276
Navidades de Madrid, 134
Navidado de Zaragoça, ibid.
Nembrot, ſes Amours, 274
Nemours (le Duc de) 82
Neoptoleme fils d'Achilles, 276
Ne pas croire ce qu'on voit, de Bourſaut, 145
Née la Rochelle (Jean Batt.) 76
Neron, ſes Amours, 73
Nerveſe (A. de) 41 bis.
Nevelois (Jean Li) 229
Neuf matinées de Cholieres, 315
Neuf Preux, leur triomphe, 194, 195
Nicandre, Nouvelle, 144
Nimphale di Boccaccio, 294
Nimphas y Paſtores de Henarés, 25
Nimphe Amarille, 138
Noble (Euſt. le) 73, 94, 110, 115, 120, 123,
       124, 125, 150 bis, 151, 317, 328
Noble Venitienne, 146
Noches Claras de Faria y Souſa, 133
      Entretenidas, 134
      de Invierno, 130
Nodot (François) 14, 15, 95, 253, 279

Nouveau

TABLE.

ouveau Gentilhomme,
    Guliver, 342
    Panurge, 256
    Regnard, 233
    Regnaud, 251
    Tristan, 179 *bis.*
Nouveaux Contes des Fées,
    Contes à rire, 322
    Desordres de l'Amour, 96
Novelas de Alcala y Herrera, 135
    de Diego Agreda, 132
    de Camerino, 133
    de Mariana Carvajal y Saavedra, 134
    de Andrès de Castillo, 135
    de Alonzo Castillo, 133, 134, 136
    de Cervantes, 130, 131
    de Cespedès y Menesez, 133
    de Isquierdo de Piña, *ibid.*
    de Juan Cortez, 132
    de Leonora y Rosaura, 137
    de Antonio Liñan, 132
    de Lugo y Avila, 133
    de Mejores ingenios de España, 136
    de Montalvan, 133, 134
    de Miguel Moreno, 137
    de Bautista Remiro, 136
    de Solorzano, 137
    de Isidoro Roblès, *ibid.*
    de Maria de Zayas, 135 *ter.*
Novellæ Morlini, 299
Novelle antike, 286
    di Bandello, 303, 304
    di Bargagli, 308
    di Boccacio, 286, &c.
    di Sebast. Erizzo, 306
    di Firenzuola, 303
    di Giovan. Fiorentino, 298
                              Novelle

TABLE.

Novelle di Giraldi, 305
    di Granucci, 306, 307
    di Gualteruzzi, 286, 307
    de' incogniti, 308
    di Majolino Bisaccioni, ibid.
    di Malespini, ibid.
    di Loredano, ibid.
    di Mariconda, 303
    di Masuccio, 299, 300
    di Parabosco, 305
    di Pecorone o vero di Giovanni Comico, 298
    d'Ascanio Pipino, 308
    di Sabadino, 300
    di Sansovino, 306
Nouvelle d'un bon Prélat, 312
    Amaranthe, 48
    Astrée, 56
    Fabrique de véritez, 314
    Françoise, 103, 145
    Psyché, 153
    Talestris, 129
Nouvelles Africaines de le Noble, 150
    Africaines de Ville-Dieu, 55
    de l'Amerique, 129
    amoureuses & galantes, 146
    anonymes, 310, 313
    de Boisrobert, 139
    de Cervantes, 131
    de Gabr. Chapuis, 315
    comiques & tragiques, 144
    diverses, 141
    galantes d'Elizabeth d'Anglet. 115
    d'Elizabeth Reine d'Angleterre, 145
    Espagnoles d'Aulnoy, 106
    des celebres Espagnols, par Lancelot, 134

TABLE.

Nouvelles Françoises & Espagnoles, 150
— Françoises de la Princ. Aurelie, 139
— du Giraldi, 305
— de Madame de Gomez, 155
— de Mademoiselle L'heritier, 149
— heroïques de Boisrobert, 139
— historiques (149
— plaisantes & facecieuses, 313
— de la Reine de Navarre, 310, 311
— Récreations de Desperiers, 313
— de la Rocheguilhen, 152
— de Scarron, 139, 326
Nouvelles toutes Nouvelles, Chev. de Mailli, 152
Nouvelles Nouvelles, 141
Nouvelles Nouvelles (Cent) 309
Nouvelles Nouvelles (Cent) de Gomez, 155
Nouvelles Nouvelles (Cent & six) 312
Noyer (la Dame du) 97, 98, 104
Nuñez de Reinoso, 22

O

OBREGON (Marcos) 132
Observations historiques, par du Belley, 168
Occurrences remarquables, par du Belley, *ibid.*
Octavie, 56
Oeuvres mêlées de Mademoiselle L'heritier, 149
Oeuvres mêlées de Madame de Gomez, 154
Oeuvres mêlées de du Noyers, 104
Oeuvres diverses de Mademoiselle de la Rocheguilhen, 152
Ogastegui (Andrès Fernandez de) 137
Ogier le Danois, 182, 191, en vers, 232, 249
— en vers leonins, *ibid.*
Oldefield Actrice Angloise, 117, 118
Oleastre, son desespoir, 168
Olenix

TABLE.

Olenix du Mont sacré,	39 bis, 139 bis.
Olimpia Maldachini,	111
Olympe & Byrene,	41
Olympe d'Amours,	ibid.
Olinda,	117
Olivante di Laura,	214
Oliveros de Castilla,	201
Olivier de Castille,	174, 211
Olivier (Jean)	238
Olla Podrida,	334
Ollenix du Mont sacré,	39 bis.
Orasie, Roman historique,	83
Ordoñez de Montalvo,	195, 196
Ordres de Chevalerie de Champier,	172
d'un Hermite,	173
Orian & Girard,	249
Oridoux (Lambert d')	240
Origine des Romans,	1 & 2, 53
Origine de la Royauté,	274
Orlandino,	322
Orlando di Lod. Dolce,	185
Orlando Innamorato,	184, 185
Orlando bandito,	189
Orlando furioso,	186, 187
Orlando furioso continuato,	189
Orleans (Duc d')	5
Orophile en desordre,	57
Orphile,	125
Ortegua (Melchior de)	204
Orthea, Roman,	249
Ortuñez (Diego)	201
Osman Empereur des Turcs,	125
Osmon de Metz,	232
Ossera (Marqués de)	26
Otii dell' Estati,	34
Otto Giornate di Costo,	
Ottomans, Anecdotes de leurs Maisons,	123

Oudin

TABLE.

Oudin (Cesar) 9, 216, 327
Ousle (Mr) ses Imaginations, 340
Ouville (le Sieur d') 136, 316
Oyseaux (Roman des) 140

P

Pacheco (Luys) de Narvaez, 22
Page disgracié de Tristan, 326
Pairs de France, 181, 225, 226, 249
Paisan de qualité, 114
Paix de Lizancourt (le Sieur de la) ibid.
Palavicino (Ferrante) 33 bis, 268, 269
Palemon, 40
Palemon & Arcita, leurs Amours, 238
Palerne (Guillaume de) 174, 220
Palladien de Bretagne, Roman, 212, 249
Pallu de Doublainville, 58
Palmerin d'Angleterre en Espagnol, 200
              en Italien, 205
              en François, 211
Palmerin d'Olive en Espagnol, 119
              en Italien, 205
              en François, 220
Palombe, par du Belley, 168
Pandarnassus, 224
Pandolphe Roy de Boheme, 119
Pandore, 238
Pandosto, 44
Panfile & Nise, 52
Pantagruel & Gargantua, 254, 255, 256
Panthera (Gio. Ant.) 156
Panurge, 256
Paolucci, continuatione di Orlando furioso, 189
Paon, Roman, 229, 253
Papegaux, Conte, 175
                                  Paphlagonie

TABLE.

Paphlagonie (Princesse de)   87
Parabolco (Girolamo)   305
Paræus,   8
Parangon des Nouvelles honnêtes,   310
Parasite Mormon,   326
Paris (Alexandre)   229
Paris & la belle Vienne,   36, 37 bis, 238
Parmenide de Macedoine,   69
Parthenay, Roman,   247
Parthenice, par du Belley,   168
Parthenius,   3 & 4
Partinuples,   19
Pascoli (Gabriele)   30, 331
Pasini (Pace) il Cavalliere perduto,   218
Passages d'outremer,   221
Passavant, Roman,   249
Passe-par-tout galant,   151, 152
Passe-par-tout de l'Eglise Romaine,   263
Passe-temps royal,   86
Pastores del Betis,   334
Pastor de Filida,   333
Pastor de Iberia,   25
Patrañuelo de Juan de Timoneda,   130
Patrocle & Philomele,   40
Pavillon (S. G.)   24
Pays d'Amour,   142
Pays (René le)   ibid.
Paysan de qualité,
Pazzesca Pazzia,   30
Pazzi, Conjuration,   110
Pazzi amorose di Telluccini,   260
Pecorone di Giovan. Fiorentino o Comico,   298
Pedrillo del Campo,   329
Pedro Hernandez,   327
Pelage ou Entrée des Maures en Espagne,   104
Pelée, Roman,   249
Peligros de Madrid,   136

TABLE.

Peligros de Corte,	132
Pelisseri,	67, 274
Pellerin (Songe du vieil)	335
Etranger,	48
Pellerinage de l'homme,	157, 158
de la vie humaine,	236
Pelletier (Jacques) du Mans,	314
Pellizer de Salas (Joseph)	272
Pensées du Solitaire,	171
Pentagone historique de du Belay,	168
Pentamerone del Cavalier. Basile,	309
Pepin & Berthe,	250
Perceforest,	176
Perceval le Galois,	180, 228, 250
Peregrin & ses voyages aux Enfers,	335
Peregrin Roman,	250
Peregrinaggio di Giovani di Sarendippo,	331
Peregrino,	29
Peregrino en su Patria,	333
Peregrino Cavallero,	21
Perez (André)	165
Perez de Bobadilla,	25
de Montalvan (Juan)	133, 134
[Alfonso]	23
Perkin faux Duc d'Yorck,	114
Periers [Bonaventure des]	
Perion de Gaula,	196
Peristandre,	50
Pernetti [M. l'Abbé]	277
Perrault d'Armancourt,	280
Perret [le Sieur du]	52, 67
Perrinet du Pin,	250
Persiani (Oratio)	43
Persilès y Sigismunda,	26, 27
Peruviana,	84
Pescatore [Jean-Bapt.]	189 bis.
Peters Jesuite,	267
Petit [le Sieur]	135, 140

TABLE.

Petit de la Croix [le Sieur]	284
Petit Jean de Saintré,	223
Petits Soupers,	59
Petrone,	14, 15, 253
Petronille de du Bellay,	168
Phalsebourg [la Princesse de]	119
Pharamond de la Calprenede,	64
Pharsamon,	61
Philadelphe,	57
Phidie & Gelasine,	38
Philaloellia,	165
Philander,	11
Philandre & Passerose,	38
Philaremo [Antonio]	330
Philarmonico Academico,	30
Philastes companeo,	198
Philaxandre,	46
Philena di Nicolo Franco,	29
Philicrate,	53
Philidor, ses Avantures,	153
Philippe Duc d'Orleans,	5
Philippe de Macedoine,	244
Philippe de Madian,	250
Philippe [J.]	40
Philippe Quarll,	118, 341
Philocopo di Bocaccio, 296, en François,	*ibid.*
Philosophe Anglois ou Cleveland,	116
Philosophe Sydrac,	157
Philosophie des Heros,	172
Philosopho del Aden,	334
Philoteo di Amadeo [Giulio]	217
Phydie & Gelasine,	38
Piamonte [Nicolo de]	183
Piazza universale di Garzoni,	259
Picara Justina,	164
Piccolomini [Alexandre]	257
Picore [Jean de la]	261
Pie II. Pape,	109, 110, 161, 162

Pierre

TABLE.

Pierre de Blois,	250
Pierre Gringoire,	335
Pierre [Jean de la]	261
Pierre de Provence,	36, *ter*, 226
Pierre du Riez,	233
Pierre Philosophale des Dames,	154
Pietra-Buena [Antonio de]	134
Pietro Aretino,	300, 301, 302
Pieuse Julie de du Bellay,	168
Pigna de' Romanzi,	3
Pignata [Joseph]	268
Pimpie [Solminiac de la]	71
Pin [Perrinet du]	250
Piña [Juan Isquierdo de]	133
Pindare & Corine,	68
Pindaro Soldado,	133
Pinto Ramirez [André]	165
Pipinio [Ascanio]	308
Pirès [Gaspar]	27
Pisan (Christine)	249
Pise [Chrestien de]	236
Pitocco [Limerno]	322
Pesant de Boisguilbert (Pierre le)	116
Plaisant de Maizieres,	248
Plaisantes Journées de Favoral,	316
Plaisir [le Sieur du] sur les Historiettes,	3
Plaisirs & chagrins de l'amour,	154
Platir, 200, Italiano,	205
Plus d'effets que de paroles,	148
Pogge Florentin,	299
Poggius Florentinus,	298
Poißenot [Benigne]	314
Poisson Comedien nouvelle,	100
Polemire,	51
Polemon & Arcita,	238
Polexandre de Gomberville,	63
Policiano y Filomena,	22

TABLE.

Policisne de Boecia,	213
Polimantes, Prince d'Arsine,	225
Polindo,	200
Poliphile, son Songe,	161, 162
Polisman,	201, 205
Polistor, par du Belley,	168
Politique des Coquettes,	140
Polo [Gil.]	23
Polyandre, Hist. comique,	325
Polyxene de Moliere,	48
Pompe [le Sieur]	308
Pompée,	220
Pomponius Chevalier Romain,	95
Pona [Franc.]	32, 73, 272
Pontus de Gallice & Sidoine,	180, 250
Pornoboscodidascalus Barthii,	301, 320
Porretane di Sabadino,	300
Porro [Girolamo]	187
Porto Novelle amorose,	308
Porto [Louis]	29
Portraits des foiblesses humaines,	54
Portsmouth, Duchesse,	116
Portugal [Francisco de]	28
Pozo [Matthias Aguirre del]	134
Prado de Valencia,	130
Prasimene,	32
Pratolino,	30
Précieuse,	51
Prédiction accomplie,	97
Premio de la Constancia,	164
Premier Acte du Sinode nocturne,	41
Premier fait [Laurent du]	291
Premio de la Constancia,	27
Premois [Genneviefve]	103
Premont [le Sieur de]	295

Preschac, 88, 94, 95, 99, *bis*, 106, *bis*, 107, 109, 111, 113, 119, 124, *bis*, 125, 126, 146,

sep-

TABLE.

septies, 147, 281, 326, 338.
Préſidente Ferrand,	100
Prétendant, ou Chevalier de S. George,	117
Prevoſt ci-devant Benedictin, & depuis bien autre choſe,	103, 116
Preux Meurvin ;	191
Preux [les Neuf]	194, 195
Priceus [Joan.]	15
Primaleon de Grece en François,	210, 211
Primaleon & Polendos,	199
Primaleone in ottava rima,	205
Prince des Aigues marines,	154
d'Albanie,	126
Aprius,	321
de Carency,	80
Charles de Lorraine,	119
de Condé,	82
Ennemy du Tyran,	49
Eraſtus,	158, 159, 243
Eſclave,	147
Galliot, ou Decameron de Boccace,	291
Jakaia,	125
Jaloux,	60
Infortuné,	92
Kouchimen,	126
de Libie,	129
de Longueville,	78
de Maroc Iſmael,	127
de Montberaud,	276
de Numidie,	129
de Perſe,	127
Rivaux,	58
de Sarendip,	331, *bis*.
Scythe,	128
de Sicile,	113, 149
Princeſſe Agathonice,	56
d'Angleterre,	114, 115

TABLE.

Princesse Atilde,	149
Aurelie,	139
de Bourgogne,	76
de Cleves,	81
de Condé,	84
de Conti,	83
d'Ephese,	126
Estime,	152
Héroique,	111
Inconnuë,	50
Melicerte,	53
de Montferrat,	121
de Montpensier,	81
de Paphlagonie,	87
de Perse,	127
de Phalsbourg,	119
de Portien,	80
Pringi [Mad. de]	149
Printems d'Yver,	314
Prison d'Amours,	19, 20
d'Assouci,	98
sans chagrin,	327
Prodez, ses Mémoires,	102
Prodigios de Amor,	137
Prologues serieux & facecieux,	312
Promenades de Bardin,	337
de M. de Clerenville,	338
de S. Germain,	94
de la Foire de S. Germain,	151
de Livri,	94
de Luxembourg,	*ibid.*
des Thuilleries,	150
de Titonville,	94
de Versailles,	*ibid.*
de le Noble,	328
Propheties de Merlin, *Voyez*, Merlin,	
Propos rustiques & facecieux,	311

Psyché

TABLE.

Psyché d'Apulée,	17, 18
Psyché de la Fontaine,	53
Pucelles, leurs mariages,	253
Pucelle au Cœur d'acier,	219, 242
Puise (Rusticien de)	178
Puits de la Vérité,	339
Pulci (Luigi)	191, 192
Putana errante di Pietro Aretino,	302, 319,
di Veniero,	ibid.
Puttanismo Moderno,	303
Pyrenée Pastorale,	80

Q

QUARLL (Philipp.) Ses Advantures,	118, 341
Quatre-Dames, Roman,	250
Quatre-Fils-Aymon, 182, 189, 190, bis,	194, 225, 240
Querelle des Dieux,	94
Question de Amor,	20
Quevedo (Francisco de)	262, 325, 326
Queyras,	46
Quintana (Francesco de)	27, 28
Quinta de Laura,	136
Quinze Joyes du Mariage,	256
Quichote Chevalier errant,	215, &c.

R

RABELAIS (François)	254, 255, 256
Rabelo,	17
Rabutin Bussi,	85
Raggionamenti di Pietro Aretino,	300, 301, 302
di Firenzuola,	303
Ragot Prince des Gueux,	311

TABLE.

Ragguagli del Regno d'Amore,	32
Ramirez (And. Pinto)	165
Ramsay (M. de)	276, 277
Raoul le Fevre,	237
Raoul de Hondanc,	230 bis
Rasibus des Capucins,	266
Ravesan (Mad. de)	94
Ravissement de Clarinde,	47
de l'Helene d'Amsterdam,	122
Raymond de Barcelone,	105
Raymond de Toulouse,	220
Raymondin & Merlusine,	279
Re Tiranno di C. Torre,	271
Reali di Franza,	217
Récréations Galantes,	337
Recueil de plaisantes Nouvelles,	313
Reclus de Moliens,	230
Redoutable Aveugle ou Ziska,	119
Refugio de' Amanti,	330
Regina Fortunata,	32
Arabiæ,	128
de Belli humori,	32
Regnard contrefait,	235
Regnard nouveau,	233
Regnault (L.)	44
Regnerie (le Sieur de la)	41
Regrets de Sancho Panza,	329
Regule par du Bellay,	168
Reine Bergere,	58
Reine Elizabeth,	115, bis.
Reine d'Ethiopie,	127
Reine Genevie,	244
Reine de Lusitanie,	108
Reine de Pologne, Venda,	119
Reine de Songa,	128
Reine de Zarah,	117
Reinoso (Alfonso Nuñez de)	22

Rei-

TABLE.

Reinoſo (Pedro de) 184
Relations Morales par du Bellay, 168
Religieux marié, 118
Religieuſe Cavalier, 147
Religieuſe en Chemiſe, 267
Religieuſe intereſſée, 117
Religieuſe mariée à Dublin, 117
Religieuſe Portugaiſe, 75
Remiro, 136
Remy (Abrah.) 24, 46, 68
Renaud l'Amoureux, 184
Renaud (Nouveau) 251
Renaud de Montauban, 184, *ter*, 185, 189,
    en Vers, 230, 250
René d'Anjou R. de Sicile, 181, 251
Renneville (Conſtantin de) 269
Renoult (le Sieur) 266
Répit de la mort, Roman, 251
Repos de Cyrus, 277
Retour de Campagne, 93
Rettorica delle Puttane, 302
Revay ou le Vayer, 67
Reveille-matin des Mélancoliques, 325
Reyes (Mathias de los) 27
Rhamiſte & Ozalie, 67
Richard Sans Peur, 174, 221, 226
Riche-Homme & le Ladre, 236
Richelieu Cardinal, 84
Richemont (le Comte de) 114
Riez (Pier. du) 233
Rinaldini Innamoramento di Ruggeretto, 189
Rinaldo appaſſionato, 190
Rival après la mort, 140
Rivale, 147
Rivale traveſtie, *ibid.*
Rivey (Pier. de la) 307
Robert de Bourron, 176, 177, 248, 252

TABLE.

Robert le Diable, 174, 220, 225, 251
 en Espagnol, 221
 Gobin, 264
Robinson Crusoé, 341
Roblès (Isidoro) 137
Roche (Jean de la) 313
Rochefoucaut Duc, 81
Rochefort, 89
Rocheguilhen (Mad. de la) 73, 74, 119, 152
Rochelle (Jean-Batt. Née, la) 76
Rochelle (le Sieur de la) 121
Rodogune, 67
Rodrigo Historia Iberica, 104
Rogel de Grece, 198, 199
Roger, son Histoire, 184. Sa mort, 189
Roger de Calabre, 111
Rohan Duc, 91
Rohan Chevalier, 92
Rojas (Fernando de) 332, ter.
Rois & Reines d'Angleterre, leur Hist. 113
Rois & Barons de Bretagne, 251
Rolland amoureux, 184, 186
 furieux, 188
Rolli (il signor) 290
Roman d'Albanie & de Sicile, 49
 Bourgeois, 327
 de la Charité, 229
 Comique de Sçaron, 326
 des Dames, 47
 des Elles, 230
 de l'Espinace, 244
 de Fortune par Boece, 235
 de Fortune & Félicité, 244
 Galant, 54
 Heroique, 48, 220
 de l'humain Pelerinage, 236
 de l'Inconnu, 48

Roman

TABLE.

Roman des Lettres,	338
des Royaux lignages,	235
de la Mappemonde,	232
des Oyseaux,	140
du Riche & du Ladre,	236
du Paon,	229
des trois Preux,	252
des Romans,	210
de la Rose,	233, 234, 235
Royal,	84
Satyrique,	262
des sept Sages,	231, 251
Veritable,	50
Romans leur origine,	1. & 2
Romanzi di Pigna,	3
Romanzi di Giraldi,	2
Rome galante,	70
Romeo Montachi,	
Romulo di Malvezzi,	70
Roncevallès su batalla,	183
Roncevaux,	183, 187
Roncevaux, sa destruction,	243
Ronse (le Sieur de la)	185
Roquelaure (le Duc de)	104, 329
Rosalinda, Rosalinde & sa suite,	33
Rosane de Desmarets,	49
Rose (Roman de la)	233, 234, 235
Roselli ses avantures,	269, 270
Rosemire,	67
Roseo (Mambrino)	205, 206
Rosidor de Constantinople,	220
Rosmonda,	30
Rossel ou Rosset (François de)	256
Rosset (François de) 131, 186, 188, 209, 2015, 225, 312.	
Rossi (Fulvio de)	217
Rossillon (Gerard de)	

TABLE.

Rou (le Sieur le)　　　　　　　　　141
Rou, Roman,　　　　　　　　　　226
Roullant (la Motte)
Rousseau de la Valette (Michel) 120,　*bis.*
Roxas Alarçon,　　　　　　　　　　24
Roy Almanzor,　　　　　　　　　126
Roy Artus,　　　　　　　　　　　175
Roy de Blanche,　　　　　　　　　241
Roy Marc,　　　　　　　　　　　248
Rois d'Angleterre,　　　　　　113, 227
Royaume de la Coqueterie,　　138, 142
Royaux lignages,　　　　　　　　　235
Royer (Colin)　　　　　　　　　312
Rois & Barons de Bretagne,　　　　251
Royaume des Amans,　　　　　　　142
Ruffine (Dona)　　　　　　　　　108
Ruggeretto figlio di Ruggiero,　　　189
Ruggiero,　　　　　　　　　　　*ibid.*
Ruremundo Principe,　　　　　　　30
Ruses d'amours,　　　　　　　　　147

S

Saavedra (Dona Mariana Carvajal y)　134
Saavedra (Gonzalve de)　　　　　　334
Sabadino,　　　　　　　　　　　300
Sabia Flora,
Sabia Donzella Teodora,
Sacy (M. de)　　　　　　　　　　60
Sadeur, son voyage,　　　　　　　338
Sage (le Sieur le) 104, 163, 186, 216, 262,
　284 & 329.
Sainfroid Jesuite,　　　　　　　　267
Saint désespoir d'Oleastre par du Bellay, 168
Saint Evremont,　　　　　　　　　93
　Graal ou Greal,　　　　　　174, 251

Saint

TABLE.

Saint Hyacinthe de Themiseul,	128
Martin (Filleau de)	216
Martin (Compain de)	17
Martin (Madame de)	108
Maurice (Alcide de)	142
Patrix, son Puits,	159
Real (l'Abbé de)	93, 96, 105
Sainte Maure (Benoist de)	252
Saintonge (Me Gillot de)	24, 108
Saintré (Petit Jean de)	223
Sainville,	
Sala de recréation de Alonzo Castillo,	134
Sala (Pierre)	179
Salas (Alonzo de)	27
Salas de Borbadillo (Alonzo Geron. de)	333
Salas (Hieron. de)	27
Sale (Ant. de la)	223
Salisburi (la Comtesse de)	114
Salladien,	219
Salmasius,	7
Salvini (Antonio Maria)	18, 19
Salusses (la Marquise de)	119
Sandisson (M. de)	285
Sanso Pansa,	329
Sandras des Courtilz, 88, *bis*, 89, *ter*, 90, *quinquies*, 91, *sexies*, 92, *ter*.	
Sandrin, ou Vert galant,	138
Sannazar (Giacopo)	330
Sans Parangon,	281
Sansovino (Francesco)	306
Sant-Pedro (Diego)	20
Sant-Pedro (Hernandez)	19
Santissimæ Crucis Historia,	156
Santos (Francisco de)	136, 137, *bis*.
Sapho,	68
Sapor Roy de Perse,	67
Sarendip (les Princes de)	331, *bis*.

Satia

TABLE.

Satia Flora, 27
Satyra Sotadica Aloysiæ Sigeæ, 320, 321
Satyricon Barclaii, 254
Savoye (Comtesse de) 109
Scaligeri (Camillo) 331
Scanderberg de Chevreau, 65
        de la Rocheguilhen, 119
        Prince d'Albaine, 126
Scaramouche, sa Vie, 328
Scarron (Paul) 139, 326
Sceve (Maurice) 22
Science & Ecole des Amans, 338
Scomberg Maréchal de France, 138
Scipion de Vaumoriere, 64
Scotus (Michaël) 309
Scriva (Luis) 333
Scudery, Caloandre fidele, 33. Illustre Bassa, 65. Artamene ou le grand Cyrus, 66. Clelie, *ibid.* Almahide, *ibid.* Mathilde d'Aguilar, 67. Jeux de Mathilde, *ibid.* Celanire ou description de Versailles, *ibid.* & 94. Bains des Thermophiles, 70
Sebastien de Portugal, 108
Secret, Nouvelle, 146
Secret des Romans, 47
Secret de l'Amour, 57
Secretaire Turc, 148
Segrais (Jean Renaud de) 53, 81, *bis.* 139
Selisandre, 49
Semaine de Montalban, 56
Semelion, 341
Senectaire (Mademoiselle de) 83
Senofonte, 18
Sentimens sur les Histoires galantes, 3
Sept Sages de Larrey, 68
Sept Sages de Rome, 231, 251
Seraphin Poëte Italien, 309
                                  Seraskier.

TABLE.

Seraskier Bacha,	124
Sere dell'Adda,	30
Serre (Puget de la)	47, 48
Serre (M. de la),	34
Serrées de Bouchet,	315, 316
Servies, ses Imperatrices Romaines,	72, 73
Sethos Roy d'Egypte,	277, 278
Sevarambes, leur Histoire,	339
Sevin (Adrien)	297
Sferamonte di Grecia,	206
Sibylle de Perse,	50
Sidney (Philippe).	44
Sidrac Philosophe,	157, 251
Siecle d'or de Cupidon,	141
Siege de Constantinople,	123
Sierra (Pedro de la)	201
Sigea (Aloysia)	320, 321
Siglo d'oro,	334
Silene d'Urfé,	41
Sileno d'Oratio Ciaccomari,	277
Silva (Feliciano de)	202
Silvis de la Silva en Espagnol,	198, 199
Siperis de Vineaux,	230
Sire d'Aubigni,	98
Siroez & Mirame,	127
Soarez de Figueroa,	26
Sobieski Roi de Pologne (Jean)	120
Sobremesa de Juan de Timoneda,	129, 130
Sœurs rivales,	102
Soirées Bretonnes,	283, 341
Soissons (Comte de)	83
Soldado Pindaro,	133
Solitaire, Nouvelle,	56
Anglois,	118, 341
ses pensées,	171
Solitaires en belle humeur,	341
Solitude amoureuse,	47

TABLE.

Solorzano (Alonzo de Castillo)	268
Sonan (le Sieur de)	45, 221
Songe de Boccace,	295
Drolatiques de Pantagruel,	256
du vieil pellerin,	335
de Poliphile,	161, 162
Sophi (le Grand)	87
Sophie,	111
Sophronie & Olinde,	76
Sophronime,	275
Sorel (Charles)	42, bis. 44, 337
Sossia,	164
Sossu (Juan B.)	ibid.
Souhait (le Sieur du)	40, bis.
Sousa (Manuel Faviay)	133
Splandiano,	204
Spectacles d'horreur par du Bellay,	168
Speculations historiques par du Bellay,	169
Spiridion de du Bellay,	ibid.
Spironcini (Gini faccio)	268
Stelladoro d'Inghilterra,	113, 114
Straparollo (Francesco)	306, 307
Stratonica,	31
Stratonice,	ibid.
Stuart (Marie)	115, 116
Subligni,	
Subtil Cordouez,	27
Successos y prodigios de amor de J. Perez de Montalvan,	134
Succez differens par du Bellay,	169
Sultanes de Guzarates,	285
Sultane de Perse,	283
Suplément de Tasse-Roussi-Friou,	341
Sydrac Philosophe,	157, 251
Sylva curiosa de Medrano,	334
Sylvanire histoire comique,	328
Sylvie de Moliere,	55

TABLE.

Sylvius (Æneas)	109, 110, 160, 161
Symmicta Leonis Allatii,	156
Sympathie, ses effets.	60
Synode nocturne des Tribades,	41
Syroès & Mirame,	127

T

Tablante de Ricamonte,	213, 214
Table-ronde, Romans à ce sujet,	246, 252
Table-ronde, sa destruction,	243
Tabourot (Estienne)	315
Tachmas Prince de Perse,	127
Talestris,	129
Taliclea,	33, 268
Tallement (l'Abbé)	141
Tamerlan,	126, bis.
Tapisseries historiques de du Bellay,	169
Tarascas de Madrit,	137
Tarquinio,	70
Tarsis & Zelie,	67
Tasso (Bernardo) l'Amadigi,	205, 206
Tatius (Achilles)	6 & 7
Taureau banal,	269
Texely (le Comte)	119
Telemacomanie,	275
Telemaque, sa critique,	274, 275
Tellez (Gabriel)	134
Telluccini (Mario)	260, 330, 331
Temple des sacrifices,	336
Teodora Sabia Donzella,	156
Teofilo Folengio,	322
Terrasson (l'Abbé)	277, 278
Teseide di Boccaccio,	297
Tesserant (Claude)	304
Testament de Colbert,	90
Tetons, leur langage,	141

Thea-

TABLE.

Theagenes & Cariclée,	8, 9 & 10
Theatre de l'Amour,	60
Theatre d'honneur & de chevallerie,	173
Theatre des passions & de la fortune,	61
Theatre d'histoires de Polymantes, 224,	225
Theatro del Hombre,	334
Thebes & Eneas, Roman,	251
Themicourt (le Chevalier de)	59
Themiseuil de S. Hyacinthe,	128
Theodora Sabia Donzella,	156
Theodorus Prodromus,	14
Theophile Roman en vers,	252
Theophraste,	45
Theseus de Cologne,	191
Thewrdanc ou Maximilien I.	118, 218
Thibault (Mr)	329
Thiebaut de Mailli,	227
Thomas Morus,	270, 271
Tibulle, ses Amours.	71
Tideric,	114
Tiel Wliespiegle,	226, 323
Tilpin *voyez* Turpin.	182
Timandre,	46
Timoneda (Juan de)	129, 130, *ter.*
Tirante el bianco,	192, *bis.*
Tirsis y Tirseo,	24
Toblante de Ricamonte,	213
Toilette galante de l'Amour,	143
Toison d'or,	335
Toledan,	65
Tombeau de la mélancolie,	322
Tombeau des Romans,	3
Tormes (Lazare ou Lazarille) 261,	323, 324
Torquemada (Antonio de)	214, 314
Torre (Carlo)	32, 271
Torreti (Gio Batt.)	32
Tour tenebreuse,	285

Tour

TABLE.

Tour des miroirs par du Bellay,	169
Tour Hotman,	74
Tour Landry (Geoffroy de la),	223
Tournemir (Comtesse de)	103
Tourniol,	41
Tournon (Mademoiselle de)	80
Tournoy ou tournoyement de l'Antechrist,	232
Tours de Maître Gonin,	340
Trabajos de Persiles	16
Tragedia Politiana,	22
Tragici auvenimenti di Amilcare di Cypri,	217
Trameffino (Michiele)	204
Trapesonda,	185
Travaux d'Aristée,	45
Travaux sans travail,	336
Trebisonde sa conquête,	185
Tremouille (Louis de la)	222
Tresor des Amadis,	207
Tribades-Lemanes,	41
Tribunal de Venus,	333
Tribunal espantoso,	137
Trimouille (Louis & Charles de la)	222
Triomphe de l'amitié,	146, 154
des neuf Preux,	194, 195
de la raison,	60, 153
de l'Abbaïe des Cornards,	324
Tristan (le Sieur)	326
Tristan & Iseulte,	179
Tristan dit le Bret,	252
Tristan de Leonois,	174, 179, 252, *bis.*
Tristan & Galaad,	252
Trivultio,	30
Troiles,	253
Trois Contes d'Atropos & de Cupido,	309
Trois fils de Roi de France, d'Angleterre & d'Ecosse,	220
Trois Maries, Roman,	157, 236

Trois

TABLE.

Trois Grands, Alexandre, Pompée, Charles-
   Magne, 220
Trois Pelerinages, Roman, 158
Trois Preux, 252
Trois Rois, leur Histoire, 156
Trolio & Griseida, 217
Tromperies des Prêtres, 265
Tromperies de ce Siecle, 262
Troyens & Grecs, leur Histoire, 237, *bis.*
Troyes, sa destruction, 218, 243
Troyes, Roman, 252, 253
Troyes (Histoires de) 236
Tullia d'Aragona, 193
Tullie fille de Ciceron, 71
Turenne Vicomte, 90
Turpin l'Archevêque, 182
Tyrannie des Fées, 283

V

Valentin & Orson, 191, 225
Valentinian (Theodose) 38
Valette (Rousseau de la) 120, *bis.*
Valiere (Duchesse de la) 86
Valise ouverte, 146
Valle (le sieur de la) 154
Valvasone (Erasmo) 190
Vengeance d'Alexandre, 229
Vannel, 57, 74, 86, 133
Vargas (Bernardo de) 200
Varia Fortuna del Soldado Pindaro, 133
Varietez historiques par du Bellay, 169
Vaumoriere (Pierre d'Ortigue de) 64, *ter*, 65
    82
Vayer Boutigni, 67
Ubeda (Fr. Lopez de) 64
Udine (Hercole) 17, 18
                               Vega

TABLE.

Vega (Bernardo de la)	25
Vega (Garcilaſſo de la)	136, 326
Vega (Lope de)	333, bis.
Veillées de Theſſalie,	61
Velas (Balthazar Matteo,	334
Velaſco (Alfonzo de)	ibid.
Venda Reine de Pologne,	119
Vendetta di Ruggiero,	189
Venette (Jean)	236
Vengeance contre ſoy-même,	318
Venus dans le Cloître,	267
Venus en belle humeur,	319
Venus la Populaire,	263
Vera,	132
Vera (hurtado de la)	158
Verdier (Gilbert Saumier du)	33, 47, 127
Verdier (le Sieur du)	210, 219, 337
Verdugo,	132
Vergi (la Comteſſe de)	76, 129
Vergier, ſes Contes,	318
Vergine Parigina,	34
Vergy Comteſſe,	76, 129
Verme (Luigi Conte del)	30
Vernaſſal (François de)	210
Verſailles, ſa deſcription,	67
Vert-Galant,	138
Verville (Beroalde de) 39, bis, 40, ter, 162, 318, 336	
Veſtales, leur Hiſtoire,	72
Veſtales, leurs Anecdotes,	70
Veuve Venitienne,	111
Veuve charitable,	172
Ugolini (Gaſpar)	35
Viard,	47
Vida y muerte de Corteſanos,	270
Videl,	46
Vie d'Adam,	155, 156

Vie

TABLE.

Vie d'Armelle Nicolas,	170
d'Antoinette Bourignon,	171
de l'Amiral Coligni,	88
de Madame Guion,	171
des Moines,	265
des Ducs de Normandie,	226, 227
du Chevalier de Rohan,	92
du Vicomte de Turenne,	90
Vieil (Franc. de)	30
Vignau (le Sieur du)	148
Villalpando de Ossera,	26
Villaquiran,	132
Villars (Abbé de)	53
Ville-Dieu, ses Oeuvres, 53, 54, 55, 69, 72	
	99
Villeneuve (Huon de)	230, *quater.*
Villiers (l'Abbé de)	93, 279
Vineaux (Siperis de)	230
Vincent (Jacques)	21, 22, 186, 188, 211
Virgile, ses faits,	220
Visions du Doni,	259
d'Ogier le Danois,	249
de Mere Sotte,	335
de Quevedo,	325, 326
Visirs,	124
Vitei Magno,	217
Vitré (Antoine)	24
Ulespiegle,	226
Ulfeld (le Comte de)	120
Universitad de Amor,	134
Université d'Amours,	135
Vœux du Paon,	253
Voyage de Beccafort,	341
de Campagne de Murat,	58
du Chevalier errant,	172
de Cyrus,	276, 277
d'Espagne,	106

Voyage

TABLE.

Voyage au Monde de Descartes, 339
de Falaise de le Noble, 328
de la Reine d'Espagne, 106
de Fontainebleau, 146
de Glantzby, 342
de Guliver, *ibid.*
des Indes, 339
de l'Isle d'Amours, 141
de Jacques Massé, 339
de l'Isle Naudely, ou du Prince de Montberaud, 276
au Puit S. Patrice, 159
des Princes fortunez, 40, 336
de la Reine d'Espagne, 106
de Sadeur, 338
de Sarendip, 331 *bis.*
du Vallon tranquile, 144
Voyages Orientaux, 58
Voyageur Aërien, 336, 337
Voyageur fameux, 338
Voiture (Vincent de) 140
Voiture embourbée, 329
Vordac, ses Mémoires, 91
Uranie de Montagathe, 46
Uranie, ou secours inopinez de la Providence, 154
Uranus ou Celion, 241
Urbain le méconnu, 296
Urbano di Boccaccio, 293, 296
Urchard (Thomas) 255
Urfé (Honoré d') 41, 42
Urfé (la Marquise d') 84
Urrea (Hieronimo de) 27, 187, 203
Utopie de Morue, 270, 271
Wace ou Gace, 227
Warwick (le Comte de) 115
Warwick (Guy de) 222

Wistace,

TABLE.

Wistace, 226
Wlespiegle, ibid. & 323

X

Xenophon, 18

Y

Yolande de Sicile, 113
Ysamberg (fausse Comtesse d'), 318
Yvain, son Roman, 353

Z

Zayas (Dona Maria de) 135
Zayde, 53
Zamire, Histoire Persane, 127
Zarah Reine, 117
Zavaleta (Juan de) 334
Zegries y Abencerragès, 214
Zelatychie, 46
Zelotide de le Pays, 142
Zerbin & Isabelle, 38
Zingis, Histoire Tartare, 97, 126 bis.
Ziska, redoutable Aveugle, 119
Zizime fils de Mahomet II. 123
Zizimi Prince Ottoman, ibid.
Zombri du Grand Perou, 129
Zucca del Doni, 259
Zulima de le Noble, 125

FIN.

www.ingramcontent.com/pod-product-compliance
Lightning Source LLC
Chambersburg PA
CBHW070200240426
43671CB00007B/501